宁波（象山）社会组织学院教学教材

社会组织实务

徐家良　主编

中国社会出版社
国家一级出版社·全国百佳图书出版单位

图书在版编目（CIP）数据

社会组织实务 / 徐家良主编 . —北京：中国社会出版社，2022.1（2023.11 重印）

ISBN 978-7-5087-6402-3

Ⅰ . ①社…　Ⅱ . ①徐…　Ⅲ . ①社会团体 – 社会工作 – 中国　Ⅳ . ① C232

中国版本图书馆 CIP 数据核字（2022）第 012563 号

出 版 人：浦善新	终 审 人：李　浩
责任编辑：朱永玲	责任校对：杨春岩
封面设计：时　捷	
出版发行：中国社会出版社	地　　址：北京市西城区二龙路甲 33 号
邮政编码：100032	编 辑 部：(010)58124829
网　　址：shcbs.mca.gov.cn	发 行 部：(010)58124864；58124848
经　　销：新华书店	
印刷装订：河北鑫兆源印刷有限公司	开　　本：170 mm×240 mm　1/16
印　　张：15	字　　数：226 千字
版　　次：2022 年 1 月第 1 版	印　　次：2023 年 11 月第 2 次印刷
定　　价：52.00 元	

中国社会出版社微信公众号

中国社会出版社天猫旗舰店

宁波（象山）社会组织学院教学教材
编委会

目录

CONTENTS

第一章　社会组织概述

自从 1978 年 12 月我国实行改革开放政策 40 多年来，社会组织取得了飞速发展。尤其是在中国共产党十八届三中全会和四中全会把社会组织纳入经济社会发展全局中，成为社会治理主体多元化格局不可或缺的一极，是实现国家治理体系和治理能力现代化的重要力量。一般认为，在县级以上民政部门注册的社会团体、基金会、社会服务机构是社会组织①。《中华人民共和国慈善法》和《中华人民共和国民法典》等法律的陆续出台提升了对社会组织功能作用发挥的期待。社会组织作为社会事务、公共服务提供者和公共政策执行者之一，在实践层面体现其重要的社会价值，有必要系统地了解社会组织的基本概念，梳理社会组织的基本功能，形成对社会组织知识的体系化认识。在此基础上，结合社会组织在其他国家和地区的情况了解社会组织演变全貌，为我国社会组织高质量持续发展提供经验与借鉴。

---

① 《中华人民共和国慈善法》将“民办非企业单位”这一称谓改为“社会服务机构”。由于《民办非企业单位登记管理暂行条例》仍没有修改，法律法规的名称没有统一，故本书中出现“民办非企业单位”之处，均可视为“社会服务机构”，即“民办非企业单位”和“社会服务机构”混用。

第一节　社会组织以及相关概念

社会组织是连接政府、企业与社会的重要纽带，与国家体系主体和市场体系主体有一些区别。本节围绕社会组织的基本概念展开，辨析社会组织相似概念之间的异同。

一、与社会组织相关的概念辨析

国家、市场与社会三方主体具有不同的组织特征，社会组织作为区别于前两者的第三种组织形态，在研究中对其概念的理解存在诸多差异，根据历史、文化、价值和语言习惯的不同，在实践中产生了不少相似概念。下面将介绍第三部门、非营利组织、公益组织和志愿组织的概念，以此辨析这四个概念与社会组织之间的区别。

（一）第三部门

一般来说，可以将社会划分为第一部门、第二部门与第三部门。第一部门是指国家体系，主要指政府，执掌国家的立法权、行政权和司法权，行使强制性的权力，处理公共事务，满足社会需求。第二部门是指市场体系，主要指企业，通过生产产品和提供服务，获得相应的利润，参与管理社会事务和部分公共事务。第三部门是指除第一部门、第二部门之外提供社会事务服务和参与提供公共事务的相关组织，其借助专业技术和专业能力获得相应的收入，不进行利润分配，比如在民政部门注册登记的社会组织。① 也有学者认为，第三部门协助第一部门和第二部门参与部分公共事务的管理和公共服务的提供。②

第三部门具有以下三方面的特性：一是民间性。第三部门不掌握公共权力，即使有时得到政府的授权或承担政府购买服务项目，这些公共权力也不

---

① 徐家良等：《第三部门概论》，北京大学出版社，2020 年 10 月版，第 5 页。

② 党秀云：《公共治理的新策略：政府与第三部门的合作伙伴关系》，载《中国行政管理》2007 第 10 期。

是第三部门独有的，只是提供服务中使用。二是非营利性。第三部门通过提供服务获得的相关收入，除正常的管理成本和工作人员工资支出外，多余的部分用于组织的再发展，不得在成员中进行个人分配。三是自治性。第三部门根据章程的相关规定，进行组织内部成员的选举和任命，独立处理组织事务的决策与执行，不受国家体系、市场体系和其他社会组织的影响和干扰。

（二）非营利组织

2004 年 8 月 18 日，财政部颁发的《民间非营利组织会计制度》中明确使用“非营利组织”的概念。《民间非营利组织会计制度》规定，民间非营利组织主要包括民办非企业单位、社会团体和基金会等三类由民政部划定的组织，以及寺院、宫观、清真寺、教堂等其他类型。

判断非营利组织的主要标准有三个：一是非营利组织不以营利为目的和宗旨。组织的宗旨一般在章程中有所体现，如宁波市慈善总会章程第二条规定组织是联合性、地方性、非营利、公益社会团体。二是利润不得用于成员间的分配和分红。三是组织的资产不能以任何形式转变为私人财产。根据《中华人民共和国刑法》第九十一条的规定，公共财产主要由国有财产、劳动群众集体所有的财产、用于扶贫和其他公益事业的社会捐助或者专项基金的财产三部分组成。非营利组织财产专指第三部分，即用于扶贫和其他公益事业的社会捐助或者专项基金的财产。

（三）公益组织

公益组织是指根据公益事业的范围与公益组织的宗旨开展公共服务活动的非营利性组织。根据《中华人民共和国公益事业捐赠法》中规定，公益事业是指非营利的下列事项：救助灾害、救济贫困、扶助残疾人等困难的社会群体和个人的活动；教育、科学、文化、卫生、体育事业；环境保护、社会公共设施建设；促进社会发展和进步的其他社会公共和福利事业。

（四）志愿组织

志愿组织是指由志愿者提供时间、才智、经验和知识，向社会提供公共服务而不取得劳动报酬的非营利性组织。志愿组织的内涵和外延与非营利组织具有一致性，但它更强调组织和个人的志愿性。由于不同国家历史、政治、社会制度以及经济发展程度存在差异，志愿服务的形式也存在着一定的差别。一般而言，在先发展国家，志愿服务和行动的组织化程度更高，而在后发展国家，志愿行动的组织化程度低，往往是非正式的互助行为。

上述四个概念与社会组织的概念意涵存在差异性，其中第三部门侧重于表述社会组织与作为第一部门的政府和作为第二部门的企业之间的区别；非营利组织、公益组织和志愿组织则偏重于社会组织特性的不同方面，反映出各自强调非营利性、公益性和志愿性的内容①。本书主要选择社会组织这一概念表述，一是从政府文件使用习惯角度，认为社会组织更加符合人们对该组织形态的认知；二是从社会组织社会属性角度，强调社会组织的社会属性，社会组织在社会自治和共治中发挥积极作用。

二、社会组织的概念

社会组织概念的变化与中国社会的演变过程紧密联系。1949 年 10 月，中华人民共和国成立之初，社会团体是社会组织的主要组成部分。为了加强对社会团体的管理，1950 年政务院发布《社会团体登记暂行办法》，明确社会团体的范围、成立登记等事项，社会团体这一概念沿用至今。1988 年民政部社团管理司成立；1997 年民政部社团管理司被撤销，成立社会团体和民办非企业单位管理司；在 1998 年的国务院机构改革中，民政部又将其改名为民间组织管理局，“民间组织”这一概念作为社会组织整体概念在政府机构名称中得到使用。1981 年 7 月，中国儿童少年基金会在京成立，这是 1949 年 10 月中华人民共和国成立后第一家国家级公募基金会。这一时期的统计中，基金会包含在社会团体中，伴随着基金会数量增多，1988 年 9 月，国务院发布《基金会管理办法》，基金会从社会团体这一概念中独立分离出来。1998 年 10 月，国务院发布《民办非企业单位登记管理暂行条例》，这样，又出现了“民办非企业单位”的概念，社会团体、基金会、民办非企业单位由此并列成为民间组织三个类型。

自 2002 年以后，“民间组织”这一概念无法适应现代政府观念体系和职

① 大卫·霍顿·史密斯等：《非营利管理词典：术语与概念》（吴新叶译），北京大学出版社，2018 年版，第 12 页。

能转变的需要。2004 年的《国务院政府工作报告》中首次提及“社会组织”这一概念。2006 年 10 月，中国共产党十六届六中全会审议通过的《中共中央关于构建社会主义和谐社会若干重大问题的决定》中明确其“服务社会”功能，坚持社会组织培育与监管并重，自此社会组织的概念正式被写入党的文件中。2007 年，中国共产党第十七次全国代表大会报告使用“社会组织”概念，用社会组织等同并替代非政府组织、非营利组织、第三部门或民间组织等称谓。2016 年 3 月 16 日，第十二届全国人民代表大会第四次会议通过了《中华人民共和国慈善法》，将“民办非企业单位”统一改称为“社会服务机构”。2016 年 8 月，中共中央办公厅、国务院办公厅印发《关于改革社会组织管理制度促进社会组织健康有序发展的意见》，明确了社会组织的范围，主要包括社会团体、基金会和社会服务机构等组织形态。

因此，对社会组织概念的理解分为狭义和广义。狭义的社会组织指在县级以上民政部门依法注册登记的提供社会事务和公共服务的社会团体、基金会和社会服务机构。广义的社会组织则既包括在县级以上民政部门注册登记的社会团体、基金会和社会服务机构，在编制部门注册登记的事业单位，这些都是法人，只不过在不同的注册登记部门。同时，还包括非法人组织，如省级以上公安部门注册登记的境外非政府组织、在街镇备案的社区社会组织以及既没有注册登记又没有备案的草根组织。

三、社会组织与政府机关、企业组织的关系

（一）社会组织与政府机关的关系

作为承接政府职能转移的重要主体，社会组织承担着部分公共物品的供给，在此过程中，政府与社会组织的关系也发生很多变化，一般来说，可以把政社关系概括为以下三种模式：

1. 依附模式。该模式下的社会组织与政府虽然没有组织身份上的隶属关系，但却是在政府的直接扶持下成长起来的。这类社会组织没有其他的资源，只能依附于政府来发展，脱离政府后能否独立生存还存在一定的不确定性。即使这类社会组织能够获得政府的支持，但在具体的互动过程中，

由于政府的既定地位和社会组织能力较弱，造成社会组织处于互动关系中的依附地位。

2. 伙伴模式。该模式中的社会组织主要可以分为两类：一类是经济类社会团体，如行业协会商会，另一类是枢纽型社会组织，如联合类社团。前者主要依靠经济类社会团体单位会员或个人会员缴纳会费获得一定的资源，组织更具独立性；后者对政府的资金和政策有较强的依赖性，组织独立性弱，这类社会组织在社会治理中发挥着重要的“枢纽”作用，但在运作过程中受到更多的行政干预。

3. 独立模式。该模式下的社会组织具有较强的自主性，由于和政府不存在一定的依附关系，因此其来自政府的资金支持和政策优惠也相对有限。这种模式与依附模式相比的明显优势是灵活性，依附模式下的社会组织，其服务提供的范围严格受到政府辖区范围的限制。独立模式下的社会组织活动范围则相对自主，社会组织可以根据活动需要，在不同层级地方政府之间进行跨区活动，并且承接不同类型的公共服务。基于此，其运作资金的来源也相对多元，政府购买只是其多样化经费来源中的一部分。

（二）社会组织与企业的关系

社会组织和企业的互动关系受到其合作目标和资源依赖程度的影响，根据双方合作的意愿和互动状况，有研究者认为社会组织与企业的互动关系可以分为单向输出型、共赢关系型和创新协同型等①。

1. 单向输出型。单向输出型一般强调企业在互动关系中占据主导地位，是社会组织与企业合作最主要的模式。社会组织的发展需要人力、财力和物力的支持，尤其是在发展初期，社会组织面临着资源少、能力不强、人员不多等问题的困扰，为了满足自身需要，社会组织一般向拥有资源的企业寻求一定的支持。社会组织通过加强与企业的密切联系，能够在技术、资金、商业运作模式等方面获得企业的支持。当然，受到企业发展战略和经营理念短期性的影响，单向输出型的社会组织与企业的关系倾向于一种短期的、单向

① 吴磊、谢璨夷：《社会组织与企业的合作模式、实践困境及其超越：基于资源依赖视角》，载《广西社会科学》2019 年第 9 期。

性的合作模式。

2. 共赢关系型。共赢关系型是指社会组织和企业根据各自的需求和利益进行合作。企业积极参与社会事务，并向社会组织提供资金和专业指导。社会组织学习企业管理模式并运作专门技术知识服务社会。通过学习企业的专业知识和技能，社会组织在公益项目中充分利用合作的优势，提高社会服务供给质量。在共赢关系模式下，企业可以提高企业品牌的知名度，树立良好的社会形象，社会组织能够借助企业力量提高社会组织的能力，帮助社会组织完成社会使命，最终企业和社会组织都能达到互利互惠的效果。

3. 创新协同型。创新协同型是社会组织和企业合作的一种高级形式，也是未来社会组织发展的主要方向。协同创新以高校、企业和研究机构为核心要素，以中介组织、创新平台和社会组织等为多主体协作和交互式网络创新的辅助元素，旨在借助资源整合实现组织宗旨和目标。在提供社会服务领域，社会组织与企业的协同创新模式体现在以下三个方面：第一，当社会组织与企业在愿景、使命、价值观和战略相一致时，企业将会与社会组织建立合作平台；第二，利用平台把社会组织的可持续发展和企业的可持续发展作为共同工作的一部分；第三，通过社会组织非营利性、社交网络的优势与企业市场竞争的特征有机结合，最大限度实现社会组织、企业互惠互利促进共同发展。社会组织和企业合作的主要方式是建立相关的专业平台和共同推进的项目，其最主要的特点是将合作整合进彼此的组织结构中，实现社会组织和企业的共同目标。

| 实务案例 1 |

社区基金会何以撬动基层慈善

社区基金会是推动基层建设的核心力量之一，在常态和非常态下维护着社区安全稳定，致力于韧性社区打造。在基层防疫中，由广东省德胜社区慈善基金会、顺德区慈善会·和的爱心基金、北滘慈善会·和的爱心基金联手打造的“和善同心”社区抗疫计划，分 5 批次共资助了 261 个项目。其中，德胜基金会的资助项目 214 个，覆盖佛山市顺德区 194 个村居、17 家社工机构及 1 个全区志愿者抗疫服务，有效保障社区安全。

以广东省德胜社区慈善基金会为代表的社区基金会能够发挥积极作用，主要来源于其对社区多元主体的吸纳，使其成为撬动基层慈善的关键支点。

具体而言，社区基金会之所以能够与本地区政府、企业等组织或个人建立联系，动员公众积极参与，主要得益于三方面的优势：一是扎根本地、接地气。社区基金会了解本地区需求，也与本地区其他主体保持着紧密的联系；二是体制优越、反应敏捷。社区基金会能够及时探测到本地需求，高效迅捷地联动其他主体参与；三是具有清晰的属地情感。社区基金会可以依凭自身的情感，与本地区其他主体建立一定的由情感维系的社会关系，从而动员力较强，合作参与社区建设。

（根据以下资料整理而成，题目为编者所加。蓝煜昕：《社区基金会撬动民间慈善，撬动乡土情感》，2020 年 4 月 28 日《公益时报》。）

| 分析要点 |

1. 社会组织应充分融入所在区域，在了解实情的基础上有针对性地开展相应的活动。
2. 社会组织应当与政府、企业乃至个人开展广泛的合作，实现协同发展。
3. 社会组织既需要具备一定的组织发展能力，同时又要借助作为推进社会共建的平台，不断撬动各类社会主体的资源，实现社会共建共治共享。

第二节　社会组织的特点

社会组织作为社会治理多元主体之一，其区别于政府和企业，有着不同于其他组织的特征，这些特征是指非营利性、非行政性、志愿性、自治性以及公益性或互益性。

一、非营利性

非营利性是社会组织的基本属性之一，非营利性最核心的含义是指不分配利润。具体而言，社会组织非营利性主要包括非营利宗旨、财产归属公共性和利润不得分配三方面内容。

（一）非营利宗旨

不以营利为目的是社会组织的活动宗旨。非营利不同于非盈利，营利强调以利润最大化为目的，即使是以非营利为宗旨的社会组织，也可以适当采取盈利方式解决管理费用等开支问题，保证组织的正常运转。非营利的核心在于禁止社会组织将其利润分配给其他组织和个人，所有剩余利润必须被用于支持社会组织发展和服务供给。非营利宗旨有利于保证社会组织所开展的活动都紧密围绕宗旨进行，保持社会组织的纯洁性。

（二）资产不属于私人财产

社会组织资产是一种公益产权，资产并非个人所有，而是属于社会公有。社会组织仅作为受托人的身份来使用资产。资产公有属性的重要体现是社会组织注销后的资产处置。一旦社会组织解散或注销，剩余资产不得在成员间分配，只能转交给其他与其宗旨和使命相近的社会组织。

（三）收益用于组织使命

会费、补贴、购买服务收入、企业捐赠以及投资收益等都是社会组织的主要资金来源。当然，只有社会团体有会员会费收入，基金会和社会服务机构没有会费收入。社会组织的利润不能用于组织成员的分配，社会组织的资产收益主要用于公益事业和组织必需的行政办公开支。

二、非行政性

社会组织的非行政性是相对政府而言的，它既不是立法部门、行政部门和司法部门，本身也没有公共权力，而是具有自主权的自治组织。社会组织的非行政性可以从产生基础、活动内容和作用效果三方面来理解。

（一）社会组织产生于社会需求

国家制度规定行政职能，不同国家的政府行政职能有所不同，同一国家在不同发展阶段的政府职能也有差异，其中维护国家安全、维持公共秩序和提供公共服务是最基本的职能。社会组织不同于政府，其存在的基础是社会需求，具体体现为社会中的特定人群依据其兴趣、使命、愿景和利益自主成立的组织。社会组织以特定社会人员和群体的参与为核心，不依赖于国家的强制力量。

（二）社会组织运作与政府有区别

从组织运作看，社会组织按照章程和自身内部管理程序独立运转。从活动内容上看，社会组织虽然不掌握政治权力但可以接受政府的委托和授权，承接政府转移的职能，提供公共服务。在中国，社会组织通过成立党组织，接受中国共产党的全面领导，参与社会、经济、文化、教育等多领域的服务供给。

（三）社会组织作用的效果与政府不同

社会组织作用的效果与政府有一定差异。政府服务强调服务的基础性和全面覆盖，社会组织的服务则聚焦于某地区、某领域的特定服务对象，供给的服务更加精准细致。一方面，以社会为基石的社会组织提供只有社会组织能提供的社会服务，这是一种基础性的服务，满足社会公众的需求。另一方面，只有提供公共服务时才与政府提供的公共服务相重合，或接受政府的授权和委托，或提供政府没有提供或提供不充分的公共服务，起到补位的作用。社会组织通过提供社会服务和公共服务，与政府一起进一步推动国家和社会的长治久安。

三、志愿性

志愿性是社会组织的特色属性。志愿精神和互助精神为代表的利他主义是社会组织的发展源泉。

（一）目标的志愿性

社会组织的成立往往基于共同的信念、使命和愿景，成员基于地缘、业缘、学缘和趣缘开展活动和提供服务。社会组织的志愿性工作与组织宗旨使命紧密相连，持续吸纳外部有志之士，参与社会治理，提升服务效能。

（二）组织的志愿性

社会组织的组织志愿性主要体现在组织架构和资源来源两个层面。组织架构层面，社会组织不是政治机关的附属，也不是行政权力的延伸物，是否加入社会组织纯粹出于个人意愿和兴趣爱好。而资源来源层面强调，与政府依靠税收和企业依赖盈利不同，社会组织的社会资源主要依靠社会捐赠资金和志愿者人力资源，社会捐赠则是志愿精神的物质化，具体指无偿向受助群体提供的资金或物资，而志愿者则是志愿精神的人格化，具体指那些无偿从事公益或互益活动的爱心人士。

（三）活动的志愿性

社会组织的活动志愿性强调活动的开展没有强制性，没有劳务报酬，社会人员能够自主决定是否参与活动。社会组织活动使用公共资源、提供社会服务，除部分互益性社会组织（如联合性社会团体，有些服务只有成员受益）之外，公益性社会组织（如基金会，所有服务与参与人员无关）提供公共服务一般不具备排他性，所有成员都可以从社会组织提供的服务中受益。

四、自治性

自治性是指社会组织不受外来影响，具有自我选举、自我决策、自我执行、自我管理的特性。社会组织的自我选举、自我决策、自我执行、自我管理是保证社会组织持续运作的基础，社会组织在所有的自治过程中不受政府和企业的干涉，独立参与社会治理活动。

（一）自主运作

自主运作强调社会组织在动态视角下的自治性，侧重于社会组织在提供服务和日常管理中实际拥有的自由裁量权，也是评价社会组织内部管理能力高低的重要标准。社会组织具有平等性、自治性和自主性开展活动的特点，在组织章程和法律法规规定的范围内独立自立地生存和发展。

（二）自我约束

社会组织的自我约束主要通过一系列制度文件予以规范，组织宗旨、组织章程和管理制度是自我约束的重要依据。社会组织的自我约束集中表现为社会组织在内部管理和外部关系中的自律性，明确哪些可以做，哪些不能做，如根据规定召开理事会、不得分配利润等。社会组织的自我约束是自治的重要内容，自治并非没有约束，而是在社会组织自律的前提下有序参与社会活动。

五、公益性或互益性

根据服务宗旨和服务对象的不同，社会组织可以分成公益性组织、互益性组织以及兼具公益性和互益性的组织三种类型。第一种类型是公益性组织。公益性组织没有特定的服务对象，主要追求公共利益，既可以为全部人群提供服务，也可以为特定人群提供服务，不为组织成员谋取利益。公益性组织的主要形式有基金会、志愿者组织。第二种类型是互益性组织。互益性组织以满足成员利益为目标追求，服务于内部成员①。互益性组织的主要形式有校友会、行业协会、兴趣爱好团体。第三种类型是兼具公益性和互益性的社会组织。这类组织一般采用会员制，在为部分成员提供服务的同时也向全社会提供某些服务。如行业协会，一般情况下是互益性组织，满足会员的利益和诉求，但当行业协会承接政府职能转移尤其是承接政府购买公共服务项目等形式面向非特定社会群体提供服务时，就具备一定的公益性。

| 实务案例 2 |

思利及人公益基金会的发展之路

思利及人公益基金会成立于 2012 年，以传承“思利及人”核心价值观，关注大众健康，凝聚社会爱心力量，推动社会和谐与进步为宗旨，在“关注健康、扶贫助教、助弱赈灾、环境保护”四个领域开展项目。

2013 年，思利及人公益基金会启动“思利及人·助学圆梦”项目（简称助学圆梦），资助职业院校的贫困生完成教育，根据社会急需岗位选择专业课程，并在课程中融入中华核心价值观及中华养生文化的内容，培养其成为有道德、有知识、有能力及懂养生的人才，让受助者通过自身努力实现就业脱困。项目自 2013 年启动，截至 2020 年 6 月，覆盖全国 30 个省（自治区、直辖市），开设了 35 个助学圆梦班，投入超过 2224.5 万元人民币，共资助超过 1272 名学生，其中有 712 名受助学生完成学业，走上了工作岗位。该项目在

① 徐家良：《互益性组织：中国行业协会研究》，北京师范大学出版社，2010 年版，第 4 页。

受助者与行业内均获得较好的评价。2015 年“助学圆梦”项目获“中国外商投资企业履行社会责任优秀案例”合作好伙伴优秀案例奖，获《南方周末》2017 年“年度责任贡献奖”。

多年来，思利及人公益基金会积极响应国家政策号召，积极投身到“精准扶贫”与“乡村振兴”的公益事业，在全国 30 个省份因地制宜开展小型扶贫项目，涉及环境整治、产业扶贫、文化建设等方面。

围绕“关注健康”这个核心业务范围，思利及人公益基金会与中国公安民警英烈基金会合作开展“公安民警健康促进”项目，截至 2019 年，该项目为一线公安民警开展 72 期休整班，超过 4600 名一线基层公安民警参与；慰问 129 个基层所队，为 78 个困难民警家庭予以资助；2018—2020 年累计向北京新阳光慈善基金会捐赠 150 万元，合作开展“思利及人 · 新阳光病房学校”项目，为患有白血病等大病的长期住院儿童开设免费课程，提供院外陪伴式教育；与中华健康快车基金会合作，为贫困地区的白内障患者免费提供治疗……在 2020 年新冠疫情暴发之初，思利及人公益基金会迅速响应，定向捐赠 500 万元，用于支持湖北省开展抗疫工作。

截至 2020 年 5 月 30 日，思利及人公益基金会累计向社会捐赠款物超过 1 亿元人民币。捐赠额不是衡量基金会业务水平的唯一标准。在项目运作上，思利及人公益基金会遵守法律法规，严格按要求对项目和资金往来进行公示，连续 2 年中基透明指数满分，并在 2019 年获得基金会中心网的“自律透明奖”。

（根据以下材料整理而成，题目为编者所加。《思利及人公益基金会：优先思考如何有利于我们大家》，“中国公益网”，2020 年 6 月 24 日。）

| 分析要点 |

1. 提供志愿服务背后的动机与精神是组织运作持续性的保障，值得思考和分析。

2. 志愿服务活动，既需要得到社会组织自身能力的考验，也需要党政部门强有力的支持，两者都一样重要。

第三节　社会组织的类别

我国的社会组织分为社会团体、基金会和社会服务机构三种类型。

一、社会团体

本部分主要介绍社会团体的含义和类型两方面内容。

（一）社会团体的含义

根据1998年10月国务院发布的《社会团体登记管理条例》的定义，社会团体是中国公民自愿组成，为实现会员的共同意愿，按照章程开展活动的非营利性社会组织。广义的社会团体涵盖除了国家机关、武装力量等以外的所有团体组织，而狭义的社会团体是由会员发起的在县级以上民政部门依法注册登记的组织。社会团体偏重于会员的共同意愿，成立社会团体对于会员的数量有特定的要求，包括50个以上的个人会员或者30个以上的单位会员，个人会员和单位会员混合而成，会员总数不少于50个。社会团体发展迅速，据《中国民政统计年鉴2021》统计，2020年全国社会团体总数为374771个，其中含全国性社会团体1979个，地方性社会团体372792个。

（二）社会团体的分类

社会团体在政治、经济和社会文化发展中扮演重要角色，其作用具体表现为：第一，通过互益性的会员活动，满足会员的利益和要求，实现会员的价值与愿望；第二，利用在社会经济方面的影响力，促进社会主义市场经济体制的改革与完善；第三，关注社会问题，进行政策研讨，为政府解决社会问题提供新思路；第四，通过开展各种形式的慈善活动，为困难人群和特殊人群提供服务，推动慈善事业可持续发展。

根据不同的标准，社会团体有不同的分类。根据登记注册机构和地域范围，可将社会团体分为全国性社会团体和地方性社会团体，其中，全国性社会团体在民政部注册登记，地方性社会团体在县级以上民政部门注册登记。根据规模大小，可将社会团体分为大规模社会团体、中等规模社会团体、小规模社会团体。根据社会团体的宗旨和使命、提供服务的不同对象，可将其分为互益性社会团体和公益性社会团体。互益性社会团体强调为会员服务，满足团体内部成员的需求和利益；而公益性社会团体既可以为某一地区和领域的对象提供服务，也可以进一步扩大其服务范围，没有自身的利益与要求，所有的活动和服务只有一个目的那就是维护社会利益和公共利益。

一般而言，社会团体根据其性质及其开展活动类型情况，分为学术性社会团体、经济性社会团体、专业性社会团体、联合性社会团体四种类型。

1. 学术性社会团体。这类社会团体由专家、学者、科研工作者和相关科研机构组成。学术性社会团体通常以学会和研究协会的名字命名，分为自然科学、社会科学和自然科学与社会科学的交叉学科。学术性社会团体的目的是推动哲学、社会科学和自然科学的繁荣和发展，促进科学的普及、人才的成长以及科学与经济社会均衡发展。

2. 经济性社会团体。这类社会团体主要是指由同业企业以及其他经济组织自愿组成，实行行业服务和自律管理的非营利性社会团体。一般以工业协会、行业协会、商会、同业公会等名称命名。其主要功能包括以下三个方面：一是反映成员利益诉求，维护成员合法权益，提供有针对性的服务；二是基于行业具体情况，科学制定行业标准，针对性实施行业训练，加强行业内部的诚信和自律建设；三是协助政府有关部门进行行业管理，通过购买服务的形式，促进政府向社会组织的职能转移。行业协会是比较典型的经济性社会团体，行业协会由同一行业内的企业法人和自然法人自愿参加组成，为避免不正当竞争，维护共同利益，进行自我协调、自我约束、自我管理的社会团体。

3. 专业性社会团体。这类社会团体主要是指单位会员或个人会员自愿加入，围绕相关领域的专业知识开展活动，发挥专业人员、专业组织的专长，为社会提供专业服务的非营利性组织。其主要功能是为会员提供专业化的服务，提高会员在科学技术、教育、文化、艺术、卫生、体育等方面的能力。专业性社会团体一般可分为专业人员社会团体和专项事业社会团体，前者包括中国消费者协会、中国书法家协会等，强调以专业分工为基础承担部分社会职能；而后者主要指向专项技术协会，如中国律师协会、中国足球协会等，强调以专项事务为基础，通过聚合社会资源，提供专业的服务，满足社会专业需求。

4. 联合性社会团体。这类社会团体主要是指相同或不同领域的组织或个人为了满足不同的兴趣、爱好和需求而自愿组成的联合体。其主要功能是对内基于内部网络，整合各种资源，建立联合性的法人组织；而对外则代表其成员利益与其他外部主体协商，实现成员诉求。

二、基金会

（一）基金会的含义

根据 2004 年 3 月国务院发布的《基金会管理条例》，基金会是利用自然人、法人或其他组织捐赠财产，以从事公益事业为目的的非营利性法人。我国基金会普遍以公益事业为发起目的，将有关组织和个人捐赠的财物，用于扶贫济困、扶老救孤、恤病助残优抚、发展科教文卫、完善生态保护等领域，为和谐社会发展、全面建成小康社会、国家治理体系和治理能力现代化建设作出积极贡献。2020 年，全国共有各类基金会 8432 个，比上年增长 11.2%，其中：公募基金会 2136 个，非公募基金会 6296 个；民政部登记的基金会 215 个①。

（二）基金会的分类

基金会可依据资金募集方式、行政注册登记单位层级和资金使用方式三种标准划分为不同的类型。

1. 按资金募集方式划分。依据 2004 年 2 月国务院发布的行政法规《基金会管理条例》规定，可将基金会分为公募基金会和非公募基金会两类。公募基金会与非公募基金会的区别有三个方面：第一，资金来源不同。公募基金会可以通过公开途径向社会公众募集资金，而非公募基金会只能接受特定个体或组织的捐赠。第二，支出比例不同。《基金会管理条例》第二十九条规定，公募基金会每年用于从事章程规定的公益事业支出，不得低于上一年

① 资料来源于《2020 年民政事业发展统计公报》。

总收入的70%；非公募基金会每年用于从事章程规定的公益事业支出，不得低于上一年基金余额的8%。第三，注册资金要求不同。根据《基金会管理条例》第八条，全国性公募基金会的原始基金不低于800万元人民币，地方性公募基金会的原始基金不低于400万元人民币，非公募基金会的原始基金不低于200万元人民币。原始基金超过2000万元，发起人向国务院民政部门提出申请的非公募基金会的登记管理工作由国务院民政部门负责。

2. *按行政注册登记单位层级划分。*按照行政注册登记单位层级的不同，可将基金会划分为全国性基金会与地方性基金会。全国性基金会在民政部注册登记，地方性基金会原则上在省级民政部门注册登记。随着近几年民政部向有关省级行政区民政部门的权力下放，一些地区的基金会可在地市级乃至县级民政部门注册登记。

3. *按资金使用方式划分。*基金会根据资金使用方式不同，分为资助型基金会、运作型基金会和复合型基金会三种类型。资助型基金会主要发挥资助功能，一般不直接参与服务供给，具体是指基金会接受其他社会组织的项目申请，经筛选后确定资助的社会组织并与其签订协议。被资助的社会组织按规定向基金会汇报项目资金使用情况和项目进展，并接受基金会的评估、监督和指导。与资助型基金会相对应，运作型基金会关注执行过程，将筹集到的资金由基金会自身全部用于公益项目的运作，一般不对其他社会组织直接进行资助。而复合型基金会既有基金会自身运作公益项目的部分，也有资助其他社会组织从事公益项目的部分，综合了以上两类基金会的部分功能。

三、社会服务机构

（一）社会服务机构的含义

《中华人民共和国慈善法》使用“社会服务机构”概念，对应的是以前使用的“民办非企业单位”概念。1998年10月国务院发布的《民办非企业单位登记管理暂行条例》规范民办非企业单位的登记管理，保障民办非企业单位的合法权益。然而民办非企业单位从字面上无法与基金会、社会团体作严格区分，不能反映公益属性，“民办”缺乏清晰的界限。因此，《中华人民共和国慈善法》将民办非企业单位统称为社会服务机构。社会服务机构是指自然人、法人或者其他组织为了公益目的，主要利用非国有资产捐助举办，按照其章程提供社会服务的非营利法人。根据《中华人民共和国民法典》第八十七条规定，非营利法人是指为公益目的或其他非营利目的成立，不向出资人、设立人或者会员分配所得利润的法人。社会服务机构的出资方，大部分是非国有资产，也有部分是国有资产。

（二）社会服务机构的分类

社会服务机构数量庞大，2021 年第三季度全国登记注册数达 51.9 万个。其涉及领域广泛，由此社会服务机构类型划分的标准也不统一。社会服务机构的划分标准主要有以下三种类型。

1. *根据服务领域来划分*。从服务领域看，社会服务机构在科学、教育、文化、卫生、体育、环境保护等领域存在，有学者将社会服务机构分为教育科研单位、医疗卫生单位、文化艺术单位、体育单位、人力资源与社会保障部门、民政事业单位、社会中介服务单位、法律单位、出版单位、信息调查单位十类①。

2. *根据级别来划分*。社会服务机构可以分为全国性社会服务机构和地方性社会服务机构，这两者在服务范围、登记管理和注册门槛三方面存在着一定的差异。在服务范围层面，全国性社会服务机构的服务范围面向全国，而地方性社会服务机构则一般处于特定的地域内。在登记管理层面，地方性社会服务机构由所在地县级以上民政部门负责登记管理，而全国性社会服务机构则在民政部进行注册登记。在注册门槛层面，根据《社会组织登记管理条例（草案征求意见稿）》第二十八条第三款之规定，在国务院的登记管理机关登记的社会服务机构，注册资金不得低于 1000 万元人民币，且为到账货币资金，发起人应当在有关领域具有全国范围的广泛认知度和影响力。省级以下地方各级人民政府登记管理机关登记的社会服务机构注册资金标准，由省级人民政府的登记管理机关结合本地区实际确定。

3. *根据是否被认定为慈善组织来划分*。社会服务机构可以分为认定为慈

---

① 王名、刘培峰等：《民间组织通论》，北京·时事出版社，2004 年版，第 212 页。

善组织的社会服务机构和未认定慈善组织的社会服务机构两类。认定为慈善组织的社会服务机构，根据自身的意愿，符合《慈善组织认定办法》所列举的条件，是向县级以上民政部门递交申请并得到认定的社会服务机构。未认定慈善组织的社会服务机构，只是在县级以上民政部门注册登记为社会服务机构，没有向民政部门提交认定慈善组织的申请，只履行社会服务机构的权利和义务，不履行慈善组织的权利和义务。

| 实务案例 3 |

大水无情，民间有义：河南水灾基金会互联网募捐

在 2021 年 7 月河南暴发水灾以来，许多基金会积极依靠互联网公开募捐平台汇聚全国各地善款，据统计仅腾讯公益和支付宝公益两个平台上的河南水灾专题就筹集善款超过 9 亿元。聚焦于具体的基金会，截至 7 月 31 日 15 时，中国人口福利基金会在腾讯公益、支付宝公益等 6 个互联网公开募捐平台共上线 10 个项目支援河南的筹款项目，筹集善款超过 1.5 亿元，外加其他一些基金会、爱心企业以及个人的 558.3283 万元捐赠，可以说已获得全社会的大力支持。中国扶贫基金会、深圳壹基金公益基金会等也成为汇聚善款的关键枢纽，保障了河南抗灾期间医疗物资、生活物资等必需品的持续供应，也为之后的重建工作奠定了必要的资金基础。

大水无情，民间有义。在河南水灾面前基金会展现出较强的使命感和责任感，为一线救助工作持续地提供资金支持，在一定程度上加快了救灾进程，使得整个水灾不再那么可怕，能够让更多的受灾群众感受到来自全国的温暖。同时，为了保证基金会汇聚善款的程序合法性，每家参与基金会积极做到及时准确地公开相关信息，实现信息透明。不过在具体对接河南各地区救灾需求时出现了信息不对称的情况，说明基金会在提供资金支持时需要与对接方及时沟通联系，使得自身能够提供更为精准的资金支持，做到有的放矢。

（根据以下材料整理而成，题目为编者所加。王勇：《这家基金会将如何应对?》，2021 年 8 月 3 日《公益时报》。）

| 分析要点 |

1. 社会组织应有一定的责任意识，积极参与社会需要，尤其是非常态时期的社会救援工作。

2. 作为公益性社会组织的基金会需要保持运作环节的公开透明，保证程序合法合规。

3. 社会组织要具备动员社会参与的意识和能力，应主动发掘社会力量实现组织目标，进而推进社会共治格局的构建。

第四节　社会组织的功能

社会组织在服务国家、服务社会和服务公众等方面发挥着不可替代的作用，其功能作用主要体现在政治、经济、社会、文化、生态 5 个层面。

一、政治层面

社会组织在与政府协同合作过程中，主要是在服务政府决策、推动协商民主和参与政府共治等方面作出了较多贡献，成为其在政治层面上的重要功能。

（一）服务政府决策

政府将决策咨询、标准制定等部分职能转移或委托给社会组织承接，是党和政府科学民主决策，实现效益最大化的策略选择。社会组织以“思想库”“智囊团”等形式活跃的智库，深入基层，了解公众需求，凭借专业、行业的政策研究优势，为党和政府提供智力支持，进而影响公共政策的制定，确保公共政策的科学化。

2017 年 5 月，由民政部、中共中央宣传部等九部门出台的《关于社会智库健康发展的若干意见》明确了社会智库参与政府决策咨询的价值，指出要引导以社会团体、社会服务机构、基金会等组织形式注册的社会智库健康发展，为社会智库开展政府采购、直接委托、课题合作等形式的政策研究、决策评估和解读活动提供了基本依据。在决策咨询方面，社会组织借助专业优势，开展深入的调研和政策研究工作，发挥咨政建言的重要作用。

（二）推动协商民主

社会主义协商民主作为中国特色社会主义民主政治的独特形式，在推动我国治理体系和治理能力现代化中发挥着重要作用。协商民主作为国家制度的民主政治结构内的一种具体的民主形式，它既体现在党际关系之中，是国家政权机关的一种决策方式，还是促进公共参与、化解社会冲突、释放社会压力的治理形式①。党的十九大报告明确社会组织协商民主的重要作用，首次将社会组织协商同政党协商等协商形式并列，标志着社会组织协商被纳入社会主义协商民主体系之中，成为推动社会主义协商民主发展的重要环节。

近年来，随着社会组织快速发展，其作为传递民意的重要载体、实现公民政治参与和政府治理方面的功能越来越突出。政府在制定法律政策时，需要了解社会各方面情况，听取利益相关者的意见。行业协会商会等社会组织作为利益相关者，可以发挥专业优势参与公共政策的制定和执行过程，向政府部门传达利益相关者的意见和合理需求，确保公共政策的客观性、完整性和全面性，促进政府决策的科学化和民主化，推动国家治理体系与治理能力的现代化。2019 年 3 月，国务院办公厅印发的《关于在制定行政法规规章行政规范性文件过程中充分听取企业和行业协会商会意见的通知》明确各级政府听取行业协会商会意见的多种方式、意见采纳反馈机制等内容，为社会组织开展与政府的交流对话沟通提供了政策依据。

（三）参与政府共治

合作共治强调以政府为主导，通过与社会组织的有效合作，进而实现民主、法治和高效的服务②。合作共治对于社会组织既是机遇也是挑战，社会组织在与政府合作共治的过程中能够不断实现自身的使命愿景，提升专业服务的能力，同时，社会组织也应该注重自主性的建设，确保资金来源的多元化。

在社会主义市场经济体制建设过程中，社会组织的角色应当定位于公共服务的合作生产者，强调其作为多元治理的重要一员，完善社会组织建设，

---

① 陈家刚：《协商民主：制度设计及实践探索》，载《国家行政学院学报》2017 年第 1 期。

② 曹姣星：《合作共治：政社关系范式变迁的新方向》，载《中共山西省委党校学报》2014 年第 4 期。

提升参与合作共治的能力。一般来讲，社会组织有两种功能：一是提供社会服务和公共服务；二是实现公共利益目标。政府作为公共服务供给的重要一方，应当给予社会组织提供服务的机会，提高社会组织的自治能力，促进社会组织高质量发展，最终实现政府、市场、社会三方协调与合作。

二、经济层面

社会组织在参与经济发展中，具备了推动经济建设、打造行业枢纽平台和推进区域经济协作等方面的功能，践行着对经济发展的促进作用。

（一）推动经济建设功能

在推动经济建设方面，社会组织有一定的优势。习近平总书记在党的十九大报告中明确指出："我国经济已由高速增长阶段转向高质量发展阶段，正处在转变发展方式、优化经济结构、转换增长动力的攻关期。"围绕两个"一百年目标"（在中国共产党成立一百年时全面建成小康社会，在新中国成立一百年时建成富强民主文明和谐的社会主义现代化国家），实现中华民族伟大复兴的中国梦，推动着我国的经济发展走入新的历史阶段，也产生了一系列新的需求。社会组织由于其志愿性、非营利性和一定的社会认同，从而可以动员大批社会公众，创造不可忽视的经济价值。因此，社会组织整合自身优势资源，投身国家经济建设主战场，是推动我国经济建设、激发市场经济活力的重要力量。

除了促进国内经济建设，社会组织还能链接国内外经济合作、推动经济全球化。以行业协会为例，此类社会组织不仅可以指导、规范和监督会员企业的对外交往活动，还能在遇到贸易争端和利益冲突时，调和各类矛盾，帮助企业维护自身权益，组织会员企业做好反倾销等相关工作，发挥调停者的角色。行业协会还可以通过协助企业经贸投资"走出去"，参与全球治理和"一带一路"建设，扮演"柔性外交"的关键角色，在国际交往中展示出国家的软实力。

（二）打造行业枢纽平台

社会组织尤其是行业组织能够在行业内有效聚合社会资源，辐射市场经济多元主体，有效打造行业枢纽平台。枢纽型社会组织连接政府、企业和社会，规范行业秩序，在不同企业、社会组织与行业中促进合作协同，从而激发不同市场经济主体的活力，发挥出社会组织的整体优势。

行业枢纽平台的打造能够有效构建行业生态，形成行业秩序规范和提供优化的社会服务。在服务提供方面，依托枢纽平台，社会组织对内着眼于满足会员利益诉求，代表本行业的利益，为会员提供各类服务，收集、发布行业信息，组织人才、技术、管理、法规等主题培训，帮助会员改善经营管理；对外整合政府的需求，受政府委托或授权提供行业服务，为其他社会组织和行业创造各种机会和条件。在行业生态方面，枢纽型社会组织联合政府部门以集中化发展的形式促进社会组织的沟通与合作。在行业秩序规范方面，行业组织具有行业自律的重要职责，围绕维护社会组织秩序，健全行业内部自律体系，规范会员行为，协调会员关系，为政府提供行业服务，提高社会组织社会信用发挥出足够的正能量。

（三）推进区域经济协作

区域经济协作已上升为国家战略，这对经济发展的一体化提出了更高的要求，社会组织作为区域一体化发展的重要主体，其与政府、市场的协同和互补为一体化进程提供强有力的支撑。社会组织在区域协同中可以发挥桥梁和润滑剂的作用，促进区域内部政策、资源的有机衔接，如在长三角区域一体化背景下已经催生了上海长三角社会组织发展中心等为代表的区域性社会组织。

三、社会层面

社会组织在社会层面发挥的功能最为突出，主要包括促进社会就业、参与社区治理和投身应急救援三个方面。

（一）促进社会就业

社会组织的发展，有助于直接吸纳就业，满足社会各类人员就业需求，缓解结构性就业矛盾。首先，大量社会组织的存在能够提供众多就业机会。《2020 年民政事业发展统计公报》显示，截至 2020 年底，全国社会组织数量比上年增长3.2%，吸纳社会各类人员就业1061.9万人，比上年增长5.2%，这充分说明社会组织在促进社会就业板块中发挥着不可替代的作用，持续性地解决就业问题。其次，社会组织能够促进分散化的自主就业。在促进就业的过程中，社会组织因其自身的自发性、灵活性的特点，不追求数字化目标和业绩考核，可以因人而异地开展就业指导，参与者往往是一种主动的需要。

（二）参与社区治理

我国社会治理正面临从一元主体向多元共治的结构转型，蓬勃发展的社会组织已成为社区治理的重要主体。社会组织能够提供多样化服务、激发社会活力、推动居民自治以及繁荣社区文化。其一，社会组织能为社区居民提供个性化服务，满足基层公众需求，为和谐社区建设提供重要的支持。其二，居民自组织是创新社区文化活动的载体，通过社会组织搭建的居民参与平台，提升居民生活品质，丰富群众性文化活动。其三，社会组织能够广泛动员居民参与社会事务和公共事务，引导社区居民积极参与社区建设，营造自主管理和自主服务的社会氛围。

（三）投身应急救援

近年来，我国自然灾害、公共卫生事件、事故灾难以及社会安全事件频发，公共安全面临复杂严峻的形势，开展应急救援工作是应对自然和人为风险的必要手段，因此将社会组织纳入应急救援体系也是推进社会治理的重要环节。

在应对2020年的新冠肺炎疫情的过程中，社会组织在运作模式、专业技能、资源供给等方面体现出独特的优势。在运作模式方面，社会组织与地方党委政府主导的防控工作形成合力，凭借其灵活性在线上医疗、社区管理、物流运输等环节有效缓解疫情给政府部门造成的巨大压力。在专业技能方面，社会组织提供心理援助、信息管理、困难群体和特殊群体照护等方面的专业服务，持续性地为相关需求群体乃至整个疫情应对工作提供人力和智力支持。在资源供给方面，一批校友会、基金会、行业协会商会乃至社会自组织发挥自身渠道优势，在疫情最需要物资的时期快速响应，大批量采购、捐赠和运输口罩等医疗防护用品，保障抗疫工作的持续开展。

四、文化层面

社会组织自身的活力和能力充分应用于文化建设中，表现为开发公共文化资源、参与公共文化服务供给和传播慈善文化三方面功能。

（一）开发公共文化资源

公共文化资源整合和开发，需要政府通过协同多元主体来推进。文化资源的多样性需要多元社会主体的协同，不同利益的有效协调，从而实现公共文化的可持续传播。这对政府和社会多元主体的参与和管理提出了挑战。

社会组织作为开发和整合文化资源的重要主体，发挥着重要作用。一方面，政府有关部门可以邀请社会组织从业人员作为专家，推进文化建设工作；另一方面，通过建立文化产业相关的行业协会，邀请高校机构专家、新闻媒体资深人士等参与，发挥行业协会在政府和企业之间的桥梁作用，促进文化产业发展的多元参与。

（二）参与公共文化服务供给

社会组织是公共文化服务的直接供给主体。2015 年 1 月，中共中央办公厅、国务院办公厅印发《关于加快构建现代公共文化服务体系的意见》，提出培育和规范文化类社会组织，大力推进文化志愿服务，将文化类社会组织发展摆在公共文化服务体系中的突出位置。随着国家公共文化服务的推进，社会组织的参与为公众提供了更多丰富多彩的公共文化服务。社会组织供给公共文化服务已成为公众汲取文化营养的重要途径。

社会组织参与公共文化服务供给主要体现在以下两个方面：一方面，民办图书馆、博物馆、艺术院校、文化类行业协会以及社区文化站等组织逐渐增多，多渠道多范围满足公众的精神文化需求。此类组织呈现出繁荣、活跃、创新、多元等多重特点；另一方面，文化类社会组织通过承接政府委托的公共文化服务项目满足公众的精神文化需求，在政府指定的任务之外，积极探索通过社会化机制来提供公共文化服务，推动社会组织的可持续发展。

（三）传播慈善文化

慈善文化在中国世代相承，是实现中华民族上下五千年持续不断的强大文化纽带，是中华文化的重要组成部分。2016 年全国人大通过的《中华人民共和国慈善法》的立法目的之一是“弘扬慈善文化”，法律也明确提出“国家采取措施弘扬慈善文化，培育公民慈善意识”“学校等教育机构应当将慈善文化纳入教育教学内容”“广播、电视、报刊、互联网等媒体应当积极开展慈善公益宣传活动，普及慈善知识，传播慈善文化”。可见，社会组织，尤其是慈善组织是慈善文化的宣传载体。而在日常的慈善文化传播工作中，社会组织同样作为中坚力量发挥着重要作用。

社会组织通过活动开展和平台构建等形式传播和发扬慈善文化。在活动开展方面，社会组织开展的慈善活动是向大众普及慈善知识、传播慈善文化的重要途径。通过示范性的慈善活动影响他人，采取实际行动以善引善，助力慈善事业高质量发展。通过活动开展能够帮助公众零距离接触慈善、体验慈善，进而深化公众对于慈善价值的了解，支持慈善活动，在社会上弘扬慈善理念。在平台构建方面，社会组织构筑传播弘扬慈善知识和文化的平台，通过与政府、企业、学界等社会各类人士的协作，关爱困难群体和特殊人群，在力所能及的范围内伸出友爱和关心援手，发扬慈善文化扶贫济困、乐善好施的精神内核，提升社会公众的幸福感和获得感，促进社会主义和谐文化建设。

五、生态层面

社会组织关注生态建设，发挥着宣传环保理念、推动垃圾分类治理、投身生态环境保护和推动人与自然和谐发展四方面功能。

（一）宣传环保理念

社会组织可以推动全民环保教育活动的开展，深化环保理念的宣传，引导社会公众树立环保生活的价值观。社会组织通过各种媒介宣传将生态环境保护理念渗透到生产和生活的诸多方面。以社区为平台、环保社会组织为依托，社会组织开展的宣传教育活动增强了公民参与环境治理的积极性，让公众对环境的爱护、管理和监督成为一种习惯，使“简约适度、绿色低碳”的生活方式落到实处。

（二）推动垃圾分类治理

在国家治理体系与治理能力现代化的背景下，推动社会组织参与垃圾分类治理是必然趋势。目前，全国已有不少社会组织在积极推动垃圾分类治理，并产生较大的社会影响力。上海静安区爱芬环保科技咨询服务中心在过去10年深耕社区生活垃圾分类，形成了知名的“爱芬模式”。

社会组织在垃圾分类治理方面的作用主要体现在三方面：第一，社会组织发挥其公益教育的优势，致力于培育公众环保意识。很多环境保护类社会组织在宣传和市场营销方面具有很强的专业性，通过与法律工作者、公益明星、媒体的合作来讲解和普及生活垃圾管理条例。第二，社会组织通过社区试验提供垃圾分类政策落地的社区行动方案。第三，社会组织通过绿色账户和环保金等多种方式激励居民积极参与垃圾分类。社会组织借助新技术手段在各个社区建立积分兑换机制，既能服务到中老年人，又能吸引到青年人①。

（三）投身生态环境保护

社会组织历来是生态环境保护活动的重要行动主体之一。我国经济在高速发展过程中造成了资源的过度消耗，生态环境正在遭受前所未有的破坏，因此需要社会组织的主动参与和积极作为。

具体而言，一方面社会组织扎根于社会公众，天然具有动员公众的优势，有效聚合热心环保公益的公众发挥民间环保力量，推动绿色发展；另一方面，社会组织协助和支持政府部门开展环境保护工作，这有利于促进地方政府环保部门的污染治理质量改善，推动环保政策制定与实施，加速环境信息公开和决策透明化，形成政府为主导、多元社会力量共同参与的环境治理体系。

（四）推动人与自然和谐发展

环保类社会组织是连接人与自然和谐发展的中介枢纽。党的十九大报告将“坚持人与自然和谐共生”作为新时代坚持和发展中国特色社会主义基本方略的重要内容，环保类社会组织能够利用自身专业性优势，在全社会树立起尊重和善待自然，保护和拯救自然以及遵循自然发展规律的理念，建设人

---

① 赵挺、王淑敏：《发挥社会组织在垃圾分类治理中的作用》，2020年8月26日《学习时报》社会治理栏目。

与自然和谐共生的现代化。

社会组织在推动人与自然和谐发展方面发挥着宣传和引导作用。面向公众，社会组织开展环保主题宣传活动，能够帮助公众保护自然，培养公民的生命共同体意识，引导公民形成绿色消费、低碳出行的生活习惯。

| 实务案例 4 |

基金会利用优势资源精准助力疫情前哨

2020 年 2 月 20 日，由深圳市猛犸公益基金会（以下简称“猛犸基金会”）、华大基因和深圳市国际交流合作基金会联合捐赠的一批新冠病毒核酸检测试剂盒抵达日本国立传染病研究所，正式开启猛犸基金会参与全球抗击新冠疫情的公益行动。

截至 2020 年 3 月 30 日，猛犸基金会联合中国政府、私营部门、社会组织，并通过中国驻当地大使馆先后向日本、秘鲁（1000 份）、安哥拉（1000 份）、菲律宾（1000 份）、塞尔维亚、文莱、贝宁（1500 份）、阿根廷（首批 1500 份）、非洲多国（包括乌干达、南非、埃塞俄比亚、突尼斯等）、马来西亚（5500 份）、中美洲各国（包括巴拿马、加勒比海岛国、特立尼达和多巴哥等）等国捐赠由华大基因研制的新冠病毒检测试剂盒。该试剂盒已获得美国 FDA 紧急使用授权、欧盟 CE 认证，以及中国国家药监局颁发的医疗器械注册证。

除此之外，猛犸基金会还联合凤凰卫视、华大基因特别发起“火眼”实验室的捐赠活动。在国内抗疫期间，“火眼”实验室已具备整套技术解决方案，能够有效提高核酸检测日通量。目前已有多个国家和地区在建或洽谈中。

检测试剂盒是临床确诊和患者康复出院的重要技术耗材，是抗击疫情的重要“前哨”。猛犸基金会聚焦疫情前期诊断的关键阶段，同时借助发起单位华大集团的专业优势，以及中国驻当地大使馆的跨境协调优势，精准开展公益行动，专业性强，抗疫效率显著。此外，试剂盒捐赠和“火眼”实验室捐建也有助于完善受援国的公共卫生基础建设，提高应对突发公共卫生事件的能力。

（根据以下材料整理而成，题目为编者所加。张明敏：《中国社会组织参与全球抗疫十大行动案例发布》，2020年4月4日《公益时报》。）

| 分析要点 |

1. 社会组织参与海外抗疫合作方式灵活多样，能够有效协同政府部门应对危机事件。

2. 社会组织结合组织原有业务经验，开展精准服务，能够利用在各自专长领域拥有的技术和资源，提升社会服务供给的质量和效率。

第五节　社会组织在其他国家的发展情况

美国、英国等西方国家习惯用“非营利组织”“非政府组织”“志愿组织”等称谓,① 而本书则统一使用“社会组织”这一称谓。社会组织的兴起有着深厚的历史渊源和特殊的现实背景，这使得社会组织既有共性又有个性。

一、先发展国家社会组织现状

对于先发展国家社会组织现状，选取了社会组织发展较为活跃的美国、日本和英国三个国家作具体描述。

（一）美国

从组织类型来看，依据组织的服务对象，可以大体上把美国的社会组织分为公益性社会组织和互益性社会组织。其中，美国的公益性组织又可分为两类：专门以资金支持服务组织的资金组织和直接从事公共福利工作的服务组织。资金组织本身并不直接提供公益性服务，它的功能是筹措资金、管理基金以及向其他社会组织提供资金。资金组织有三种形式：基金会、联合筹款组织以及专业筹款人或机构。而服务组织则是直接提供社会服务的社会组织，既包括提供医疗、教育等服务的组织，又包括研究机构、救援组织、社区组织、第三世界发展组织等。互益性组织是人们维护共同利益或追求共同兴趣

① 大卫·霍顿·史密斯、赵挺：《20世纪70年代以来中国非营利部门的发展》，载《中国非营利评论》2018年第2期。

的组织，是为其成员提供服务的组织。美国的互益性组织包括以下四类：互助合作组织、社交联谊组织、业主及专业组织和所有权凭证管理公司等其他类型组织。

从组织规模来看，美国的社会组织规模庞大。2009 年美国社会组织总数将近 200 万家，总收入将近 2 万亿美元。社会组织全职工作人员超 1350 万名，是为美国人民提供就业岗位的重要部门。美国的社会组织主要是公共服务类组织，按照联邦税法 501（c）3 的规定，获得免税资格的组织①。

从组织功能来看，美国社会组织在提供公共服务、表达群体的价值观、倡导公共政策和传承文化艺术等方面发挥着重要作用。从美国各级政府提供公共服务的模式看，包括竞争性招标、定向委托等多种形式。有研究者通过美国凤凰城大都会区坦佩市政府购买公共服务的案例研究，指出该地区采取不同于竞争性招标模式和定向委托模式的混合模式，既具有有限竞争的特征，同时具有定向委托模式的长期合作而达成的相对稳定性②。融合模式试图兼顾效率和稳定合作的价值来提供高质量的公共服务。

（二）日本

日本的社会组织一般指的是那些致力于解决人权、发展、环境、和平、自然灾害等全球问题的社会组织。2011 年 6 月，日本政府修订 NPO 法，放松对社会组织的管控，主要条款涉及活动范围的扩大、主管机构的变更、注册程序的简化、会计基准制度的引入、认定部门的转移、假定认定的引入等③。

以法人资格为衡量标准，日本 NPO 分为"非法人型 NPO"与"法人型 NPO"。其中，"非法人型 NPO"指根据日本国宪法第 21 条所规定的结社自由权，市民未经政府批准自由组建的不具有法人资格的任意团体。这些任意团体主要以"志愿者团体"或"市民活动团体"的形式展开活动。在税法等法律上，任意团体又被称为"无权利能力社团/财团"或"无人格社团/财团"。

---

① L. M. Salamon, America' s Nonprofit Sector, 3rd ed. , Foundation Center, 2012, p. 35.

② 赵挺：《美国地方政府购买社会组织服务中的融合模式及其借鉴》，载《科学发展》2019 年第 9 期。

③ 吴月：《从控制到发展：日本社会组织管理策略变迁及其逻辑》，载《湖北社会科学》2018 年第 6 期。

在遵纪守法的基础上，任意团体不但无须接受来自政府的指导或监管，而且还能享受一定的税收优惠。与之相对的，"法人型NPO"指根据有关法规履行申请手续并在法务局进行法人登记的非营利团体，包括公益社团/财团法人（公益认定）、社会福祉法人（认可）、学校法人（认可）、医疗法人（认可）、更生保护法人（认可）、消费生活协同组合（认可）、认可地缘团体（认可）、NPO法人（认证）、宗教法人（认证）、一般社团/财团法人（登记备案）以及管理组合法人（登记备案）。日本政府根据NPO的公益程度，从严至宽依次采取"公益认定""认可""认证""登记备案"等法人注册标准。但不管采取何种注册标准，其法人成立条件均须通过法律条文加以明确，以此最大限度地限制政府部门的自由裁量权①。

从活动领域来看，日本法律规定了NPO的17个活动领域，包括健康和福利、城镇建设、社会教育、艺术、文化和体育推广、环境、救灾、地域安全、人权与维护和平、国际援助、性别平等、增进儿童健康、发展信息社会、振兴科技、搞活经济、消费者保护、就业培训以及与上述内容有关的咨询活动等。其中，从事医疗保健和福利活动的NPO数量最多，占47.1%，而从事教育和社会服务活动的NPO分别占22.5%和16.6%②。从地区分布来看，由于日本政府从20世纪80年代开始不断推进地方分权改革，因此地方性NPO数量远远超过全国性NPO。日本地方NPO法人数量约占全国总数的93%③。

（三）英国

英国社会组织出现时间比较早，可以追溯到公元55年的互助性志愿结社——"友谊社"。在英国，社会组织一般被称为"志愿部门"和"慈善组织"，慈善是理解英国社会组织的重要概念。根据法律规定，英国的慈善组织有两个非常重要的要素：第一，成立时只能出于慈善目的；第二，适用服从于最高法院关于慈善组织的管辖权。1601年《慈善法》的序言中对慈善目的

---

① 俞祖成：《日本NPO法人制度的最新改革及启示》，载《国家行政学院学报》2013年第6期。

② ［美］莱斯特·萨拉蒙：《全球公民社会：非营利部门视界》（贾西津、魏玉等译），北京·社会科学文献出版社，2007年版，第206页。

③ 俞祖成：《日本"新公共性"指向的NPO政策体系分析》，载《中国非营利评论》2011年第2期。

有明确界定，主要是指缓解贫困、教育促进、宗教促进和有益于社区的其他目的四个目标。其后，“慈善目的”的范围随着法案的修订及时得到扩展，到现在已经成为以下 13 项“目的描述”：预防或救济贫穷；促进教育；促进宗教；促进健康或挽救生命；促进公民权利和义务或社会发展；促进艺术、文化、传统或科学；促进群众体育；促进人权、冲突解决或推进宗教或种族的和谐、平等和多样性；促进环境保护或改善；救济有需要的人，救济事由为年幼、垂暮、健康不佳、残疾、财政困难或其他困难；促进动物福利；促进皇家武装部分、警察、消防或急救服务的效率；当下被认定为具有慈善性质的，或与预防或救济贫穷等被英格兰和威尔士法律承认的慈善目的类似或符合其精神的其他目的[①]。

英国的志愿行动呈现全员参与的特征，多数群体表现出对参与志愿行动的积极性，这与英国市民社会的长期发展有关[②]。社会组织是英国深厚的志愿精神和志愿传统的反映。志愿、互助的结社生活是人们实现社会服务的重要机制。英国的社会组织提供包括教育、保障、基础设施、农业科技、警察、消防、城市规划、法律秩序和海上灯塔等一般由政府提供的服务，维持着城市的正常运转。互助社的特点是互益性，互助社一般在疾病、死亡、老人、儿童等问题上扮演着救助角色。

二、后发展国家社会组织现状

对于后发展国家社会组织的情况，选取了社会组织发展相对活跃的印度和埃及作一些介绍。

（一）印度

印度现代社会组织的发展起始于英殖民统治时期，从天主教福利和印度教改革类型逐步拓展到包括宗教慈善、世俗结社、甘地类社会组织及政治类

① 英国慈善委员会：《英国慈善委员会指引》（林少伟译），北京·法律出版社，2017 年版，第 45-46 页。

② 曹宇、赵挺：《英国志愿行动研究中心的运作与启示》，载《中国第三部门研究》2020 年第 2 期。

组织等多元化存在形式①。从组织类型来看，在法律层面，社会组织有社团、信托、非营利公司（《印度公司法》第25条款）、合作社、工会5种类型。社团是依据1860年颁布的《社团登记法》进行登记的，该法实施了长达150余年，至今仍在使用。印度很多邦都颁布了各自的社团登记法，有些是对该法进行了修订，有些是颁布了新法律，这导致不同地方社团法律存在很大不同。每个邦都设立了社团登记处，在地区一级也可以登记。

慈善信托包括土地和房产两个部分。印度的信托分为公共慈善信托和私人信托两种类型。公共慈善信托与私人信托不同，它的建立是为了使不确定和变动的群体成员受益。对两者进行区分的关键是，公共慈善信托的受益群体是大部分公众，私人信托受益群体是小部分公众。

1965年颁布的《印度公司法》主要是规范营利性企业的法律，但在25（1）（a）和（b）条款中允许某些公司具有非营利资格，即“第25条款公司”。第25条款公司是有限责任公司的一种，它是为了推动商业、艺术、科学、宗教、慈善或其他公益目标而建立的法人。在第25条款公司存续期间，任何人都不能拥有其财产，它的利润或收入只能用于推动目标的实现。《印度公司法》明确禁止第25条款公司以分红形式向会员分配利润或收入。

印度的合作社是一种互益性组织，为了合作社员的利益开展活动。印度的第一部《合作社法》颁布于1904年，此后很多邦对此进行了多次修订。印度各邦都制定了自身的合作社法律。1960年，印度中央邦制定的《合作社法》将合作社分为消费者合作社、耕种合作社、住房合作社、市场合作社、生产者合作社和资源合作社6种类型。

工会是另一种互益性组织。1890年印度最早的工会成立，是孟买研磨工人协会。1926年，印度颁布《印度工会法》，是一部对工会组织和工会成员进行规范的法律，调节工人与工人之间和雇主与工人之间的权利义务关系。该法对人数和年龄作了特别规定，15岁以上的男女都可成为工会会员，只要有7个人以上都可申请登记工会。

就社会组织数量而言，以2009年的数据为例，在印度，按照社会团体进

① 张文娟：《印度民间组织发展探究》，载《中国第三部门研究》2018年第2卷。

行注册的社会组织就达到300万个，如果加上其他类型和未登记注册的社会组织数量会更多。在地域层面，不同于中国社会组织主要集中于沿海发达城市，印度约有60%的社会组织活跃在农村地区。在行业分布层面，就2009年的数据而言，印度社会组织的分布情况与西方国家相似，集中于社会服务领域，其排名前三的行业分别为社会服务（41%）、教育科研（19%）和文化类（12%）[①]。

（二）埃及

埃及的社会组织演变历史悠久，其市民社会的思想最早起源于19世纪初穆罕默德·阿里现代化改革时期。在埃及，社会组织的宗旨和使命主要是解决社会问题、增进社会福利。埃及主要依靠三部法律法规来规范社会组织的活动，包括1964年的第32号法、2002年的第84号法和2017年的第70号法。根据1964年第32号法，社会组织分为福利组织和发展组织两类。福利组织主要为特定人群提供特定服务，如健康服务、囚犯家属福利保障、消除文盲等，而发展组织（主要指社区发展协会）则通过提供社会和经济服务来改善社区发展环境。

总体上，埃及的社会组织主要由社会事务部负责管理监督，具体包括登记注册、组织目的审查、日常运营监管、活动开展反馈、财务审计和违规取缔等方面。

20世纪70年代以来，社会组织在埃及政治经济体制变革推动下实现了多元化发展[②]。截至1990年，埃及注册的社会组织有12832个，参与人数达300余万人[③]。20世纪末，社会组织数量达到26594个，参与人数达2460万人，[④]到2011年穆巴拉克下台前，大约有30000多个登记的社会组织活跃在埃及，其中大多数组织在做卫生、教育和福利等方面的工作。

---

① 何宇飞：《中印两国非营利部门的比较：一个初步的探索》，载《华东理工大学学报》2016年第3期。

② 白韶璞：《埃及科普特社会组织发展及趋势研究》，载《世界民族》2020年第4期。

③ Abdelrabman M M. State-Civil Society Relations: The Politics of Egyptian NGOs (Dissertation), The Netherlands: Shaker Publishing, 2000, p. 129.

④ Ibrahim S E, Adly H, Shehata D, Civil society and governance in Egypt, Country Report, 1990, pp. 36-99.

三、总结评述

从对美国、日本和英国等先发展国家以及印度、埃及等后发展国家的社会组织现状的梳理，可以总结出国外社会组织发展的经验与不足。

先发展国家的社会组织在法律规制、组织功能和志愿精神等层面均有可以借鉴之处。在法律规制层面，以英国为代表的先发展国家对于慈善目的作了明确规定，并根据社会不同的需求及时作出调整，日本在法律规定上给予“任意社团”等草根社会组织的法治活动空间，并提供较好的税收优惠政策。在组织功能层面，以美国为首的先发展国家强调社会组织在提供社会服务、公共政策倡导、文化艺术传承等方面发挥不可或缺的作用。在志愿精神层面，英美国家比较重视基于志愿、互助的结社生活，社会组织提供包括教育、社会保障、警察、消防、城市规划等社会事务和公共事务的服务。

不过，这些先发展国家的社会组织发展也存在着一些问题。一是公众的需求不能完全满足。英国等先发展国家已经开始认识到社会工作过度专业化所带来的脱离服务对象的问题，同中国一样，难以倾听服务对象诉求是多数社会组织面临的共同难题①。二是国家法律规定不完整。如资金使用情况不明确、宗教类和倡导类社会组织难以约束等问题不容忽视。

| 实务案例 5 |

英国慈善机构深陷信任危机

英国《泰晤士报》曝出著名慈善机构乐施会高层在 2011 年参与海地地震救援期间招妓的丑闻，这令英国社会为之震惊。英国政府表示要彻查此事，并暂停资助乐施会，要求乐施会立即作出整改。这引发了民众对慈善机构的信任危机。

对于媒体曝光的这起“旧案”，乐施会表示已经内部处理此事，希望平息

---

① 曹宇、赵挺：《英国志愿行动研究中心的运作与启示》，载《中国第三部门研究》2020 年第 2 期。

事件。然而，乐施会员工和志愿者的其他性侵犯指控也相继浮出水面。迫于舆论压力，乐施会老板马克·戈德林2月20日在英国议会接受质询时道歉，副首席执行官彭妮·劳伦斯也在几天前辞职。丑闻曝光后不久，乐施会的一名前雇员向《卫报》报道了这一消息，称乐施会的雇员在乍得参与了集体卖淫活动。该员工称，乍得乐施会负责人罗兰·范豪厄尔于2006年因集体卖淫而受到内部制裁。然而，范豪威尔麦仑并没有限制这一点，后来成为海地乐施会招募妓女的主要贡献者，并在2011年乐施会内部调查后辞职。然而，在离开乐施会后，范豪威尔麦仑转而成为另一家慈善机构"反饥饿行动"的团队负责人。

据称，乐施会在给他的推荐信中对他之前的不当行为"只字不提"。一位名叫海伦·埃文斯的前乐施会国际事务经理也告诉英国媒体，她在该机构任职期间接触过许多女性，她们被迫与乐施会工作人员联系以换取救济物资。然而，当埃文斯将这一证据提供给乐施会进行公平交易时，它被忽视并拒绝了。因此，救助儿童会、基督教互助会和英国红十字会等慈善机构也承认，他们在过去一年中收到了员工性侵犯和性骚扰案件。全球最大的儿童救助组织"世界宣明会"在参与海地地震救援时也被曝光，其员工用援助和现金强迫受害者出卖身体。2018年1月底，英国媒体还在伦敦总统俱乐部慈善晚宴上曝光了性骚扰丑闻，引起英国社会公愤。

（由以下资料整理而成，题目为编著所加。强薇：《英国慈善机构深陷信任危机》，2018年2月28日《人民日报》。）

| 分析要点 |

1. 来自媒体的舆论监督对于社会组织失范行为的披露和追踪独具优势。

2. 社会组织的日常管理需要设立更为严格的社会监督或独立第三方检察机制。

3. 应当完善慈善委员会的实际功能，让慈善委员会真正发挥对社会组织运行的综合监管作用。

推荐阅读书目

［1］大卫·霍顿·史密斯等著：《非营利管理词典：术语与概念》（吴新叶译），北京大学出版社，2018年版。

［2］［美］奥斯特罗姆：《公共事物的治理之道：集体行动制度的演进》（余逊达、陈

旭东译)，上海译文出版社，2012 年版。

[3] 徐家良等编著：《第三部门概论》，北京大学出版社，2020 年版。

[4] 徐家良：《改革开放后上海社会组织创新发展研究》，上海交通大学出版社，2018 年版。

[5] 王名：《社会组织与社会治理》，北京：社会科学文献出版社，2014 年版。

[6] 蔡宏进：《社会组织原理》，台北：五南图书出版公司，2006 年版。

第二章 社会组织成立、变更与注销

社会组织建设和发展过程主要历经三个关键阶段：成立、变更与注销。鉴于包括社会团体、基金会和社会服务机构①等法人社会组织与备案社会组织不同，在实务操作过程中应予以区别对待，故本章对两类社会组织的实务工作作一区分介绍。

① 《中华人民共和国慈善法》将“民办非企业单位”这一称谓改为“社会服务机构”。由于目前尚处于更名过渡阶段，故本书中出现“民办非企业单位”之处，均可视为“社会服务机构”。

第一节　法人社会组织成立

法人社会组织成立主要是立足《社会团体登记管理条例》（2016）、《基金会管理条例》（2004）、《民办非企业单位登记管理暂行条例》（1998）、《民办非企业单位登记暂行办法》（2010）、《中华人民共和国慈善法》（2016）、《慈善组织认定办法》（2016）等相关法律法规，分别讨论社会团体、基金会和社会服务机构的登记注册情况，指导三类法人社会组织合法合理成立①。

一、社会团体成立

对于社会团体成立，需要明确其成立要求、程序以及民政部门不予成立的诸多事项，有针对性地作出准备，未尽事宜需参照《社会团体登记管理条例》（2016）规定。

（一）社会团体成立要求

按照《社会团体登记管理条例》（2016）要求，社会团体成立需要在会员数量、组织名称、业务范围和机构设置上符合要求：

1. 会员数量。个人会员需要达到 50 个以上，若是单位会员则需在 30 个以上；出现个人会员与单位会员混合的情况的，那么会员总数仍应当不少于 50 个，这样保证了社会团体基本的组织构成。

2. 组织名称。应符合法律法规要求，不得存在违背社会道德风尚的字词，同时彰显其业务范围、成员分布、活动地域，准确反映组织特征，“中国”“全国”“中华”等字样只有全国性社会团体可以采用，且需按照国家有关规定经过批准方可冠之，地方性社会团体则不予使用。

3. 业务范围。社会团体的业务范围必须合法合规，不得危害国家安全、危害公共利益和损害其他组织和公民的合法权益，不得违背社会道德风尚。

4. 机构设置。社会团体应与名称对应，有固定住所、具备专职人员、有

① 另外也参考了《社会组织登记管理条例（草案征求意见稿）》。

合法和稳定的资产以及经费基础和独立承担民事责任能力，其中为保障组织活动可以有效开展，全国性社会团体成立基础是 10 万元以上活动资金，相比之下地方性社会团体和跨行政区域社会团体门槛较低，仅为 3 万元以上活动资金①。

（二）社会团体成立程序

社会团体成立需要经过申请筹备和申请成立登记两个阶段，如图 1 所示，接受业务主管单位和登记管理机关的双重管理。

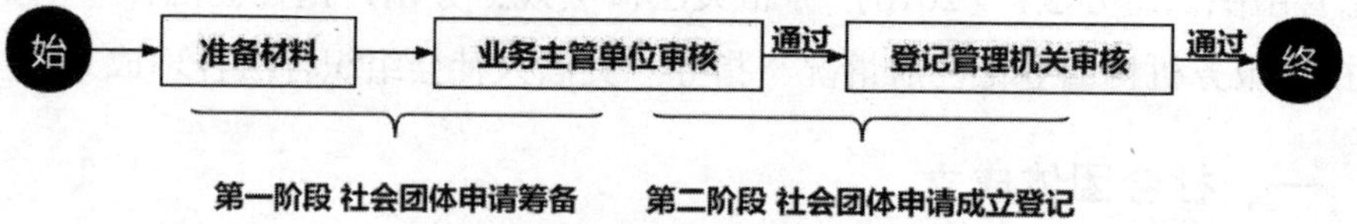

图 1 社会团体成立程序示意图

在社会团体成立的两个阶段中，需要对业务主管单位和登记管理机关予以区分。社会团体业务主管单位是指涵盖所属社会团体的业务范围，并能够对主管的社会团体进行业务指导的机构，一般由国务院有关部门和县级以上地方各级人民政府有关部门、国务院或者县级以上地方各级人民政府授权的组织承接，具体负责社会团体成立登记、变更登记、注销登记前的审查，监督指导社会团体遵规守纪，负责社会团体年度检查初审，协助登记管理机关和其他有关部门查处社会团体的违法行为，以及会同有关机关指导社会团体的清算事务等五项事宜，不向社会团体收取费用；相对而言，社会团体登记管理机关负责社会团体的成立、变更、注销的登记，年度检查，以及对违反《社会团体登记管理条例》（2016）的问题进行监督检查，对社会团体违反《社会团体登记管理条例》（2016）的行为给予行政处罚，国务院民政部门和县级以上地方各级人民政府民政部门是本级人民政府的社会团体登记管理机关。

针对社会团体成立程序两个阶段的操作过程，具体内容如下：

---

① 民政部社会组织服务中心编：《社会组织治理实务操作手册》，北京·中国社会出版社，2019 年版，第 1-11 页。

第一阶段为社会团体申请筹备。发起人若想申请成立社会团体，需要确定筹备组建社会团体的基本条件，同时还需准备筹备成立社会团体申请书（即可行性报告）和社会团体章程，以及发起人和其他负责人的基本信息，拟发展的会员名单。之后携带以上信息材料，找寻与其组织目标相对应的业务主管单位，联系、沟通，获取其支持和审查同意。一般所选业务主管单位，应当可以涵盖社会团体业务范围，能够对社会团体日常业务工作进行指导。业务主管单位必须对所主管社会团体负责，在实际工作中需要按照中共中央、国务院文件和有关法规的规定切实履行管理职责，保障主管社会团体功能发挥，未作出调整之前，业务主管单位必须要对主管社会团体负责到底，决不能撒手不管。

在第一阶段，最重要的是明确社会团体向业务主管单位需要递交的文件，不能缺失或遗漏信息，主要包括筹备成立社会团体申请书、社会团体章程草案、发起人或组织及其关键成员信息、拟发展的会员名单、《筹备社会团体申请表》、场所使用权证明以及其他相关证明材料。

1. *筹备成立社会团体申请书*。申请书应反映社会团体成立的国家背景、社会发展现状、成立价值和目标等内容，需要具有可行性。

2. *社会团体章程草案*。章程草案应包括社会团体的名称、目标、架构和规约等信息。

3. *发起人或组织及其关键成员信息*。关键人员或组织信息主要包括发起人和相关负责人基本情况、身份证明，以表明发起人具有完全民事行为能力。若发起人非个人，应为国家机关以外的其他合法组织，且能够独立承担民事责任。“完全民事行为能力”指自然人能够通过自己的独立行为进行任何民事活动，一般为年满 18 周岁精神健康的公民。“独立承担民事责任”就是以社会团体法人自己所拥有的财产承担它在民事活动中的债务，以及法定代表人或社会团体的其他人员在法定代表人委托下所进行的民事活动中给他人造成损害的赔偿责任。

4. *拟发展为会员的名单*。会员名单表明社会团体基本来源和构成信息，会员中不得有违法违规的情况。

5. *《筹备社会团体申请表》*。《筹备社会团体申请表》表明申请缘由，进一步明确社会团体具体信息。

6. 场所使用权证明。证明的目的主要是为了确定社会团体住处固定。社会团体住处一般不设在居民住宅内；住所若为租赁的，需要提供住所租赁合同及出租方产权证明，承租方应为社会团体；住所若为单位或个人无偿提供的，由无偿提供者出具无偿提供使用证明，证明内容应明确写出住所详细地址和使用起始日期，并提供房屋产权证明；上述租赁、无偿使用期须在一年以上。

7. 其他相关证明材料。

第二阶段为社会团体申请成立登记。由发起人向登记管理机关申请成立登记，按照社会团体的类型和职责范围不同，选择去民政部或县级以上地方各级人民政府民政部门登记，过程与社会团体申请筹备阶段一致，需要携带社会团体上述9份材料，此外附加一份业务主管单位的批准文件，应确保社会团体达到业务主管单位的审核要求，方可接受登记管理机关审核。登记管理机关应当自收到社会团体全部有效文件之日起60日内，作出准予或者不予登记的决定。准予登记的，发给《社会团体法人登记证书》；不予登记的，应当向发起人说明理由。

在社会团体取得《社会团体法人登记证书》后，还需要办理印章刻制、税务登记和开设银行账户三方面后续业务。

1. 办理印章刻制。社会团体印章包括代表社会团体资格和身份的公章、财务专用章以及法定代表人印鉴章。这三个印章属于社会团体在开展日常工作和活动时的基本印章。社会团体内部各办事机构、分支机构和代表机构是否需要刻制印章由社会团体根据实际需要规定，不作强制要求。刻制公章要到经过公安部门批准、由公安部门指定的印章刻制工厂或刻字社刻制，不得私自刻制。

2. 税务登记。在办理税务登记前，社会团体需要取得《社会团体法人登记证书》后方可去当地税务部门登记，购买税务票据和财务报表。社会团体税务登记后应当及时到登记管理机关备案。

3. 开设银行账户。社会团体取得《社会团体法人登记证书》后需要去银行申请开设社会团体的账户。

（三）社会团体不予成立的诸多事项

社会团体存在违法违规、营利导向、重复办会、发起人或组织及其关键成员选择不当、存在弄虚作假行为以及其他法律、行政法规禁止的情形，均不予成立。

1. 违法违规。社会团体存在违反法律法规和国家政策的情况，危害国家安全、危害公共利益和损害其他组织、公民的合法权益，甚至会出现违背社会道德风尚的问题。

2. 营利导向。社会团体从事营利性活动，参与利润分配，而非将利润用于公益事业，违背了社会团体的非营利性质。

3. 重复办会。坚持“一行一会”原则，在同一服务方向中若已出现类似或相关的社会团体，则没必要再设立，如纺织品领域，不同类型纺织品生产行业设立不同协会，产生了中国棉纺织行业协会、中国产业用纺织品行业协会和中国毛纺织行业协会等，但均为一家，未有重复，不会出现两家中国棉纺织行业协会或者两家产业用纺织品行业协会的情况。

4. 发起人或组织及其关键成员选择不当。发起人及其关键成员正在或者曾经受到剥夺政治权利的刑事处罚，或者不具有完全民事行为能力；若发起人和其他负责人非个人，是国家机关或者非法组织，且无法独立承担民事责任，均不予成立。其中有几个重要概念需加以说明，“剥夺政治权利刑事处罚”是指剥夺犯罪人参加国家管理和政治活动权利的刑罚方法，“国家机关”是指从事国家管理和行使国家权力的机关，“非法组织”是指未经登记擅自以社会组织名义开展活动的组织。

5. 存在谎报、瞒报和错报等弄虚作假行为。社会团体申请筹备时存在弄虚作假的一些行为，如谎报发起人或组织及其关键成员信息、瞒报资产情况和错报会员单位情况等。

6. 社会团体具有其他法律、行政法规禁止的情形①。

二、基金会成立

对于基金会成立，也需明确其成立要求、程序以及民政部门不予成立的诸多事项，有针对性地作出准备，未尽事宜需参照《基金会管理条例》

---

① 陆璇、林文漪主编：《中国社会组织法律实务指南》，北京·法律出版社，2016 年版，第 7 页。

（2004）规定。

（一）基金会成立要求

按照《基金会管理条例》（2004）要求，基金会成立需要具备公益目的、原始资金限额、基本组织架构、固定住所和独立承担民事责任能力五方面要求。

1. 公益目的。基金会应是为了特定的公益目的设立，目标是推进公益事业发展。根据《中华人民共和国公益事业捐赠法》，公益事业包含四类：一是救助灾害、救济贫困、扶助残疾人等困难的社会群体和个人活动；二是教育、科学、文化、卫生、体育事业；三是环境保护、社会公共设施建设；四是促进社会发展和进步的其他社会公共和福利事业。

2. 原始资金限额。基金会根据设立要求的不同有不同的原始资金额度限制，全国性公募基金会原始基金不低于 800 万元人民币，地方性公募基金会原始基金不低于 400 万元人民币，非公募基金会原始基金不低于 200 万元人民币，原始基金必须为到账货币资金，以保证有较为充足的基金支持公益事业发展。

3. 基本组织架构。基金会应具备相应的组织架构，要有较为规范的名称、章程、部门分工以及与其开展活动相适应的专职工作人员。

4. 固定住所。基金会需要设立固定住所，确保基金会有稳定的办公和活动场地，固定住所可通过购买或租借方式获取。

5. 独立承担民事责任能力。基金会需要具备独立承担民事责任的能力，应以基金会法人所拥有的财产承担它在民事活动中的债务，以及法定代表人或基金会的其他人员在法定代表人委托下所进行的民事活动中给他人造成损害的赔偿责任。

（二）基金会成立程序

基金会成立需要经过申请筹备、申请成立登记和办理税务登记三个阶段，还需接受业务主管单位和登记管理机关的双重管理，如图 2 所示。①

---

① 徐家良等：《改革开放后上海社会组织创新发展研究》，上海交通大学出版社，2018 年版，第 100-102 页。

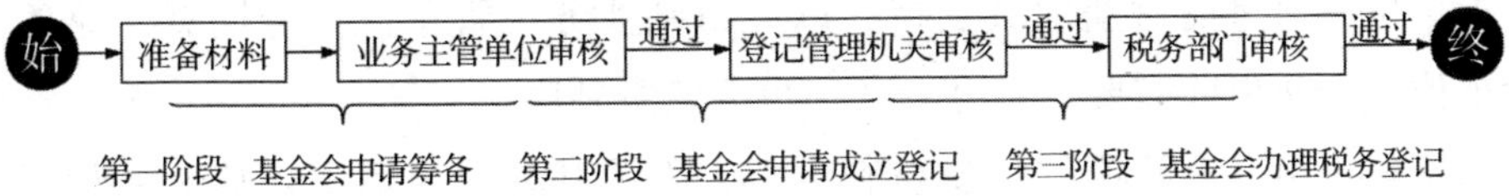

图2 基金会成立程序示意图

基金会业务主管单位是指涵盖所属基金会的业务范围，并能够对主管的基金会进行业务指导的机构。按照《基金会管理条例》（2004）的规定，若是国务院民政部门登记的基金会、境外基金会代表机构，则由国务院有关部门或者国务院授权的组织担任其业务主管单位；相对地，若是省、自治区、直辖市人民政府民政部门登记的基金会，则由省、自治区、直辖市人民政府有关部门或者省、自治区、直辖市人民政府授权的组织担任业务主管单位，具体负责基金会成立登记、变更登记、注销登记前的审查，监督指导基金会遵规守纪，负责基金会年度检查初审，协助登记管理机关和其他有关部门查处基金会的违法行为，以及会同有关机关指导基金会的清算事务五项事宜，不向基金会收取费用；相对应，基金会登记管理机关负责基金会的成立登记、变更登记、注销登记、年度检查，以及对违反《基金会管理条例》（2004）的问题进行监督检查，对基金会违反《基金会管理条例》（2004）的行为给予行政处罚，一般国务院民政部门主要负责全国性公募基金会、拟由非内地居民担任法定代表人的基金会、原始基金超过2000万元而发起人向国务院民政部门提出设立申请的非公募基金会以及境外基金会在中国内地设立的代表机构等四类基金会的登记管理，其他由省、自治区、直辖市人民政府民政部门负责①。

针对基金会成立程序三个阶段的操作过程，具体内容如下：

第一阶段为基金会申请筹备。申请人若想申请成立基金会，需要确定筹备组建基金会的基本条件，同时还需准备基金会申请书，基金会章程草案，基金会验资证明和住所证明，基金会理事名单、身份证明以及拟任理事长、副理事长、秘书长简历等信息材料，将这些材料交给符合基金会目标的业务

① 根据2016年4月全国人大常委会发布的《中华人民共和国境外非政府组织境内活动管理法》，境外基金会属于境外非政府组织，境外非政府组织在中国设立的代表机构由省级以上公安部门注册。

主管单位，通过商讨获取其支持，以此得到业务主管单位审查同意，业务主管单位在未变更前需要对基金会各项事务负责到底。

聚焦于第一个阶段的信息材料准备，除了基金会申请书，基金会验资证明和住所证明，基金会理事名单、身份证明以及拟任理事长、副理事长、秘书长简历等信息材料，除参照社会团体成立要求做好充分的准备外，应尤为重视基金会章程草案的制定，按照《基金会管理条例》要求，需要具体列明基本情况、资金储备、基本架构与职责、制度规划和终止安排五方面事项：

1. 基本情况。基本情况包括基金会名称、住所、宗旨和公益活动业务范围。

2. 资金储备。资金储备主要是指基金会的原始基金数额。

3. 基本架构与职责。基本架构与职责包括基金会法定代表人的情况和职责，理事情况、资格、产生程序和任期，理事会组成、职权和议事规则，以及监事职责、资格、产生程序和任期，以上四个方面内容缺一不可。

4. 制度规划。制度规划包括基金会财务会计报告编制、审定制度和财产管理，以及使用制度三个方面内容。

5. 终止安排。终止安排包括基金会终止条件、程序和终止后财产处理三个方面内容。

以上五项，构成了基金会章程的基本内容，均应齐全且符合基金会实际情况，不能弄虚作假，过度夸大或有所隐瞒。

第二阶段为基金会申请成立登记。由申请人向登记管理机关申请成立登记，按照基金会类型和职责范围不同，选择去民政部或县级以上地方各级人民政府民政部门登记，过程与基金会申请筹备阶段一致，需要携带基金会上述材料，此外附加一份业务主管单位的批准文件，以确保达到业务主管单位要求，方可接受登记管理机关审核，审核侧重于基金会名称、住所、类型、宗旨、公益活动业务范围、原始基金数额和法定代表人。登记管理机关应当自收到全部有效文件之日起60日内，作出准予或者不予登记的决定。准予登记的，发给《基金会法人登记证书》；不予登记的，应当书面说明理由。

若基金会为境外基金会在中国内地设立代表机构，应当经有关业务主管单位同意后，向登记管理机关提交基金会申请书、基金会在境外依法登记成立的证明与基金会章程、拟设代表机构负责人身份证明及简历、住所证明和业务主管单位同意在中国内地设立代表机构的文件，审核侧重于对境外基金会名称、住所、公益活动业务范围和负责人基本情况等关键信息是否合法合规的判断。与一般基金会一致，登记管理机关应当自收到全部有效文件之日起60日内，作出准予或者不予登记的决定。准予登记的，发给《境外基金会代表机构登记证书》；不予登记的，应当书面说明理由。境外基金会代表机构在中国开展公益活动应当符合中国公益事业性质，承担中国法律要求的民事责任，按照中国法律法规的要求行事①。以上这些情况，在2016年4月以后就发生了变化。中华人民共和国第十二届全国人民代表大会常务委员会第二十次会议于2016年4月28日通过，自2017年1月1日起施行的《中华人民共和国境外非政府组织境内活动管理法》规定，国务院公安部门和省级人民政府公安机关，是境外非政府组织在中国境内开展活动的登记管理机关。境外非政府组织是指在境外合法成立的基金会、社会团体、智库机构等非营利、非政府的社会组织。

在基金会取得《基金会法人登记证书》后需要办理印章刻制。基金会印章包括代表基金会资格和身份的公章、财务专用章以及法定代表人印鉴章。这三个印章属于基金会在开展日常工作和活动时的基本印章。基金会内部各办事机构、分支机构和代表机构是否需要刻制印章由基金会根据实际需要规定，不作强制要求。刻制公章需要经过公安部门批准。由公安部门指定的印章刻制工厂或刻字社刻制，不得私自刻制。

第三阶段为基金会办理税务登记。基金会、境外基金会代表机构在登记管理机关完成登记后，应当依法去当地税务部门办理税务登记，从而可以领取发票、办理银行开户，以及享受税收优惠及税收减免等权益。

（三）基金会不予成立的诸多事项

基金会存在违法违规、营利导向、申请人或组织及其关键成员选择不当、弄虚作假行为以及其他法律、行政法规禁止的情形，均不予成立。

---

① 王名等：《中国社会组织1978—2018》，北京·社会科学文献出版社，2018年版，第21-33页。

1. 违法违规。基金会存在违反法律法规和国家政策的情况，会危及国家安全，危害公共利益和他人合法权益，甚至有违社会道德风尚。

2. 营利导向。基金会从事营利性活动，在获取利润后于基金会内部进行分配，而非将利润用于公益事业。

3. 申请人或组织及其关键成员选择不当。基金会申请人和其他负责人正在或者曾经受到剥夺政治权利的刑事处罚，或者不具有完全民事行为能力，则不予成立；若发起人和其他负责人非个人，存在属于国家机关、非法组织或者无法独立承担民事责任等情况，也不予成立。

4. 存在谎报、瞒报和错报等弄虚作假行为。基金会申请筹备时存在弄虚作假的一些行为，如谎报发起人或组织及其关键成员信息、瞒报资产使用情况和错报资产储备信息等。

5. 基金会具有其他法律、行政法规禁止的情形。

三、社会服务机构成立

对于社会服务机构成立，同样应明确其成立要求、程序以及不予成立的诸多事项，有针对性地作出准备，未尽事宜需参照《民办非企业单位登记管理暂行条例》（1998）、《民办非企业单位登记暂行办法》（2010）规定[①]。

（一）社会服务机构成立要求

按照《民办非企业单位登记管理暂行条例》（1998）、《民办非企业单位登记暂行办法》（2010）要求，社会服务机构成立应具备组织名称、组织架构和组织规范三方面内容。

1. 组织名称。需要符合国家法律法规和道德规范，不得冠以“中国”、“全国”和“中华”等字样。

2. 组织架构。要有固定的场所、与组织活动要求相符的从业人员以及符合业务需要的合法资产，以此构建组织实体机构。

3. 组织规范。需要具备组织章程规约，其中应包括名称、住所、宗旨、业务范围、管理制度、法定代表人或者负责人的产生和罢免程序、资产管理

① 郁建兴、王名主编：《社会组织管理》，北京·科学出版社，2019年版，第39-40页。

和使用原则、章程修改程序、终止程序和终止后资产的处理以及其他需要通过章程规定的事项。

（二）社会服务机构成立程序

社会服务机构成立需要经过申请筹备和申请成立登记两个阶段，如图3所示，接受业务主管单位和登记管理机关的双重管理。

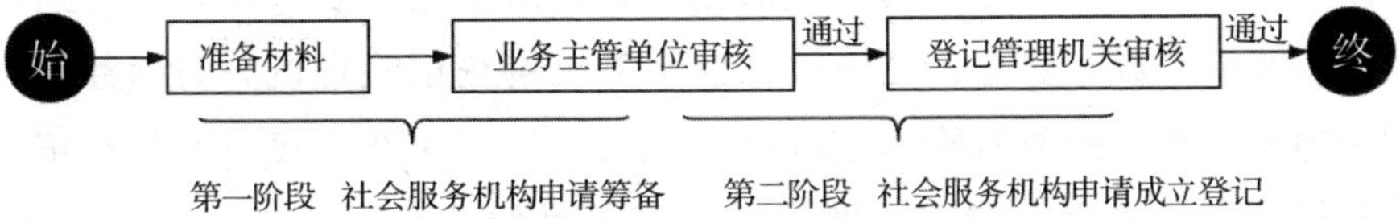

图3 社会服务机构成立程序示意图

在社会服务机构成立的两个阶段中，需要对业务主管单位和登记管理机关予以区分。社会服务机构业务主管单位应能够涵盖社会服务机构业务范围，有对其日常业务开展的指导能力。按照行业、业务范围区分，可以将业务主管单位分为两类：对于全国性社会服务机构主要是找寻国务院有关部门以及国务院授权的组织成为业务主管单位；相对地，地方性社会服务机构一般是寻求县级以上地方各级人民政府的有关部门或者县级以上地方各级人民政府授权的组织成为业务主管单位。在未作出调整之前，业务主管单位必须要负责社会服务机构成立登记、变更登记、注销登记前的审查，监督指导社会服务机构遵规守纪，负责社会服务机构年度检查初审，协助登记管理机关和其他有关部门查处社会服务机构的违法行为，以及会同有关机关指导社会服务机构的清算事务五项事宜，不向社会服务机构收取费用；相对地，社会服务机构登记管理机关负责社会服务机构的成立、变更、注销的登记，年度检查，以及对违反《民办非企业单位登记管理暂行条例》（1998）、《民办非企业单位登记暂行办法》（2010）的问题进行监督检查，对社会服务机构违反《民办非企业单位登记管理暂行条例》（1998）、《民办非企业单位登记暂行办法》（2010）的行为给予行政处罚，国务院民政部门或县级以上地方各级人民政府民政部门是本级人民政府的社会服务机构登记管理机关。

针对社会服务机构成立程序两个阶段的操作过程，具体内容如下：

第一阶段为社会服务机构申请筹备。若想申请成立社会服务机构，需要确定筹备组建社会服务机构的基本条件，同时还需准备社会服务机构申请书，社会服务机构章程草案，社会服务机构场所、资金情况的证明，拟任法定代表人或单位负责人基本情况的证明，人员设置和场所设备的证明等信息材料，将这些材料交给符合社会服务机构目标的业务主管单位，通过商讨获取其支持，以此得到业务主管单位审查同意。

第二阶段为社会服务机构申请成立登记。由法定代表人或者负责人向登记管理机关申请成立登记，全国性社会服务机构登记管理机关为国务院民政部门，地方性社会服务机构则应选择在地方各级人民政府民政部门登记。社会服务机构申请成立登记需要携带申请筹备时的社会服务机构登记申请书、社会服务机构场所使用权证明、社会服务机构验资报告、社会服务机构拟任负责人的基本情况和身份证明、社会服务机构章程草案，以及业务主管单位的批准文件。登记管理机关应当自收到成立登记申请全部有效文件之日起60日内作出准予登记或者不予登记的决定。

在社会服务机构取得法人登记证书后，还需要办理印章刻制、税务登记和开设银行账户三方面后续业务。

1. *办理印章刻制*。社会服务机构印章包括代表社会服务机构资格和身份的公章、财务专用章以及法定代表人印鉴章。这三个印章属于社会服务机构在开展日常工作和活动时的基本印章。社会服务机构内部各办事机构、分支机构和代表机构是否需要刻制印章由社会服务机构根据实际需要规定，不作强制要求。刻制公章要到经过公安部门批准、由公安部门指定的印章刻制工厂或刻字社刻制，不得私自刻制。

2. *税务登记*。在办理税务登记前，社会服务机构需要取得法人登记证书后，方可去当地税务部门登记，购买税务票据和财务报表。社会服务机构税务登记后应当及时到登记管理机关备案。

3. *开设银行账户*。社会服务机构取得法人登记证书后可去银行申请开设社会服务机构的账户。

（三）社会服务机构不予成立的诸多事项

社会服务机构存在违法违规、营利导向、申请人或组织及其关键成员选择不当、弄虚作假行为以及其他法律、行政法规禁止的情形，均不予成立。

1. 违法违规。社会服务机构存在违反法律法规和国家政策的情况，会危及国家安全、危害公共利益和他人合法权益，甚至有违社会道德风尚。

2. 营利导向。社会服务机构从事营利性活动，在获取利润后在社会服务机构内部进行分配，而非将利润用于公益事业。

3. 申请人或组织及其关键成员选择不当。社会服务机构申请人和其他负责人正在或者曾经受到剥夺政治权利的刑事处罚，或者不具有完全民事行为能力，则不予成立；若发起人和其他负责人非个人，存在属于国家机关、非法组织或者无法独立承担民事责任等情况，也不予成立。

4. 存在谎报、瞒报和错报等弄虚作假行为。社会服务机构申请筹备时存在弄虚作假的一些行为，如谎报发起人或组织及其关键成员信息、瞒报资产情况和错报服务方案等。

5. 社会服务机构具有其他法律、行政法规禁止的情形。

四、慈善组织认定要求

按照《中华人民共和国慈善法》规定，慈善组织是指依法成立、符合本法规定，以面向社会开展慈善活动为宗旨的非营利性组织，可以采取基金会、社会团体和社会服务机构等组织形式①。在认定时需要符合要求和程序，同时也必须规避不予认定的事项，有针对性地作出准备，未尽事宜需参照《中华人民共和国慈善法》（2016）、《慈善组织认定办法》（2016）等规定。

（一）慈善组织认定要求

慈善组织认定主要针对于《中华人民共和国慈善法》公布前设立的社会团体、基金会和社会服务机构等非营利性法人，应符合法人登记条件、慈善活动宗旨、慈善收支规范、非营利目的、健全的财务制度和合理的薪酬制度以及其他法律、行政法规规定的条件，具体有如下几个方面的要求：

1. 符合法人登记条件。社会团体、基金会和社会服务机构应具备法人登记条件，属于法人社会组织。法人社会组织指具有民事权利能力和民事行为能力，依法独立享有民事权利和承担民事义务的非营利性法人。

① 阚珂主编：《中华人民共和国慈善法释义》，北京 · 法律出版社，2016 年版，第 22-26 页。

2. 慈善活动宗旨。社会团体、基金会和社会服务机构业务活动内容主要涉及扶贫、济困；扶老、救孤、恤病、助残、优抚；救助自然灾害、事故灾难和公共卫生事件等突发事件造成的损害；促进教育、科学、文化、卫生、体育等事业的发展；防治污染和其他公害，保护和改善生态环境；符合《中华人民共和国慈善法》规定的其他公益活动等6个方面内容。

3. 慈善收支规范。社会团体、基金会和社会服务机构申请认定为慈善组织时，上一年度慈善活动的年度支出和管理费用应符合民政部关于慈善组织的规定。

4. 非营利目的。收益和营运结余全部用于章程规定的慈善目的，不能参与利润分配。

5. 健全的财务和合理的薪酬制度。应制定财务和薪酬制度规划，保障收支规范，同时坚持非营利性目的。

6. 法律、行政法规规定的其他条件。

（二）慈善组织认定程序

慈善组织认定需要通过会议审核、审查同意和申请认定三个阶段，如图4所示。

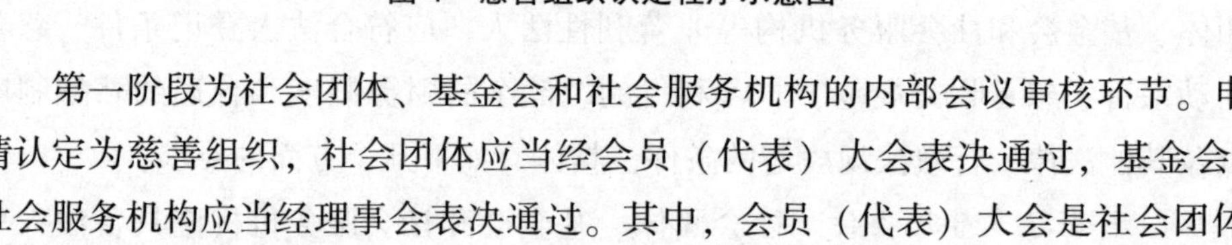

图4 慈善组织认定程序示意图

第一阶段为社会团体、基金会和社会服务机构的内部会议审核环节。申请认定为慈善组织，社会团体应当经会员（代表）大会表决通过，基金会、社会服务机构应当经理事会表决通过。其中，会员（代表）大会是社会团体的权力机关，由全体会员参加，集中商议关乎社会团体发展的重大事项；理事会是基金会、社会服务机构的权力机关，由全体理事参加，集中商议关乎基金会、社会服务机构发展的重大事项。

第二阶段为社会团体、基金会和社会服务机构的业务主管单位审查同意环节。申请认定为慈善组织，社会团体、基金会和社会服务机构还需经业务主管单位审核，在其同意后方可去所属登记管理机关认定。

第三阶段为社会团体、基金会和社会服务机构向登记管理机关申请认定环节。社会团体、基金会和社会服务机构若想认定为慈善组织，需在县级以上人民政府民政部门对其登记的社会团体、基金会和社会服务机构进行慈善组织认定。对于基金会，若想申请认定慈善组织，应当向民政部门提交慈善组织认定申请书、符合慈善组织认定要求和不存在不予认定事项的书面承诺和组织内部大会表决慈善组织认定的会议纪要三份文件；对于社会团体、社会服务机构，还需提供关于申请理由、慈善宗旨、开展慈善活动等情况的说明，以及注册会计师出具的上一年度财务审计报告，含慈善活动年度支出和管理费用的专项审计。若社会团体、基金会和社会服务机构有业务主管单位的，还需在认定时出具业务主管单位同意的证明材料。民政部门收到材料后应在受理之日起20日内作出决定，若符合认定条件，应当予以认定，换发登记证书，并向社会发布慈善组织认定公告；若不符合认定规定，则需要向申请认定的社会团体、基金会和社会服务机构作出书面说明。

认定为慈善组织后可享有税收优惠权益并负有信息公开义务。

(三) 不予认定为慈善组织的诸多事项

社会团体、基金会和社会服务机构若想认定为慈善组织，应当规避选择不适当负责人、行政处罚、列入异常名录和其他违规等四方面行为。

1. 选择不适当负责人。有法律法规和国家政策规定的不得担任慈善组织负责人的情形的，例如国家机关工作人员、非法组织人士，或者由曾经受到剥夺政治权利的刑事处罚，以及不具有完全民事行为能力的人士担任慈善组织负责人。

2. 受到行政处罚。申请慈善组织认定前两年内受过行政处罚。

3. 列入异常名录。申请时被民政部门列入异常名录。

4. 有其他违反法律、法规、国家政策行为的。

| 实务案例 6 |

社会组织未经登记无法以组织名义开展活动

2019年4月19日，深圳市政府收到市民投诉信，信中举报“深圳××联谊同乡会”（××为某省某地级市的名称）未经政府及民政部门批准，以社会组织名义开展活动。接到投诉信后，深圳市民政局即刻对“深圳××联谊同乡会”展开调查，查到该组织的负责人肖某是在春节期间与多名××市老乡组建了一个“深圳××联谊同乡会”，在大家的一致推崇下，成了会长。“深圳××联谊同乡会”发展迅速，一时间有多个微信群，1000多名成员。“深圳××联谊同乡会”在肖某的号召下经常搞聚餐、扶贫和走访成功企业等一系列联谊活动。活动期间，“深圳××联谊同乡会”未对公共秩序造成影响，也没有给社会造成危害，但鉴于该会未经登记，私自以社会组织名义开展活动，属于非法行为，根据《社会团体登记管理条例》规定，“深圳××联谊同乡会”被依法取缔，相关组织人员受到批评教育。深圳市作为一个移民城市，有较多的同乡会，搞一下互助联谊活动，本无可厚非，但一旦牵扯到社会组织名义，就会触及法律问题，说明社会大众对于社会组织登记相关法律法规知识的缺乏，很多人没有意识到以“某同乡会”或“某联谊会”名义开展活动已经属于非法行为，应该增强大家对社会组织成立的法律认识，普法宣传亟待强化。

在非法社会组织行列，“深圳××联谊同乡会”属于影响较小的，相比之下，还有一些未经登记却擅自以社会组织名义活动的，具有较大影响的非法社会组织，对社会造成了较为严重的负面效应。在2018年2月8日、9日，北京市民政局和北京市公安局联合就社会组织未经登记私自开展组织名义活动一事开展了专项行动，对“中国能源装备协作会”“中国数字信息与安全产业联盟”“中国体育企业家俱乐部”“土壤环境修复产业技术创新战略联盟”这四家非法社会组织进行集中取缔。经查实，上述四家社会组织未在任何部门登记，却擅自以社会团体名义进行活动，严重扰乱了社会组织管理秩序。依据相关规定，北京市民政局综合执法监察大队执法人员日前来到上述组织办公地点送达取缔决定书，予以依法取缔。“中国数字信息与安全产业联盟”成立于2014年，未经登记管理机关登记却擅自以社会组织名义开展活动，还在各地设立工作委员会。曾与多家公司签订合作协议进行敛财，打着数字党建、养老计划、精准扶贫等当前国家比较热门的发展战略词汇开展活动，属于非法行为。从中国数字信息与安全产业联盟内部刊物了解到，该联盟已在江苏、辽宁、河南等多地开展过相关活动，产生了较为恶劣的负面影响。

针对非法社会组织频繁活动现状，北京市民政局提出了一项较为良好的分辨建议。社会各界在与社会组织进行合作时需要登录中国社会组织政务服务平台查询相关登记注册的信息，验明社会组织是否已经具备合法身份，避免上当受骗，或在非法社会组织获罪时受到法律责任或社会声誉的牵连。同时，倡导社会各界与民政部门等诸多相关行政部门一道积极发现和排查非法社会组织，为合法社会组织的发展提供较为有利的空间。

（根据以下材料整理而成，题目为编者所加。深圳市司法局，http：//sf. sz. gov. cn/xxgk/xxgkml/szsyasfdxpfalk/content/post_ 7709798. html；吴海波：《擅自以社会团体名义进行活动 四家非法社会组织被取缔》，2018年2月10日《北京晨报》。）

| 分析要点 |

1. 社会公众以组织形式开展集体行动，若采用社会团体、基金会或社会服务机构形式之一，应当在县级以上民政部门进行社会组织登记，否则属于非法行为。

2. 对于想要成立社会组织的民众，应给予一定的社会法律支持。

3. 应当普及社会组织成立等法律常识，在成立过程中社会组织应符合法律规范。

第二节　法人社会组织变更

法人社会组织变更主要是立足《社会团体登记管理条例》（2016）、《基金会管理条例》（2004）、《民办非企业单位登记管理暂行条例》（1998）、《民办非企业单位登记暂行办法》（2010）等相关法律法规，分别讨论社会团体、基金会和社会服务机构的变更登记情况，指导三类法人社会组织合法合理变更。

一、社会团体变更

社会团体变更主要包括事由、程序和不予变更事项三方面内容，未尽事宜需参照《社会团体登记管理条例》（2016）规定。

（一）社会团体变更事由

社会团体变更共有6个方面，分别为名称变更、住所变更、业务范围变更、法定代表人变更、活动资金变更和业务主管单位变更，同时若章程跟随作出调整，也需要核准①。

（二）社会团体变更程序

社会团体变更需准备相关材料，经业务主管单位审查同意之日起30日内，报登记管理机关核准，最终完成变更事宜。修改章程同期进行，即在业务主管单位审查同意之日起30日内，向登记管理机关申请核准。其中，最为重要的是根据名称、住所、业务范围、法定代表人、活动资金和业务主管单位6项变更内容不同，需要准备对应材料：

1. *名称变更*。准备《社会团体变更登记申请表》、社会团体变更名称的会员（代表）大会决议、《社会团体章程核准表》和修改后章程等材料。

2. *住所变更*。准备《社会团体变更登记申请表》、社会团体新住所产权或使用权证明等材料。社会团体住所产权或使用权证明是表明社会团体的固定活动场所变更情况。变更地点一般不设在居民住宅内，变更住所若为租赁的，需要提供变更住所租赁合同及出租方产权证明，承租方应为社会团体；变更住所若为单位或个人无偿提供的，由无偿提供者出具无偿提供使用证明，证明内容应明确写出住所详细地址和使用起始日期，并提供房屋产权证明；上述租赁、无偿使用期须在一年以上。

3. *业务范围变更*。准备《社会团体变更登记申请表》、社会团体变更业务范围的会员（代表）大会决议、《社会团体章程核准表》和修改后章程等材料。

---

① 张玉玲、刘惠苑编著：《社会组织管理实务》，西安·西北工业大学出版社，2017年版，第50页。

4. 法定代表人变更。准备《社会团体变更登记申请表》《社会团体法定代表人登记表》《社会团体负责人备案表》、社会团体变更法定代表人修改章程的会议决议、理事会人员名单、《领导干部兼任社会团体领导职务审批表》和财务审计报告等材料。

5. 活动资金变更。准备《社会团体变更登记申请表》、社会团体变更活动资金的会员（代表）大会决议和验资报告等材料。

6. 业务主管单位变更。准备《社会团体变更登记申请表》、社会团体变更业务主管单位的会员（代表）大会决议、原业务主管单位同意变更文件（加盖公章）、变更后的新业务主管单位同意承担业务主管一职的批准文件（加盖公章）、《社会团体章程核准表》和修改后章程等材料。

（三）社会团体不予变更的诸多事项

社会团体不予变更的事项主要分为材料缺失、弄虚作假和程序失当三种情况：

其一，材料缺失。社会团体变更材料准备不全。

其二，弄虚作假。社会团体变更材料中有弄虚作假成分，不符合社会团体发展的目标，成员、财务、住所等信息失实。

其三，程序失当。未经会议讨论或未通过业务主管单位审核，直接到登记管理机关申请变更。

二、基金会变更

基金会变更包括事由、程序和不予变更事项三方面内容，要有针对性地作出变更准备，未尽事宜需参照《基金会管理条例》（2004）规定。

（一）基金会变更事由

基金会变更主要包括名称变更、住所变更、业务范围变更、法定代表人变更、原始资金数额变更和业务主管单位变更6个方面，对应章程若有相关内容也需要作出变更。

（二）基金会变更程序

基金会变更需要经过基金会理事会表决通过，再经业务主管单位审查同意，方可报所属登记管理机关批准，若登记管理机关准予变更登记，则需基金会交回原登记证书，领取变更后的新登记证书。对于时限规定，法定要求为基金会在业务主管单位审查同意之日起30日内，需要向登记管理机关申请变更登记，若涉及章程修改也是同期进行，在业务主管单位审查同意之日起30日内，向登记管理机关核准。针对名称变更、住所变更、业务范围变更、法定代表人变更、原始资金数额变更和业务主管单位变更6个方面变更事由，应对应准备相关材料。

1. 名称变更。《基金会变更登记申请表》、基金会变更名称的理事会会议纪要、《基金会章程核准表》、修改后章程、修改后章程说明以及《基金会法人登记证书》（正副本）等材料。

2. 住所变更。《基金会变更登记申请表》、基金会变更住所的理事会会议纪要、基金会新住所产权或使用权证明和业务主管单位同意变更的文件（加盖公章）等材料。

3. 业务范围变更。《基金会变更登记申请表》、基金会变更业务范围的理事会会议纪要、业务主管单位同意变更文件（加盖公章）、《基金会章程核准表》、修改后章程和章程修改说明等材料。

4. 法定代表人变更。《基金会变更登记申请表》《基金会法定代表人登记表》、基金会变更法定代表人的理事会会议纪要、法定代表人身份证明文件的复印件、业务主管单位同意变更文件（加盖公章）和前任法定代表人任职期间的财务审计报告等材料。

5. 原始资金数额变更。《基金会变更登记申请表》、会计事务所出具的审计报告、基金会变更原始资金数额的理事会会议纪要、业务主管单位同意变更文件（加盖公章）等材料。

6. 业务主管单位变更。《基金会变更登记申请表》、基金会变更业务主管单位的理事会会议纪要、原业务主管单位同意变更文件（加盖公章）、变更后新业务主管单位同意承担业务主管一职的批准文件（加盖公章）、《基金会章程核准表》、修改后章程和章程修改说明等材料。

以上所有材料在申请变更时均需一式两份。

（三）基金会不予变更的诸多事项

基金会不予变更的事项主要分为材料缺失、弄虚作假、程序失当和变化程度较大四种情况。

其一，材料缺失。基金会变更材料不完整。

其二，弄虚作假。基金会变更材料中有弄虚作假成分，不符合基金会变更后的实际情况，出现成员信息作假、住所情况不属实等问题。

其三，程序失当。未经会议讨论或未通过业务主管单位审核，直接到登记管理机关申请变更。

其四，变化程度较大。如果基金会名称变更后，发生了业务范围和章程较大变化，不视为变更，应走注销程序，另外设立基金会。

三、社会服务机构变更

社会服务机构变更包括事由、程序和不予变更事项三方面内容，变更过程应有针对性地作出准备，未尽事宜需参照《民办非企业单位登记管理暂行条例》（1998）、《民办非企业单位登记暂行办法》（2010）等规定。

（一）社会服务机构变更事由

社会服务机构变更主要涉及名称变更、业务范围变更、法定代表人变更、业务主管单位变更、住所变更和开办资金变更 6 个方面变更，对应章程若有相关内容也需要作出变更。

（二）社会服务机构变更程序

社会服务机构若有需要变更的登记事项，需先经过业务主管单位审查同意后方可申请，时间是在业务主管单位审查同意之日起 30 日内向登记管理机关申请变更登记。修改章程也是同期进行，即在业务主管单位审查同意之日起 30 日内向登记管理机关申请核准。针对名称变更、业务范围变更、法定代表人变更、业务主管单位变更、住所变更和开办资金变更 6 个方面变更，应对应准备相关材料：

1. *名称变更*。社会服务机构变更名称的理事会会议纪要、社会服务机构业务主管单位同意名称变更的文件（加盖公章）、《社会服务机构变更登记申请表》《社会服务机构章程核准表》和修改后章程等材料。

2. 业务范围变更。社会服务机构变更业务范围的理事会会议纪要、社会服务机构业务主管单位同意名称变更的文件（加盖公章）、《社会服务机构变更登记申请表》《社会服务机构章程核准表》和修改后章程等材料。

3. 法定代表人变更。准备《社会服务机构变更登记申请表》（由原法定代表人签字）、社会服务机构变更法定代表人的理事会会议纪要、《社会服务机构法定代表人登记表》、新法定代表人身份证明文件的复印件、业务主管单位同意变更文件（加盖公章）和前任法定代表人任职期间的财务审计报告等材料，若存在审计问题，社会服务机构还需就问题原因和对应整改措施作出书面汇报，该汇报材料也需经过业务主管单位审查，审查通过后向登记管理机关提交。

4. 业务主管单位变更。准备《社会服务机构变更登记申请表》、社会服务机构变更业务主管单位的理事会会议纪要、原业务主管单位同意变更文件（加盖公章）、新业务主管单位同意作为该社会服务机构主管单位文件（加盖公章）、《社会服务机构章程核准表》和修改后章程等材料。

5. 住所变更。准备《社会服务机构变更登记申请表》、社会服务机构变更住所的理事会会议纪要和社会服务机构新住所产权或使用权证明等材料。

6. 开办资金变更。准备《社会服务机构变更登记申请表》、社会服务机构变更开办资金的理事会会议纪要和开办资金来源证明（若为捐赠资金，则需提交盖有公章或签字的合法捐赠协议，外加银行存款证明；若为社会服务机构自有财产，则需提交有关自有财产的说明，包括财产金额、归属和合法性等信息，外加银行存款证明）等材料。

以上所有材料在申请变更时均需一式两份。需要注意的是，直接登记社会服务机构登记事项需要变更或者修改章程的，自变更发生或者章程修改之日起 30 日内，直接向登记管理机关申请变更登记或者章程核准。登记管理机关应当自收到全部有效文件之日起 5 个工作日内，作出准予变更（核准）或不予变更（核准）的决定。登记管理机关受理变更登记申请，对需要征询意见的，应当以征询函的形式征询相关部门意见。

（三）社会服务机构不予变更的诸多事项

社会服务机构与基金会一样，不予变更的事项主要分为材料缺失、弄虚作假、程序失当和变化程度较大四种情况。

1. 材料缺失。社会服务机构变更材料不完整。

2. 弄虚作假。社会服务机构变更材料中有弄虚作假成分，不符合社会服务机构变更后的实际情况，出现成员信息作假、住所情况不属实等问题。

3. 程序失当。未经会议讨论或未通过业务主管单位审核，直接到登记管理机关申请变更。

4. 变化程度较大。如果社会服务机构名称变更后，发生了社会服务机构业务范围和章程的较大调整，不视为变更，应要求社会服务机构走注销程序，根据新的业务范围和章程重新设立社会服务机构。

| 实务案例 7 |

一场由名称引发的矛盾纠纷

上海市静安区爱芬环保科技咨询服务中心是社会服务机构，2012 年 8 月 1 日在上海市静安区民政局登记设立，原注册名称为“上海市闸北区爱芬环保科技咨询服务中心”，后因行政区划变更，进行了名称变更，后更名为“上海市静安区爱芬环保科技咨询服务中心”，其简称为“爱芬”，该社会组织名称一直沿用至今。不过，社会组织变更的名称后来与一家名为“爱芬（苏州）环保信息科技有限公司”重名。据了解，这家名为“爱芬（苏州）环保信息科技有限公司”的企业，原名为“江苏绿春城环保科技有限公司”，在 2017 年 12 月 18 日进行了企业名称变更，同时将业务范围也对应进行了变更调整，调整后的业务内容与上海市静安区爱芬环保科技咨询服务中心近乎一致，都是注重于垃圾分类知识的推广以及提供垃圾预约回收服务等，在外人看来仿佛二者相同。这一情况让上海市静安区爱芬环保科技咨询服务中心的负责人察觉，他认为两家机构绝对不可能碰巧想到一起，又围绕同一领域做同样的事情，而且上海市静安区爱芬环保科技咨询服务中心直至 2017 年底已经做了六七年的垃圾分类业务，创出了一定的声誉和影响力，接受过多家媒体，尤其是国家级媒体采访报道，已经成为业内公认的权威性环保组织，而且做的是非营利性业务。若爱芬（苏州）环保信息科技有限公司存在，会对上海市静安区爱芬环保科技咨询服务中心造成不利影响，尤其是企业以营收为目的，这就会让原本非营利的上海市静安区爱芬环保科技咨询服务中心受到质疑。经双方多次协商无果，上海市静安区爱芬环保科技咨询服务中心于2019年3月向江苏省苏州市中级人民法院提起诉讼，以“不正当竞争”为由，将爱芬（苏州）环保信息科技有限公司告上法庭，要求爱芬（苏州）环保信息科技有限公司立即停止侵害自身社会组织名称权的不正当竞争行为，引发了一场社会组织“名称权”与企业“商号权”纠纷，最终以爱芬（苏州）环保信息科技有限公司立即变更侵权的公司名称；就其不正当竞争行为在全国性报纸刊物上发表声明，消除影响；赔偿原告经济损失及为制止侵权行为所支出的律师费人民币20000元、公证费人民币4120元等处罚方式落幕。

《公益时报》记者多方采访，了解了上海市静安区爱芬环保科技咨询服务中心的想法以及其他专家的意见。上海市静安区爱芬环保科技咨询服务中心负责人宋慧告诉记者：“有同行听说上海爱芬案件后纷纷回想起自己所在的社会组织也有类似现象发生，但当时就‘睁一只眼闭一只眼’过去了，甚至有的被企业占据了优先注册权。所以不管此案件胜败与否，都给类似社会组织提供了参考案例，一旦自己的知识产权、名誉权受到侵犯，应该站起来维护作为社会组织、社会资产的权利，不能直接被营利性机构拿走谋取利益。”北京市京师律师事务所主任、中国慈善联合会法律顾问张凌霄认为，不论这起案件的最终走向如何，都会对社会组织品牌和知识产权保护起到积极作用。近年来社会组织在知识产权保护方面的意识已经有所加强。

（根据以下材料整理而成，题目为编者所加。武胜男：《首例社会组织“名称权”与企业“商号权”纠纷——究竟孰是孰非?》，2019年8月6日《公益时报》。）

| 分析要点 |

1. 对于关系到社会组织声誉问题的组织名称、网上平台或线下办事机构等事项，应引起高度重视，善于运用法律武器保护自身权益。

2. 社会组织作出变更行为要及时向社会发布，尽最大可能广而告之，避免旧名称及其相关的平台渠道被他人恶意使用。

3. 对于将要变更的社会组织而言，在变更过程中也需要尤为谨慎，尤其是在组织名称或业务操作上避免与其他机构出现雷同或相似的情况，引发不必要的争端，造成精力甚至资金上的消耗。

第三节　法人社会组织注销

法人社会组织注销的依据是《社会团体登记管理条例》（2016）、《基金会管理条例》（2004）、《民办非企业单位登记管理暂行条例》（1998）、《民办非企业单位登记暂行办法》（2010）等相关法律法规，这些法规分别讨论社会团体、基金会和社会服务机构的注销情况，指导三类法人社会组织合法合理注销，同时妥善处理注销后事宜①。

一、社会团体注销

社会团体注销，需要明确其注销事由、程序以及注销后清算内容，有针对性地规划注销事宜，未尽事宜需参照《社会团体登记管理条例》（2016）规定。

（一）社会团体注销事由

社会团体由于组织宗旨达成、组织自行解散、组织分立或合并，以及组织由于其他原因终止的，需要在业务主管单位指导清算后，向登记管理机关申请注销登记。

1. 组织宗旨达成。按照社会团体章程要求，当社会团体开展的一系列组织活动已经较好达成章程规定的宗旨时，社会团体则不再具有存在价值，应及时予以注销。

2. 组织自行解散。社会团体虽未注销，但已不再正常开展业务或活动，形式上存在，实则内部各成员已经解散。

---

① 易继明：《社会组织退出机制研究》，载《法律科学》（西北政法大学学报）2012年第6期。

3. 组织分立或合并。社会团体由一个组织变为多个组织或由多个组织合为一个组织时，需要对原组织进行注销。

4. 由于其他原因终止的。社会团体长期不参与年检，或者通过登记住所、备案负责人、业务主管单位均无法与社会团体负责人取得联系等诸多情形。

（二）社会团体注销程序

社会团体注销主要分为大会通过、业务主管单位指导清算和登记管理机关注销登记三步。

1. 大会通过。社会团体注销需要经过会员大会或会员代表大会讨论决定，出具会议决议。

2. 业务主管单位指导清算。社会团体注销需要在业务主管单位指导下，组建注销清算小组，完成注销清算事务。清算期间，社会团体不得开展清算之外的任何活动。

3. 登记管理机关注销登记。办理过程需要携带业务主管单位同意注销文件、《社会团体法人注销申请表》、清算审计报告、债权债务公告、税务证销户证明、银行账户销户证明、社会团体会员大会或会员代表大会会议决议、《社会团体法人登记证书》正副本、社会团体印章和财务凭证等材料。

社会团体注销后，其分支机构、代表机构同时注销。

若社会团体是直接登记的，如果当地有社会组织直接登记管理规定就参照执行，在完成清算后直接到登记管理机关申请注销登记。登记管理机关应当自收到全部有效文件之日起规定的工作日内，作出准予注销或不予注销的决定；若有需要征询意见的内容，可以征询函的形式征询相关部门意见。

（三）社会团体注销清算

社会团体应在业务主管单位指导下，据实开展注销清算工作，针对社会团体清算审计报告中出现的款项，社会团体应处分完毕，并将款项内容和处分方式等信息如实记录于清算报告中，作为登记管理机关注销登记的关键佐证材料。其中，有三种情况值得关注：其一，如果社会团体将剩余资金或固定资产赠予其他社会团体、基金会或社会服务机构，应当由接受捐赠的单位出具与之相对应的收据或固定资产接收清单；其二，社会团体如果存在一定债权债务，应当由有关单位（政府部门除外）或个人出具具有法律效力的担保承诺书，以此确保特定的债权人实现债权；其三，社会团体的税务证和银行账户应随着清算工作的完成进行注销。

二、基金会注销

基金会注销，也需明确其注销事由、程序以及注销后清算内容，有针对性地规划注销事宜，未尽事宜需参照《基金会管理条例》（2004）规定。

（一）基金会注销事由

基金会存在因组织规定的终止、组织宗旨难以继续执行以及其他原因终止等情形，需要在业务主管单位指导清算后，向登记管理机关申请注销登记。

1. 组织规定终止。按照基金会章程规定，在特定日期或特定目标达成后需予以终止，应当到登记管理机关申请注销登记。

2. 组织宗旨难以继续执行。鉴于组织宗旨完成或宗旨内容不适应现实情况等因素，无法按照基金会章程规定宗旨继续从事公益活动，需到登记管理机关申请注销登记。

3. 由于其他原因终止的。如出现基金会长期未开展日常活动、基金会长期不进行年检，以及通过登记住所、备案负责人、业务主管单位均无法与基金会负责人取得联系等情形需予以注销。

（二）基金会注销程序

基金会注销主要分为理事会通过、业务主管单位指导清算和登记管理机关注销登记三步。

1. 理事会通过。基金会注销需要经过理事会讨论决定，出具会议决议。

2. 业务主管单位指导清算。基金会注销需要在业务主管单位指导下，组建注销清算组织，完成注销清算事务。清算期间，基金会不得开展清算之外的任何活动。

3. 登记管理机关注销登记。办理过程需要携带业务主管单位同意注销登记的文件、《基金会法人注销申请表》、基金会清算审计报告、基金会债权债务公告、税务证销户证明、银行账户销户证明、基金会理事会会议决议、《基金会法人登记证书》正副本、基金会印章和财务凭证等材料。

基金会注销后，其分支机构、代表机构同时注销。

（三）基金会注销清算

基金会应在业务主管单位指导下，翔实开展注销清算工作，针对基金会清算审计报告中出现的款项，基金会应处分完毕，并将款项内容和处分方式等信息如实记录于清算报告中，作为登记管理机关注销登记的关键佐证材料。其中，有三种情况值得关注：其一，如果基金会将剩余资金或固定资产赠予其他社会团体、基金会或社会服务机构，应当由接受捐赠的单位出具与之相对应的收据或固定资产接收清单；其二，基金会如果存在一定债权债务，应当由有关单位（政府部门除外）或个人出具具有法律效力的担保承诺书，以此确保特定的债权人实现债权；其三，基金会的税务证和银行账户应随着清算工作的完成进行注销。

三、社会服务机构注销

社会服务机构注销，同样应明确其注销事由、程序以及注销后清算内容，有针对性地规划注销事宜，未尽事宜需参照《民办非企业单位登记管理暂行条例》（1998）、《民办非企业单位登记暂行办法》（2010）规定①。

（一）社会服务机构注销事由

社会服务机构存在因组织宗旨达成、组织自行解散、组织分立或合并以及组织其他原因终止的，需要在业务主管单位指导清算后，向登记管理机关申请注销登记。

1. 组织宗旨达成。按照社会服务机构章程规定，当社会服务机构开展的一系列组织活动已经较好地达成组织宗旨时，社会服务机构则不再具有存在意义，应进行注销。

2. 组织自行解散。社会服务机构未注销，但已不再正常开展业务或活动，形式上存在，实则内部各成员已经解散。

3. 组织分立或合并。社会服务机构由一个组织变为多个组织或由多个组

① 赵风、李放：《社会公益组织退出机制研究》，载《江海学刊》2016 年第 3 期。

织合为一个组织时，需要对原组织进行注销。

4. 由于其他原因终止的。社会服务机构长期不参与年检，或者通过登记住所、备案负责人、业务主管单位均无法与社会服务机构负责人取得联系等诸多情形。

（二）社会服务机构注销程序

社会服务机构注销主要分为理事会通过、业务主管单位指导清算和登记管理机关注销登记三步。

1. 理事会通过。社会服务机构注销需要经过理事会讨论决定，出具会议决议。

2. 业务主管单位指导清算。社会服务机构注销需要在业务主管单位指导下，组建注销清算组织，完成注销清算事务。清算期间，社会服务机构不得开展清算之外的任何活动。

3. 登记管理机关注销登记。办理过程需要携带业务主管单位同意注销登记的文件、《社会服务机构法人注销申请表》、清算审计报告、债权债务公告、税务证销户证明、银行账户销户证明、社会服务机构理事会会议决议、《社会服务机构法人登记证书》正副本、社会服务机构印章和财务凭证等材料。

社会服务机构若想撤销其分支机构、代表机构，也应按照社会服务机构注销要求，向登记管理机关办理分支机构、代表机构的注销登记。社会服务机构注销后，其分支机构、代表机构同时注销。

（三）社会服务机构注销清算

社会服务机构应在业务主管单位指导下，据实开展注销清算工作，针对社会服务机构清算审计报告中出现的款项，社会服务机构都应处分完毕，并将款项内容和处分方式等信息如实记录在清算报告内，作为登记管理机关注销登记的关键佐证材料。其中，有三种情况值得关注：其一，如果社会服务机构将剩余资金或固定资产赠予其他社会团体、基金会或社会服务机构，应当由接受捐赠的单位出具与之相对应的收据或固定资产接收清单；其二，社会服务机构如果存在一定债权债务，应当由有关单位（政府部门除外）或个人出具具有法律效力的担保承诺书，以此确保特定的债权人实现债权；其三，社会服务机构的税务证和银行账户应随着清算工作的完成进行注销。

| 实务案例 8 |

"僵尸"社会组织注销难问题应该如何化解

"僵尸"社会组织是一些名存实亡的社会组织，它们具有四无特征：无社会组织规划安排，无社会组织日常会务，无社会组织活动开展，以及通过登记住所、备案负责人、业务主管单位均无法与社会组织负责人取得联系等。这些组织已没有社会作为，一般也会伴随存在连续多年不参加年检的情形，却依旧存活，长期占用社会资源，耗费行政管理成本，损害了社会组织公信力，扰乱了社会组织登记管理秩序。那么，为何绝大部分"僵尸"社会组织，都不办理注销登记呢？以致造成了"僵尸"社会组织注销难的社会现象，其核心原因在于社会组织注销的清算程序繁杂，同时社会组织不办理注销登记也免于承担相关的法律后果，因而造成"僵尸"社会组织不仅根治不掉，反而产生越来越多的负面情况。

对此，2019 年 6 月山东省民政厅印发了《关于优化社会组织登记管理服务的十条意见》。从提升党建水平、落实直接登记、放宽商会登记、改革年检制度和简化注销登记等十个方面推出了一系列具体有效的"放管服"措施，其中针对"僵尸"社会组织注销难的问题，提出"对于社会组织三年以上不开展活动，无法组织召开理事会、会员（代表）大会进行表决的，以及因特殊原因无法提供清算审计报告的，在办理注销登记时对注销流程和申请材料进行适当简化"，由此划分了两种情形：一是社会组织三年以上不开展活动，无法组织召开理事会、会员（代表）大会进行表决的，在提交清算审计报告、履行规定公告程序、法定代表人书面承诺不存在债权债务纠纷后，可以办理注销手续；二是社会组织因特殊原因无法提供清算审计报告的，在业务主管单位书面承诺注销后不存在债权债务纠纷和其他风险、法定代表人书面承诺不存在债权债务纠纷后，可以办理注销手续，有效解决了"僵尸"社会组织注销难的问题。

（根据以下材料整理而成，题目为编者所加。王勇：《山东：破解社会组织"注销难"

问题》，2019 年 6 月 11 日《公益时报》。）

| 分析要点 |

1. 社会组织在无法正常开展活动后，若不能有效作出调整，应及时注销，以此共同维护社会组织良好的发展环境。

2. 政府应积极解决社会组织注销难的问题，更好地协助社会组织完成注销。

3. 注销过程应按照法律法规要求有序有效进行，保证各方面注销手续齐全、办理操作得当。

第四节　备案社会组织成立、变更与注销

备案社会组织一般是指在城乡社区范围内由自然人、法人或其他组织自愿组成、举办，在社区范围内开展活动、为社区居民提供公共服务和公共产品，但不具备到登记管理机关注册登记的一类非营利性组织。该类组织往往具有较强的区域性和草根性，能够较好满足社区居民不同需求，同时参与门槛也较低，社区居民参与意愿较强，因而受到很多社区居民的欢迎①。在实际运转中，各地出台了《社区社会组织备案办法》《社会组织登记备案意见》等配套政策文件，都对备案社会组织的运转红线作了规定，要求其必须做到遵守宪法、法律、法规和国家政策，不能作出危害国家的统一、安全和民族团结的行为，不能开展损害国家利益、社会公共利益以及其他组织和公民的合法权益的活动，坚决抵制一切违背社会道德风尚的行径，不从事营利性经营活动②。2021 年 8 月 31 日，民政部发布《社区社会组织章程示范文本（试行）》。以上概念、性质和要求是在备案社会组织成立、变更与注销过程中的重点考察内容。聚焦于备案社会组织成立、变更与注销的实际情况，又有许多具体规定。

---

① 冯利、章一琪：《中国草根组织的功能与价值——以草根组织促发展》，北京・社会科学文献出版社，2014 年版，第 15-18 页。

② 李培志：《引导与自觉：城市社区社会组织参与社区治理的路径分析》，载《中州学刊》2019 年第 6 期。

一、备案社会组织成立

针对备案社会组织成立，主要涉及其申请条件、操作程序与不予备案事项三方面，关乎备案社会组织合法性问题。

（一）备案社会组织申请条件

申请成立备案社会组织需要在组织名称、人员安排和活动场所三方面符合要求，这是备案社会组织能够正常运转的基本条件。

1. *组织名称规范*。备案社会团体的名称由“社区名称+业务范围的反映+社会团体性质标识”组成，如“××社区儿童看护联盟”；备案社会服务机构的名称由“社区名称+行（事）业或业务领域+组织形式”组成，如“××社区为老服务中心”；基金会不建议选择备案制，应在所属登记管理机关注册登记。

2. *组织人员安排应符合标准*。建议备案社会团体类会员总数不少于10人，备案社会服务机构从业人员不得少于3人，以此保障备案社会组织可以有较为充足的人手参与提供公共服务和公共产品。同时要有机构负责人，负责人应具有政治权利和完全民事行为能力，由其代表备案社会组织进行备案工作。

3. *组织活动场所较为固定*。备案社会组织应设有较为固定的活动场所，作为开展组织活动的核心阵地。

（二）备案社会组织操作程序

备案社会组织在申请备案时，主要需经历社区居委会审核和街道办事处审核两个步骤，每一个步骤都需提交相应详细而全面的信息内容，如表1所示。

表 1　备案社会组织审核过程表

审核阶段	审核方	要求	备注
第一阶段	社区居委会	备案社会组织申请人填写《××社区社会组织备案申请书》《××社区社会组织备案表》，并附《××社区社会组织章程（草案）》《××社区社会组织（会员）从业人员名册》和活动场所证明等材料，报社区居委会初审。社区居委会自收到全部有效材料起 2—7 个工作日内作出初审意见。若申报内容不符合条件的，需要及时向申请人说明理由；符合条件的，需要附上审核通过说明，在 2—7 个工作日内报送街道办事处再审	材料内容务必真实齐全
第二阶段	街道办事处	街道办事处在接到社区居委会报送的全部有效材料起 2—7 个工作日内完成审查，不符合条件的，不予办理，并向申请人作出街道办事处的书面说明；符合条件的，报送当地区民政局备案	

具体而言，两个阶段有如下具体要求。

1. 社区居委会审核。备案社会组织申请人需要及时向所在社区居委会说明备案意向，在社区居委会的指导下填写《××社区社会组织备案申请书》《××社区社会组织备案表》，并附《××社区社会组织章程（草案）》《××社区社会组织（会员）从业人员名册》和活动场所证明等材料，报社区居委会初审。社区居委会自收到全部有效材料起 2—7 个工作日内作出初审意见。若申报内容不符合条件的，需要通知备案社会组织申请人交流沟通，及时向申请人说明理由；符合条件的，需要附上审核通过说明，在 2—7 个工作日内报送街道办事处再审，在此期间备案社会组织还无法以组织名义开展活动。

2. 街道办事处审核。街道办事处在接到社区居委会报送的全部有效材料起 2—7 个工作日完成审核，不符合条件的，应告知备案社会组织所在社区居委会，该备案社会组织无法正常办理备案，并向申请人作出街道办事处的书面说明，给予社区居委会，由社区居委会通知到位；符合条件的，则直接报送当地区（县）民政局备案，在此期间备案社会组织还无法以组织名义开展活动。

值得一提的是，许多省市为鼓励社区内非备案社会组织转型为备案社会组织，给予享有政策优惠、发展支持和参与购买服务三项权益：一是政策优惠。备案社会组织享受国家、省和市给予社会组织在培育扶持、资金资助和场地税收减免等优惠政策。二是发展支持。经考核认定符合条件的备案社会组织，可申请进入支持性社会组织，如社区社会组织服务中心，参与党建、联谊、技能培训和合作交流等多方面活动。三是参与购买服务。备案社会组织具有合法资质，可以参与政府公共服务竞标，获取政府购买项目，以此获得资金支持①。此外，许多省市也对应规定了备案社会组织应尽到坚守法规原则、保证资产来源合法性，以及自觉接受政府和民众监管考核三项责任：一是坚守法规原则。备案社会组织严格遵守宪法、法律、法规和国家政策，维护宪法确定的基本原则，不做一切危害国家统一、安全和民族团结，损害国家利益、社会公共利益以及其他组织和公民的合法权益以及违背社会道德风尚的行为，不得从事营利性事务。二是保证资产来源合法性。备案社会组织经费来源以及活动收入应符合国家有关规定，属于合法收入。收入必须用于章程规定的业务内容，不得私自分配。若备案社会组织有接受捐赠资助，需要按照与捐赠人商议的期限、方式和合法用途使用，不得私自决断。备案社会组织应向备案管理机关报告有关资助金额、使用渠道和使用效果等诸多信息，接受备案管理机关监督。三是接受政府和民众监管考核。备案社会组织应按照备案管理机关要求，定期作书面或口头的汇报，接受政府监管。同时，备案管理机关应通过多种平台公开备案社会组织的信息和审核情况，使备案社会组织可以在阳光下运转，接受民众监督。

（三）不予备案的诸多事项

备案社会组织若出现宗旨或业务范围违法违规，负责人或组织关键成员选择不当，存在谎报、瞒报和错报等弄虚作假行为，已完成登记注册以及法律法规限制的其他情形，均不予备案。

---

① 徐本亮：《社会组织管理精要十五讲》，上海社会科学院出版社，2018 年版，第 211–212 页。

1. 宗旨或业务范围违法违规。备案社会组织宗旨或业务范围存在违反法律法规和国家政策的情况，会危及国家安全、危害公共利益和他人合法权益，甚至违背社会道德风尚。

2. 负责人或组织关键成员选择不当。负责人或组织关键成员正在或者曾经受到剥夺政治权利的刑事处罚，或者不具有完全民事行为能力，则不予备案；若负责人和其他负责人非个人，存在属于国家机关、非法组织或者无法独立承担民事责任等情况，同样不予备案。

3. 存在谎报、瞒报和错报等弄虚作假行为。备案社会组织存在弄虚作假的一些行为，如谎报负责人或组织及其关键成员信息、瞒报资产情况和错报活动安排等。

4. 已完成登记注册。备案社会组织已在县级以上民政部门登记注册过，无须再进行备案。

5. 备案社会组织具有其他法律、行政法规禁止的情形。

二、备案社会组织变更

备案社会组织变更，主要涉及其变更事由、变更程序与不予备案变更三方面事项，是备案社会组织变更合法有序的必要内容。

（一）备案社会组织变更事由

备案社会组织变更主要涉及名称变更、负责人变更和业务内容变更三个方面，对应章程若有相关内容也需要作出变更。

（二）备案社会组织变更程序

备案社会组织若有需要变更的事项，应先经过村（居）民委员会和镇乡（街道）审查同意后方可申请。修改章程也是同期进行，即在村（居）民委员会和镇乡（街道）审查同意之日起向备案管理机关申请核准。备案社会组织针对名称变更、负责人变更和业务内容变更三个方面变更需对应做好相关材料准备。

1. 名称变更。备案社会组织所在村（居）民委员会和镇乡（街道）同意其名称变更的文件、《××社区社会组织变更备案申请表》和修改后章程等材料。

2. 负责人变更。备案社会组织所在村（居）民委员会和镇乡（街道）同意其负责人变更的文件、新负责人身份证明文件、《××社区社会组织变更备案申请表》和修改后章程等材料。

3. 业务内容变更。备案社会组织所在村（居）民委员会和镇乡（街道）同意其业务内容变更的文件、《××社区社会组织变更备案申请表》和修改后章程等材料。

（三）不予备案变更的诸多事项

备案社会组织若出现变更后的宗旨或业务范围违法违规，负责人或组织关键成员选择不当，存在谎报、瞒报和错报等弄虚作假行为，已完成登记注册以及法律法规限制的其他情形，均不予变更备案。

1. 宗旨或业务范围违法违规。备案社会组织宗旨或业务范围存在违反法律法规和国家政策的情况，会危及国家安全、危害公共利益和他人合法权益，甚至违背社会道德风尚。

2. 负责人或组织关键成员选择不当。备案社会组织名称、负责人和业务内容变更后，负责人或组织关键成员正在或者曾经受到剥夺政治权利的刑事处罚，或者不具有完全民事行为能力，则不予变更；若负责人和其他负责人非个人，存在属于国家机关、非法组织或者无法独立承担民事责任等情况，同样不予变更。

3. 存在谎报、瞒报和错报等弄虚作假行为。备案社会组织名称、负责人和业务内容变更存在弄虚作假的一些行为，如谎报变更后的负责人或组织及其关键成员信息、瞒报变更后的资产情况和错报变更后的活动安排等。

4. 已完成登记注册。备案社会组织名称、负责人和业务内容变更前，已完成民政部门登记注册。

5. 备案社会组织变更具有其他法律、行政法规禁止的情形。

三、备案社会组织注销

若备案社会组织不再开展活动需要及时予以注销，对于备案社会组织注销主要涉及其注销事由、注销程序与注销清算三方面事项。

（一）备案社会组织注销事由

备案社会组织由于组织宗旨达成、组织自行解散、组织分立或合并以及组织其他原因终止的，需要先经过街道（镇）和村（居）民委员会清算后，向备案管理机关申请注销：

1. 组织宗旨达成。备案社会组织开展组织活动，已经完成章程规定的宗旨，按照章程要求需要予以注销。

2. 组织自行解散。备案社会组织虽未注销，但已不再正常开展业务或活动，形式上存在，实则内部各成员已经解散。

3. 组织分立或合并。备案社会组织由一个组织变为多个组织或由多个组织合为一个组织时，需要对原备案社会组织进行注销。

4. 由于其他原因终止的。备案社会组织长期不参与社区活动，或者通过街道（镇乡）和村（居）民委员会无法与备案社会组织负责人取得联系等诸多情形。

（二）备案社会组织注销程序

备案社会组织注销主要需要在内部会议通过后，根据村（居）民委员会和镇乡（街道）指导完成备案社会组织注销清算。具体而言，备案社会组织注销总共可分为三步。

1. 内部会议通过。备案社会组织注销需要经过内部会议讨论后决定，出具会议决议的相关记录。

2. 在村（居）民委员会和镇乡（街道）指导下完成清算。备案社会组织注销需要在村（居）民委员会和镇乡（街道）指导下完成。清算期间，备案社会组织不得开展清算之外的任何活动。备案社会组织注销后的剩余财产应用于备案社会组织所在区域的相关公共事务和公益事业之中，继续保证财产能够为社区建设和发展所用。

3. 备案管理机关注销登记。备案社会组织按章程规定的程序解散、终止后，负责人应填写《××社区社会组织申请注销备案表》，到备案管理机关上缴备案证书和《××社区社会组织申请注销备案表》，完成备案社会组织注销。

（三）备案社会组织注销清算

备案社会组织应在村（居）民委员会和镇乡（街道）指导下，翔实开展注销清算工作，针对备案社会组织所涉款项，备案社会组织都应处分完毕，并将款项内容和处分方式等信息如实记录于清算报告中，作为备案管理机关注销备案社会组织的关键佐证材料。其中，有两种情况值得关注：其一，如果备案社会组织将剩余资金或固定资产赠予其他社会组织，应当由接受捐赠的单位出具与之相对应的收据或固定资产接收清单；其二，备案社会组织如果存在一定债权债务，应当由有关单位（政府部门除外）或个人出具具有法律效力的担保承诺书，以此确保特定的债权人实现债权。

| 实务案例 9 |

社区社会组织不愿备案或登记问题如何解决

社区社会组织多是一些由社区居民在城乡社区内设立的，从事为民服务、公益慈善、邻里互助、文体娱乐和农村生产技术服务等活动的社会团体或者是社会服务机构。这些社会组织大多具有自发性，是由社区中来、到社区中去的接地组织。按照中国共产党十九大报告要求，要“加强社区治理体系建设，推动社会治理重心向基层下移，发挥社会组织作用，实现政府治理和社会调节、居民自治良性互动”。这为社区建设和治理的改革演进，提出了新的方向和要求：发展壮大社区社会组织，不仅有利于社会治理重心真正下沉到基层，吸纳广大社区居民参与社区建设，破解社区治理难题，而且有利于推动全民实现共建、共治、共享的理想发展模式，促进国家和谐和社会稳定。因此，重视社区社会组织合法化、有序化和多元化发展成为多地的关键事务，其中就包括这些社区社会组织的备案或登记工作。

由于平常这些由社区居民自发组建的社区社会组织多是基于互助或助他等价值导向出发建立起来的，较为自由，不愿意受到约束和管控，因而对备案或登记有一定的抵触心态，认为一旦成为备案或登记的社会组织就无法按照组织的使命和意志去运转，同时还要额外准备复杂的备案或登记材料，走完较为烦琐的备案或登记流程，使得本来较为简单的组织活动徒增了很多负担和烦恼。因此，社区社会组织普遍在备案或登记上意愿不强。

2018 年 12 月 27 日，杭州市民政局推出了《杭州市社区社会组织登记和备案管理暂行办法》（以下简称《暂行办法》），着力规范社区社会组织备案或登记管理工作，以期更好地培育发展社区社会组织，加强社区治理体系建设、推动社会治理重心向基层下移。在《暂行办法》中明确规定了尚未达到登记条件，但能正常开展活动且符合经济社会发展需要的社区社会组织，应当予以备案。《暂行办法》分十三条对社区社会组织备案进行了详细描述，包括备案条件、申请材料、办理流程、变更、注销、备案时效和相关法规，内容全面完整，可以说是一本说明书一般的规范性文件。同时为了鼓励社区社会组织进行登记注册，《暂行办法》中降低了这些社会组织的登记门槛，调整了活动场所、会员数量和注册资金等各方面条件要求，与之相配还专门简化了登记流程，对于满足城乡社区居民生活需求的社区服务类社会组织（政治、宗教、法律类和涉及前置审批等除外）可由所在社区出具证明后直接登记，对于社区调处类、协商议事类等社区社会组织（政治、宗教、法律类和涉及前置审批等除外）可由乡镇（街道）作为业务主管单位进行登记。这就使得社区社会组织可以根据自身情况进行选择。同时，这些融入基层建设的社会组织在政策支持和鼓励下更有意愿进行备案或登记，破解了社区社会组织不愿备案或登记的问题。

（根据以下材料整理而成，题目为编者所加。叶桑：《杭州市出台〈社区社会组织登记和备案管理暂行办法〉》，《中国社会组织》2019 年第 9 期，第 17 页。）

| 分析要点 |

1. 社区社会组织的主要功能是服务社区公众，具有一定的自治性、自由性和自主性，可根据组织发展需求适当引导部分社区社会组织开展备案或登记工作。

2. 为提升社区社会组织的备案或登记工作的效果，应当结合组织需求和发展现状出台更为细致的条例或办法，助力社区社会组织有序有效进行备案或登记工作，保证各方面手续齐全、办理操作适宜。

推荐阅读书目

［1］刘忠祥：《从〈基金会管理条例〉到〈慈善法〉》，北京联合出版社，2017 年版。

［2］国家民间组织管理局：《社会组织政策法规选编》，北京：中国社会出版社，2017 年版。

［3］齐炳文主编：《民间组织管理建设发展》，济南：山东人民出版社，2000 年版。

［4］孙伟林主编：《社会组织管理》，北京：中国社会出版社，2009 年版。

第三章　社会组织管理制度

我国社会组织在推动经济发展、促进社会事业繁荣、创新社会治理、提升对外交往能力等方面发挥了重要作用。在认识到社会组织重要作用的同时，也发现社会组织管理工作中存在着法规制度建设落后、管理体制不够完善、支持引导力度不足、自身建设较弱等问题。完善社会组织管理制度，促进社会组织可持续发展，对于完善我国社会主义市场经济体制和巩固党的执政基础具有重要的价值和意义。本章主要介绍社会组织年度检查制度、评估制度、信息公开制度、信用管理制度、双随机检查制度和行政处罚制度。

第一节　社会组织年度检查制度

一、社会组织年度检查制度概述

社会组织年度检查制度是县级以上的业务主管单位和登记管理机关通过接收报送材料或实地检查等方式，依法按年度对社会组织一年内遵守法律法规政策情况、开展业务活动情况、开展经营活动情况、财务管理和经费收支情况、机构设置情况、负责人变化情况、在编及聘用工作人员情况等进行检查、监督与管理并得出一定结论的一整套制度规范。

（一）年度检查制度的要素

社会组织年度检查制度一般包括检查主体、检查客体、检查目的、检查内容、检查方式和检查结论 6 个要素。

1. *检查主体*。社会组织年度检查的行为主体是业务主管单位和登记管理机关。业务主管单位一般为县级以上的党政部门，还包括经中共中央、国务院或地方县级以上党委、人民政府授权作为社会组织业务主管单位的组织。登记管理机关一般是县级以上民政部门。鉴于社会组织登记管理机关类型多样，有必要依照社会组织类型进行区分和细化。如果从广义上来说，除民政部门以外，还包括其他的登记管理机关，如境外非政府组织与社会团体等组织的登记管理机关就不同。国务院公安部门和省级人民政府公安机关，是境外非政府组织在中国境内开展活动的登记管理机关①。

2. *检查客体*。一般来说，大多数社会组织都需要接受年度检查。社会服务机构、社会团体、基金会、进行法人登记的宗教院校和宗教活动场所、境外非政府组织代表机构等都需要接受业务主管单位和登记管理机关的监督和管理。2016 年发布的《中华人民共和国慈善法》规定慈善组织可发布年度报

① 考虑到实际情况，除在民政部门注册登记的社会团体、基金会和社会服务机构外，本书有关章节中涉及在省级公安部门注册登记的境外非政府组织代表机构。

告，不再接受年度检查，慈善组织中大部分是基金会，这样，基金会就不用参加年度检查。

3. 检查目的。社会组织年度检查的目的在于了解社会组织的运营情况，发现社会组织存在的问题，及时提供相应的对策建议，提高社会组织的发展能力，促进社会组织和行业的可持续发展。

4. 检查内容。主要对社会组织一年内在遵守法律法规政策情况、开展业务活动情况、开展经营活动情况、财务管理和经费收支情况、机构设置情况、负责人变化情况、在编及聘用工作人员情况等方面的内容进行检查。

5. 检查方式。社会组织主动填报上一年度工作材料，如年度工作报告、财务会计报告、审计报告等，交业务主管单位和登记管理机关检查。大部分申报材料的方式是纸质材料，有一些地方尝试从网上递交材料参加年度检查。

6. 检查结论。登记管理机关根据对社会组织的检查情况得出合格、基本合格、不合格的结论。登记管理机关把社会团体、基金会和民办非企业单位的结论公布在民政部门的网站上。如上海市民政局、上海市社会组织管理局2021年12月23日在上海民政局网站上公布了《关于2020年社会组织年度检查结果公告》，其中就包括社会团体、民办非企业单位和基金会合格、基本合格和不合格的名单。

（二）年度检查制度的作用

社会组织年度检查制度在社会组织发展过程中有积极作用，主要体现为了解情况、发现问题、判断发展水平和提高公信力4个方面的作用。

1. 了解情况。借助年度检查制度，业务主管单位和登记管理机关通过查看文字材料和现场走访的方式及时了解社会组织上一年度的工作情况，包括业务活动开展状况、财务状况、内部治理结构、信息公开情况和评估等级等方面。

2. 发现问题。借助年度检查制度，业务主管单位、登记管理机关和参与年度检查的社会组织可以快速发现现存的问题，健全社会组织治理结构，提升社会组织的能力。

3. 判断发展水平。业务主管单位、登记管理机关和参与年度检查的社会组织通过年度检查制度可以了解该社会组织的运营状况，判断该社会组织的发展水平，得出社会组织是合格、基本合格还是不合格的结论。

4. 提高公信力。年度检查结果和年度报告的及时公开可以提高社会组织信息透明度，增进社会公众对社会组织情况的了解，提高公众对社会组织捐赠、参与志愿服务等方面的支持度。

二、社会组织年度检查制度的内容

社会组织年度检查制度因社会组织的管理对象不同而在内容和形式等方面存在一定差异。年度检查制度的对象主要包括社会团体、基金会、社会服务机构等，检查的主要内容涵盖了遵守法律法规政策情况、开展业务活动情况、开展经营活动情况、财务管理和经费收支情况、机构设置情况、负责人变化情况、在编及聘用工作人员情况等方面。

（一）社会团体

社会团体年度检查制度内容主要包括年检依据与主管单位、年检内容与程序和年检材料与结论三方面情况。

1. 年检依据与主管单位。1996 年 5 月，民政部发布《社会团体年度检查暂行办法》，具体规定社会团体年度检查的内容、时间、程序和结论。1998 年国务院发布的《社会团体登记管理条例》明确了年度检查的具体时间。年度检查的主体分别为业务主管单位和登记管理机关，主要的工作是在登记管理机关和业务主管单位协作之下完成。根据《社会团体登记管理条例》第二十四条和第二十五条的规定，登记管理机关负责对社会团体实施年度检查，业务主管单位负责社会团体年度检查的初审。

2. 年检内容与程序。社会团体的年度检查内容主要包括 8 个方面：①执行法律法规和有关政策情况；②开展业务活动情况；③开展经营活动情况；④财务管理和经费收支情况；⑤办事机构和分支机构设置情况；⑥负责人变化情况；⑦在编及聘用工作人员情况；⑧其他有关情况。社会团体年度检查程序，每年第一季度进行。如遇到特殊情况，可以顺延，但最晚在 6 月 30 日前结束。

3. 年检材料与结论。社会团体年度检查的材料包含年度工作计划和总结计划、财务决算材料、第三方审计报告、报告书材料和法人登记材料。根据

《社会团体年度检查暂行办法》的规定，年检的结论可分为合格与不合格。但在各地进行年检的具体实践中，年检的结论则有合格、基本合格和不合格三种。根据《社会团体年度检查暂行办法》第十条的规定，社会团体符合下列情形的，确定为年检合格：①遵守法律、法规和有关政策规定；②依照章程开展活动，无违法违纪行为；③财务制度健全，收入和支出符合国家有关规定；④及时办理有关变更登记及机构设置备案手续；⑤认真按民主程序办事；⑥在规定时限内接受年检。在地方层面，以上海为例，根据《上海市社会团体年度检查办法（试行）》第八条规定，社会团体内部管理规范，严格按照章程进行内部治理和开展活动，未发现存在违反《社会团体登记管理条例》等规定行为的，年检结论可确定为“年检合格”。而根据第九条规定，社会团体有下列情形之一、情节轻微的，年检结论可确定为“基本合格”：①未按照章程规定召开会员大会、理事会（常务理事会）的；②未按照章程规定换届或未及时办理变更登记且无正当理由的；③社会团体负责人应按规定报批而未报批的；④违规吸收军队单位和人员参加社会团体的；⑤对分支机构、代表机构疏于管理的；⑥违规向分支机构、代表机构收取或者变相收取管理费用的；⑦违规举办评比达标表彰活动的；⑧会费收取不符合规定以及有关收费违反规定的；⑨财务管理或资金、资产使用存在违规情形的；⑩不再具备《社会团体登记管理条例》规定的社会团体法人条件的；因内部管理制度不健全、内部管理混乱或者民主办会不规范等原因，导致不能正常开展业务活动的；未按照规定接受登记管理机关、业务主管单位（行业管理部门）监督检查的；其他违反相关部门监督管理制度的。社会团体有下列情形之一的，年检结论确定为“不合格”：①存在本办法第九条之情形，情节严重或造成恶劣影响的；②超出章程规定的宗旨和业务范围进行活动的；③上一年度未开展任何活动的；④从事营利性经营活动的；⑤涂改、出租、出借《社会团体法人登记证书》，或者出租、出借社会团体印章的；⑥违规设立分支机构、代表机构的；⑦违反国家有关规定筹集资金或者接受、使用捐赠、资助的；⑧侵占、私分、挪用社会团体资产或者所接受的捐赠、资助的；⑨拒不接受登记管理机关、业务主管单位（行业管理部门）监督检查的；⑩年检过程中隐瞒真实情况，弄虚作假的；其他违反法律法规以及国家政策规定的。

（二）基金会

基金会的年检涵盖年检依据与主管单位、年检内容与结论和撤销登记的具体情形三方面内容。

1. 年检依据与主管单位。基金会年度检查主要依据是2004年制定的《基金会管理条例》，具体的操作措施体现在2006年1月开始施行的《基金会年度检查办法》。根据《基金会管理条例》第三十四条第一款规定，由基金会登记管理机关对基金会、境外基金会代表机构实施年度检查。根据《基金会管理条例》第三十五条第二款规定，由基金会业务主管单位负责基金会、境外基金会代表机构年度检查的初审。在2016年《中华人民共和国境外非政府组织境内活动管理法》出台后，境外基金会代表机构不再受《基金会管理条例》约束，而是受《中华人民共和国境外非政府组织境内活动管理法》约束，境外基金会代表机构属于境外非政府组织代表机构，每年1月31日前向业务主管单位报送上一年度工作报告，经业务主管单位出具意见后，填报《年度工作报告》，于3月31日前报送登记管理机关，接受年度检查。

2. 年检内容与结论。《基金会管理条例》第三十六条规定，年度工作报告应当包括：财务会计报告、注册会计师审计报告，开展募捐、接受捐赠、提供资助等活动的情况以及人员和机构的变动情况等。财务会计报告应与《民间非营利组织会计制度》规定的内容和要求相一致；对基金会的审计由注册会计师事务所统一受理，并与审计对象签订委托合同，由事务所确定注册会计师审计年度报告工作；开展募捐、接受捐赠、提供资助等活动情况应当包括基金会履行信息公布义务的情况；人员和机构有变动情况按照规定办理变更登记以及基金会换届的会议纪要和更换法定代表人之前进行财务审计的情况等。在上一年度遵守法律、法规、规章和章程的情况良好，没有违法违规情形的，认定为年检合格。而对于年检过程中发现的问题，可以在作出基本合格或者不合格年检结论后，责令相关组织限期整改，并视情况依据有关规定给予行政处罚。

3. 撤销登记的具体情形。《基金会管理条例》对基金会撤销登记作出了具体的规定。第四十一条规定，有下列情形之一的，登记管理机关应当撤销登记：①未按照章程规定的宗旨和公益活动的业务范围进行活动的；②在填制会计凭证、登记会计账簿、编制财务会计报告中弄虚作假的；③不按照规定办理变更登记的；④未按照本条例的规定完成公益事业支出额度的；⑤未按照本条例的规定接受年度检查，或者年度检查不合格的；⑥不履行信息公布义务或者公布虚假信息的。第四十二条规定，有下列情形之一的，由登记管理机关给予警告、责令停止活动；情节严重的，可以撤销登记：未按照章程规定的宗旨和公益活动的业务范围进行活动的；在填制会计凭证、登记会计账簿、编制财务会计报告中弄虚作假的；不按照规定办理变更登记的；未按照本条例的规定完成公益事业支出额度的；未按照本条例的规定接受年度检查，或者年度检查不合格的；不履行信息公布义务或者公布虚假信息的。

（三）社会服务机构

社会服务机构年度检查制度包括年检依据与主管单位、年检内容与程序和年检结论与处置办法三方面内容。

1. *年检依据与主管单位*。虽然根据2016年《中华人民共和国慈善法》的规定，已将“民办非企业单位”改为“社会服务机构”，但由于尚未出台专门针对社会服务机构的行政法规，因此《民办非企业单位登记管理暂行条例》和《民办非企业单位年度检查办法》仍是社会服务机构接受年度检查的主要法律文件和依据，规定县级以上的民政部门是社会服务机构的登记管理机关。

2. *年检内容与程序*。社会服务机构的年检内容主要有：一是对法律法规及政策的遵守情况；二是是否依规进行登记及变更；三是是否按照章程和财务规定开展活动；四是人员的聘用情况。社会服务机构年检程序主要分为三步：第一步是通过现场或网络领取年检报告书及其他材料；第二步是登记管理机关对经过业务主管单位初审同意的社会服务机构提交的相关材料进行审查；第三步是登记管理机关作出结论并进行公告。年检时间为每年3月31日前向业务主管单位报送上一年度的工作报告，经业务主管单位初审同意后，于5月31日前报送登记管理机关。

3. *年检结论与处置办法*。社会服务机构的年检结论分为“合格”、“基本合格”和“不合格”三类。不合格的年检结论一般表明，社会组织可能存在以下情形：一是未严格遵守国家法律法规或组织章程；二是未严格遵守财务制度和印章管理制度；三是内部管理失序，固定活动场所缺失；四是未合规进行登记变更及章程修改工作，材料内容与事实不符。“年检基本合格”和“年检不合格”的社会服务机构，应当进行整改，整改期限为三个月。整改期限结束，社会服务机构报送整改报告，由负责的登记管理机关对整改结果进行评定并给出整改意见。

三、社会组织年度检查制度的特点与发展趋势

（一）年度检查制度的特点

年度检查制度在实践中体现为前松后紧的发展过程、监督的针对性和全面性以及纸质材料年检与网检相结合三个特点。

1. 前松后紧的发展过程。年度检查制度虽然对社会组织的监督提出了较多的、严格的监管，但在执行过程中，业务主管单位和登记管理机关一般关注社会组织提交材料满足法规要求这一底线要求，对材料具体内容的审查和监督并不严格细致。随着监督政策要求的进一步贯彻和落实，业务主管单位和登记管理机关强化了对社会组织的年度检查制度，除年检资料的形式和数量之外，也将年检资料的内容合规性和社会组织的运营情况纳入审查的范围之内。

2. 监督的针对性和全面性。社会组织年检制度以相关材料为主要年检方式来考察社会组织的情况，其设定之初的执行强度较弱，在激励和威慑社会组织规范内部运营方面的效果不足，且难以直观地体现社会组织的真实情况。现行的社会组织年检制度以年检与抽查相结合的方式，不定期对社会组织进行检查，对检查材料之外的情况进行审查，以此促进对社会组织发展的全面而系统的了解，进一步激励社会组织规范自身建设，提升社会组织的服务能力。

3. 纸质材料年检与网检相结合。根据社会组织年检制度的相关规定，一些重要指标和关键原始资料仍以提交纸质版材料为主，网检在许多地方的年检工作中也发挥了一定的作用。当前已有部分地区开始采取网上提交的方式进行年检，提高了年检的速度和效率。伴随着网络技术的更新迭代，业务主

管单位和民政部门采用网络检查审核的方式开展社会组织年度检查将成为一种常态。

（二）年度检查制度的发展趋势

年度检查制度随着社会的发展变化呈现出三个方面的发展趋势，即按实际情况与报告制度交替使用；轻年检，重抽查和评估；年检制向报告制过渡。

1. 按实际情况与报告制度交替使用。当前对社会组织的监督管理存在“混合使用”的情况，法律法规方面的不健全，导致年检制度和报告制度的规定未能有效衔接，一般年度检查的对象主要包括社会团体、基金会、社会服务机构三种主要类型，但在慈善法出台后，这一情况有所转变，被认定为慈善组织的社会团体、社会服务机构和基金会以年度工作报告替代以往的年度检查。

2. 轻年检，重抽查和评估。伴随着社会力量的成长，业务主管单位和登记管理机关对社会组织的检查呈现出年度检查和现场评估、资料抽查相结合的趋势。部分地方借助社会组织评估等级了解社会组织的业务活动，以求更全面地了解社会组织真实情况。当前的社会组织监督管理模式适当下调年检的优先级，逐步把抽查和评估等级作为主要的审查形式。

3. 年检制向报告制过渡。虽然对于规范社会组织内部运营和自身建设具有重要意义，但社会组织年检制度本身也存在着一些缺陷，年检主要是以封闭的方式进行，社会组织向业务主管单位和登记管理机关递交材料，外界只知道结论，报告制则弥补了内部运转方式的不足，而是把相关的信息公布给社会，由社会来判断，这对社会组织的公信力会产生影响。2016 年 9 月 1 日实施的《中华人民共和国慈善法》第七十二条规定：“慈善组织应当向社会公开组织章程和决策、执行、监督机构成员信息以及国务院民政部门要求公开的其他信息。上述信息有重大变更的，慈善组织应当及时向社会公开。慈善组织应当每年向社会公开其年度工作报告和财务会计报告。具有公开募捐资格的慈善组织的财务会计报告须经审计。”根据《中华人民共和国慈善法》的规定，慈善组织实行年度工作报告制，就代表了一种趋势和方向。等条件成熟后，有可能所有的社会组织都实行年度工作报告制。

| 实务案例 10 |

由于严重违规，中国电子商务协会被民政部撤销登记

2018 年 12 月 20 日，中国电子商务协会被民政部撤销登记。这类顶格行政处罚对全国性行业协会来说尤为罕见，引发社会关注。因被撤销登记而成为众矢之的的 71 岁协会负责人张会生，近日找媒体“喊冤”，认为造成目前局面的原因不在自己，他称前任理事长宋玲卸任后未做好事务和财务交接，他上任后也未掌握协会秘书处印章，导致后来出现“影子协会”利用该印章敛财。他还爆料，协会银行账户上有近 2000 万元资金不知去向。宋玲下属、该协会副秘书长聂韵则表示，关于张会生的理事长身份，协会内部一直存在争议。

12 月 28 日，因不满被认定存在内部管理混乱等问题，中国电子商务协会发动了全国性社团组织与主管行政机关间的首例行政诉讼案件——将工信部诉至法院，结果全部诉讼请求被驳回，民政部将其纳入严重违法失信名单。法院判决书认定，被多次举报投诉、社会团体法人证书早已超期等，都是其内部管理混乱的表现。工信部则披露，其未按法定时限报送年检材料，且材料中缺少年度财务审计报告。再加上现在这么多问题曝光，这让人多少有些惊讶该协会的勇气：自己内部管理有多混乱，你心中没点儿数吗？

近些年来，国内电商业高速发展，成了新经济的代表业态，身为“娘家”，中国电子商务协会本大有可为。公开报道显示，该协会以高大上的机构形象，出现在很多重量级会议论坛中。据专家判断：是内部人用利益驱动下的内讧、一团乱麻式的管理，杀死了自己。而中国电子商务协会被“判死刑”，无疑是解剖行业协会乱象的典型标本。

在外乱收费，在内法人治理结构、内部运行规范、财务审计等问题频现。有些协会非但“戴市场的帽子、拿政府的鞭子、收企业的票子、供官员的位子”，还管不好自身的“钱袋子”。张会生自曝家丑式地披露出“近 2000 万元资金去向成谜”，如果属实，也验证了这点。

（根据以下材料整理而成，题目为编者所加。仲鸣：《近两千万去向成谜，中国电商

协会被撤不冤》，2019 年 1 月 23 日《新京报》。)

| 分析要点 |

1. 自觉接受来自政府部门的年度检查对于社会组织合法合规运作具有特别重要的意义。

2. 社会组织的年度检查必须落到实处，对于其内部运行、财务审计、治理结构等各方面都要严格把关，以此促进社会组织的健康发展。

第二节 社会组织评估制度

社会组织评估是推动社会组织高质量发展的重要途径，通过以评促建、以评促改，能够对社会组织进行科学、客观和全面的评估。2007 年 8 月，民政部下发《关于推进民间组织评估工作的指导意见》，2010 年 12 月，民政部出台社会组织评估领域的首部部门规章《社会组织评估管理办法》，这标志着社会组织评估正式成为社会组织管理的重要制度。2021 年，民政部出台《全国性社会组织评估管理规定》。社会组织评估包括等级评估和项目评估，本章主要围绕着社会组织等级评估和项目评估的概念、特征与作用，对社会组织评估的具体指标及流程进行介绍，以期了解社会组织评估制度发展历程与总体情况。

一、社会组织等级评估

社会组织等级评估由县级以上民政部门进行，是对社会组织全方位进行评估的一种方式，基本上反映社会组织整体状况。该部分主要讨论社会组织等级评估的概念、特征与作用、社会组织等级评估指标等内容。

（一）概念、特点与作用

1. 概念。根据民政部于 2010 年发布的《社会组织评估管理办法》规定，社会组织评估是指各级政府民政部门为依法实施社会组织监督管理职责，促进社会组织健康发展，依照规范的方法和程序，由评估机构根据评估标准，对社会组织进行客观、全面的评估，并作出评估等级结论的活动。

2. 特点。社会组织等级评估包括以下 4 个方面的特点：

第一，政府引导与自愿参评相结合。一般由县级以上民政部门拟定评估指标并确立评估程序，然后发布相关通知，选择评估主体，并监督评估活动的开展。评估采取自愿申报的形式，任何符合评估要求的社会组织均可自愿申请评估，报送评估材料，积极配合相关机构开展评估工作。

第二，社会组织评估主体多元。社会组织的评估主体有民政部门和民政部门委托独立的第三方机构两种。民政部认可的第三方评估机构主要包括社会服务机构、社会团体、事业单位、公司①。社会组织评估主体呈现出从单一走向多元的发展趋势。全国性社会组织评估自 2015 年起引入第三方评估机构，由民政部社会组织服务中心单一主体负责发展为民政部社会组织服务中心和第三方评估机构二元主体参与的评估模式。

第三，鼓励社会组织参与评估工作。为提高社会组织参与评估的积极性，提升“以评促建、以评促管”的效果，有些地方民政部门将评估结果与优惠政策相结合。积极参评且获得较高等级的社会组织在承接政府职能转移和购买服务项目方面可优先考虑，享受税收减免优惠和资金奖励。同时，社会组织等级评估结果成为社会组织信用体系建设的重要组成部分。

第四，全面突出社会组织党建工作。根据 2015 年 9 月中共中央办公厅印发的《关于加强社会组织党的建设工作的意见（试行）》，强调社会组织党建的重要性。这就要求在评估指标中进一步增强对党建内容的考察力度，设置相关指标考察社会组织党建功能的发挥情况。社会组织党建工作的评估指标涉及党组织的建立情况、党组织的功能发挥效果、组织活动开展与组织生活制度落实等。

3. 作用。社会组织等级评估主要体现在以下三个方面的作用：

第一，提升社会组织全方位能力。通过社会组织参与等级评估，能够发现组织中存在的问题，并提出改进建议，实现以评估促发展的目标。评估能够规范社会组织的行为，提高社会组织的专业化和职业化水平。社会组织等级评估工作推动着社会组织不断完善自身，提升社会组织全方位能力，确保

① 徐家良主编：《中国社会组织评估发展报告（2015）》，北京·社会科学文献出版社，2016 年版，9-16 页。

全国性社会组织和地方性社会组织在社会经济中的积极作用。

第二，加强社会组织规范治理。社会组织等级评估侧重于规范化治理，强调组织治理结构、组织行为与社会评价等方面的建设性工作，对社会组织进行评估是加强外部监督的有效途径①。结合国内外社会组织的发展实际，开展社会组织等级评估是推动社会组织发展的重要举措，可通过评估工作来强化监管，规范社会组织的治理结构和行为方式。

第三，推进政府改革。不论是全国性的社会组织，还是地方性的社会组织，它们的发展与政府管理方式有直接关联，因此有必要创新政府管理的理念、调整政府管理体制、转变政府管理职能，将直接服务职能转移给社会组织，政府自身提供的是高质量公共服务的供给。通过开展社会组织评估工作能够为政府培育更多高质量的购买服务承接对象，提升公共服务供给水平，满足公众各方面需求。

（二）社会组织等级评估指标

社会组织等级评估的指标包括以民政部为主导的全国性社会组织等级评估指标和以地方政府为主导的地方性社会组织等级评估指标。

1. 全国性社会组织等级评估指标

针对全国性社会组织的等级评估主要受到以民政部为主导出台的一系列制度的影响，从 2007 年民政部制定《关于推进民间组织评估工作的指导意见》，到 2010 年颁布《社会组织评估管理办法》，2015 年下发《关于探索建立社会组织第三方评估机制的指导意见》等，再到 2021 年《民政部社会组织管理局关于开展 2020 年度全国性社会组织评估工作的通知》，我国社会组织等级评估的指标体系和制度依据不断完善。现行全国性社会组织等级评估的指标设计主要围绕基础条件、内部治理、工作绩效和社会评价 4 个方面展开，其总分 1000 分，内部治理和工作绩效分数较高，是其中的核心内容。为了保证评估结果的科学严谨性，全国性社会组织评估指标及其分值也会每年进行适应性调整。

行业协会商会等级评估指标。在 2020 年全国性行业协会商会评估指标

① 李长文：《我国社会组织评估研究简要述评》，载《社会福利（理论版）》2020 年第 2 期。

中，基础条件总分为60分，内部治理总分为440分，工作绩效总分为380分，社会评价总分为120分。二级指标中，基础条件部分，法人资格25分，登记管理35分；内部治理部分，组织机构80分，党建工作65分，人力资源45分，档案、证章管理15分，财务资产235分；工作绩效部分，提供服务185分，反映诉求25分，行业自律70分，会员管理30分，国际交流30分，信息公开与宣传40分；社会评价部分，内部评价50分，外部评价70分。

基金会（慈善组织）等级评估指标。根据《民政部社会组织管理局关于开展2020年度全国性社会组织评估工作的通知》，基础条件总分为60分，内部治理总分为430分，工作绩效总分为390分，社会评价总分120分。二级指标中，基础条件部分，法人资格20分，登记管理40分；内部治理部分，组织机构45分，党的建设65分，人力资源管理50分，档案、印章管理15分，财务管理255分；工作绩效部分，社会捐赠50分，规划与计划20分，公益项目255分，信息公开65分；社会评价方面，内部评价20分，公众评价30分，管理部门评价70分。

社会服务机构等级评估指标。根据《民政部社会组织管理局关于开展2020年度全国性社会组织评估工作的通知》，基础条件总分为70分，内部治理总分为450分，工作绩效总分为360分，社会评价总分为120分。二级指标中，基础条件部分，法人资格27分，登记管理43分；内部治理部分，组织机构40分，党组织65分，人力资源65分，档案印章管理25分，财务资产管理255分；工作绩效部分，业务（项目）管理75分，提供业务服务145分，诚信建设120分，特色工作20分；社会评价部分，内部评价30分，公众评价20分，管理部门评价70分。

2. 地方性社会组织等级评估指标

地方性社会组织等级评估指标，根据地方的行政层级，分为县、地级市、省级三个方面。县、地级市、省级民政部门会根据各地不同情况制定不同的社会组织等级评估指标，下面以浙江省和上海市为例作些介绍。浙江省、上海市等地方政府在开展社会组织评估工作过程中，先后出台了省级层面、县级层面的社会组织等级评估指标体系。

浙江省民政厅于2020年5月发布《关于开展2020年度全省性社会组织

评估工作的通知》。整个评估指标体系分为11项，包括浙江省社会团体评估指标，涵盖学术类、专业类、行业类、联合类和公益类5类；浙江省基金会评估指标包括公募和非公募2类；浙江省社会服务机构评估指标包括教育事业类、民政事业类、科技事业类和其他类4类。特别是在浙江省象山县，该县民政局于2020年9月发布《象山县民政局关于开展2020年度全县社会组织等级评估工作的通知》，整个社会组织等级评估分为社会团体、基金会和社会服务机构评估，并进一步细分为不同类型，每类均有详细评估指标。类型以及主要指标包括：社会团体分为行业性、联合性、学术性、专业性、专业性体育类5类评估，评估内容包括基础条件、内部治理、工作绩效和社会评价4个方面；社会服务机构分为教育职业技能类、体育类、其他类3类评估，评估内容包括基础条件、内部治理、业务活动与诚信建设、社会评价4个方面；基金会为非公募类评估，评估内容包括基础条件、内部治理、工作绩效和社会评价4个方面。根据《2021年度象山县社会组织等级评估标准及自评表（行业性社会团体）》，基础条件110分，内部治理360分，工作绩效400分，社会评价130分。

上海市社会团体管理局公布《上海市社会组织评估指标（2018版）》，并于2019年1月1日起施行。其中主要内容包括上海市行业协会商会评估指标、上海市专业（职业）类社团评估指标、上海市基金会评估指标、上海市社会服务机构评估指标、上海市学术类社团评估指标和上海市联合类社团评估指标。在一级指标层面，上海市行业协会商会评估指标、学术类社团评估指标、联合类社团评估指标和专业（职业）类社团评估指标在一级指标的设置与分值上是一致的，分别为基础条件60分、内部治理400分、工作绩效430分、社会评价110分。上海市社会服务机构评估的一级指标及分值为：基础条件60分、内部治理390分、工作绩效430分、社会评价120分。上海市基金会评估的一级指标及分值为：基础条件60分、内部治理395分、工作绩效425分、社会评价120分。

二、社会组织项目评估

社会组织项目评估是对社会组织项目进行的评估，是对社会组织某一个方面的评估。社会组织项目评估，一般在政府购买社会组织项目服务的情况下根据需要来进行评估。该部分主要对社会组织项目评估的概念、特征与作用，以及社会组织项目评估基本指标和评估流程等内容作一基本介绍。

(一) 概念、特点与作用

1. 概念。社会组织项目评估是政府主体对承接政府购买服务项目的社会组织以常态化检测、中期和末期评估的方式，进行服务项目质量和效果的评估，以保证项目预期目标的达成。

2. 特点。社会组织项目评估包括以下三方面的特点：

第一，项目评估领域广。政府非常重视社会组织的可持续发展，通过购买社会组织服务转移服务职能，提高社会组织水平。政府向社会组织购买服务的类型丰富，主要集中在养老、医疗、卫生、教育、文化、体育、环境保护、生态等领域，所以针对社会组织服务项目评估涉及的领域比较广。

第二，评估指标具有差异性。社会组织评估指标的制定需要建立在社会组织的类型特征基础上，切实考虑服务项目和委托方的要求，且要充分考虑承接主体的不同和地区发展的特色，既要体现共性，也要具有特色。

第三，第三方机构是评估主体。在社会组织项目评估方面，早期都由委托方政府自行进行评估，但考虑到评估的客观性和精准性，各级政府更青睐于专业的第三方机构，通过委托、招标等方式开展项目评估，评估机构的专业性能真实反映社会组织项目运行情况，对提高社会组织项目运行水平有帮助。社会组织项目评估对象为政府采购社会组织服务项目或慈善投资项目，评估方为政府委托的专业第三方机构，评估内容包括项目计划、项目实施、项目效果、项目可持续性和项目总结。

3. 作用。社会组织项目评估的作用主要体现在以下三方面。

第一，保证项目实施效果。承接政府购买服务的社会组织与政府之间存在信息差，如果不及时对社会组织项目执行情况进行检测和评估，项目实施的方向和效果会受到影响。通过评估可以推动项目按照预定的方向进行，保证项目的顺利实施。

第二，加强社会组织项目执行能力。项目的实施是社会组织获得运营资源的主要途径之一，实现有成效的项目运营对社会组织的影响更甚，因此，社会组织的项目实施能力是亟须提高的。社会组织项目评估可以帮助社会组织发现项目管理中的问题，总结项目实施过程中的运行经验，最终提高项目实施技能，提高社会组织的运行水平。

第三，增强社会组织公信力。对社会组织所实施的项目进行权威有效的评估，有利于公众深入了解社会组织的运营项目。社会组织在评估中取得较高的评估等级可以提升组织形象，增强公信力，扩大社会组织的社会影响力。通过前期和中期的及时评估也可以对表现较差的社会组织进行针对性的风险控制，把存在的不足及时弥补，提高项目最后满意度。

（二）社会组织项目评估指标

社会组织项目评估指标是评估主体根据目标评估项目的相关政策文件标准，并结合项目的具体情况和项目购买方提出的评估标准，综合制定形成的评估指标。

在上海市杨浦区政府购买社会组织公共服务项目评估的指标设计中就包含了6个方面。其中，完成情况分值为25分，服务满意率分值为20分，财务状况分值为19分，组织能力分值为16分，人力资源分值为12分以及综合效能分值为8分。每一个一级评估指标下设置二级指标，如项目完成情况之下设置有项目进展与项目计划的符合性、服务人次、服务频次等。

（三）社会组织项目评估过程

项目评估是对社会组织项目的全过程评估，包括从确定评估机构并开展评估工作到出具最终的评估报告，完成整个项目评估的一系列活动。根据评估环节和时间顺序可以将社会组织项目评估过程划分为两种。

一是根据环节划分，主要有5个环节。第一个环节，主要由街道或社区委托第三方机构开展评估。第二个环节，评估机构通过书面材料全面了解评估对象的基本情况。第三个环节，评估机构以座谈会或问卷的形式，现场听取服务对象和社区对项目的意见。第四个环节，评估专家组根据确定的评估指标对评估对象进行评估和打分，评估组成员包括项目委托方、财务人员、专家和社会组织负责人代表。第五个环节，评价机构根据评价指标的评价结果和相应的评价材料制作评价报告，报告中应指出社会组织项目实施中存在的问题并提出改进建议。

二是根据时间顺序划分，包括项目前评估阶段、项目中评估阶段和项目后评估阶段。第一，项目前评估阶段。这一阶段主要由第三方机构开展工作，项目委托方（一般是政府有关部门、社区相关工作人员）予以协助。第二，项目中评估阶段。该阶段主要对项目已经开展的工作进行全面审查，根据评估指标对项目推进进行中期评估工作，中期评估会多采用讨论会、研讨会、座谈会等方式，项目委托方、执行方以及项目的第三方评估机构对项目过程中的主要工作进行讨论，发现项目运作中的问题，在项目执行过程中予以改正。第三，项目后评估阶段。该阶段主要进行结项评估，往往以分数或等级的形式出具评估结论，总体评定社会组织承接项目的运作效果，并以此作为后续项目申报的依据和参考。

评估结束后，可按照相关规定根据社会组织项目的评估结果进行处理。有一种处理办法是，剩余资金给项目评估结果为优秀的承接方；如果评估结果为基本合格或不合格的，委托方收回剩余资金。

| 实务案例 11 |

上海复星公益基金会获评“5A 级社会组织”

根据《社会组织评估管理办法》有关规定，经过评估机构初评，上海市社会组织评估委员会审议，“上海民政”“上海社会组织公共服务平台”网上公示等程序，上海复星公益基金会首次参评，获得“中国社会组织评估等级 5A 级社会组织”。

2021 年 4 月 13 日，上海市民政局（上海市社会组织管理局）在上海公益新天地园举行上海市级社会组织评估等级授牌仪式，上海市民政局社会组织服务处处长赵宇向上海复星公益基金会颁发“5A”等级证书和牌匾。

此次获评“5A 级社会组织”，既是对上海复星公益基金会过往工作的肯定，也激励上海复星公益基金会发掘整合更多资源，为社会创造更大价值。

经过近 30 年的发展，复星从蹒跚学步的孩童成长为魅力四射的少年，再到现在年轻有为的青年。为股东带来长期的价值增长对企业发展至关重要，但同时，作为一家全球化发展的企业，复星也应承担起更多的社会责任，做一个负责任的全球公民，再次明确复星的使命——“让全球每个家庭生活更幸福”。

2017年12月，上海复星公益基金会联合中国人口福利基金会、中国光彩事业基金会共同启动乡村医生健康扶贫项目。项目致力于服务中国农村144万乡村医生群体，通过为贫困地区培养并留住合格乡村医生，提升基层医疗卫生服务能力和可及性，减少因病致贫、因病返贫率，助力乡村振兴战略。项目围绕守护、赋能与激励村医三大方向，通过派遣企业员工和招募西部计划大学生志愿者驻点扶贫的方式，开展系列帮扶行动。2020年12月，乡村医生健康扶贫项目获民政部第十一届“中华慈善奖”拟表彰名单公示。2021年2月，上海复星高科技（集团）有限公司凭借乡村医生健康扶贫项目获得“全国脱贫攻坚先进集体”荣誉称号。

（根据以下材料整理而成，题目为编者所加。《上海复星公益基金会获评“5A级社会组织”》，复星医药官微2021年4月20日。）

| 分析要点 |

1. 对社会组织等级评估可以作为一种奖惩机制，激励和约束社会组织的实际运作。

2. 社会组织评估通过树立标杆和惩戒典型，有利于行业内的标准化建设。

3. 评估作为指挥棒，影响着政府和社会资源的流动方向，根据评估结果对社会组织进行资源配置更加科学合理。

第三节　社会组织信息公开制度

良好的信息公开制度，有助于提升社会组织的治理能力和公信力。社会组织的信息公开尚未有一部统一的法律，相关规定散见于《社会团体登记管理条例》《基金会管理条例》《民办非企业单位登记管理暂行条例》《志愿服务条例》等法规文件。本节主要围绕社会组织信息公开制度的概述和主要内容展开论述，重点介绍社会组织信息公开制度的原则和作用，以及社会组织信息公开的主体、对象、途径、内容和监督管理。

一、社会组织信息公开制度概述

社会组织信息公开是指在特定行政区域内依法登记的社会组织按照相关的规定，将社会组织在组织结构、项目运作等方面应当公开的信息，通过网站、微信公众号、微博等媒介或其他方式，主动向社会公开，自觉接受政府和社会监督的行为。

（一）信息公开制度的原则

1. 真实性。真实的信息是社会组织公信力建设的基础，社会组织向社会及利益相关方公开的信息应当反映社会组织的实际情况，不得弄虚作假。

2. 准确性。准确性是信息公开制度的核心要求，错误的信息传递影响沟通效率及外部主体对社会组织的合理评价，社会组织向社会及利益相关方提供的信息应当确保其准确性。

3. 完整性。完整性可以规避外部主体对社会组织的片面解读，社会组织向社会及利益相关方提供的信息应当确保其完整性。

4. 及时性。及时性能够避免社会组织的各类风险，社会组织向社会及利益相关方提供的信息应当及时公布，良好的信息公开和反馈能够提升沟通效率，提升公众满意度。

（二）信息公开制度的作用

信息公开对社会组织的作用可以从公信力提升、外部监督强化和环境营造等方面进行解释。

1. 提高社会组织公信力。信息公开是保持社会组织基本属性的重要制度保障，通过信息公开，便于公众获取社会组织相关信息，增强社会组织的公信力。信息公开作为社会组织向利益相关方和社会公众的信息传递方式，是树立社会组织良好形象的重要渠道。

2. 强化外部监督。社会组织内部治理离不开信息公开，社会组织应当如实、准确、及时、完整地向社会公开本组织的基本信息、财务情况、重大事件、潜在风险，提升社会组织的社会责任感建设。完善的外部监督体系有利于政府、公众、第三方等外部主体参与社会组织监管，加强社会组织规范化建设。

3. 为社会组织改革营造良好环境。我国社会组织逐渐成为社会治理中的重要主体，并在促进经济发展和社会事业、创新社会治理等方面发挥着积极作用。但由于社会组织还存在内部能力不足、管理制度不完善等问题，部分公众对社会组织存在不信任的问题，通过社会组织信息公开，可以提高社会对社会组织的信任度。

二、社会组织信息公开制度的内容

社会组织信息公开制度包括信息公开的主体、对象、途径、内容和监督管理等方面。

（一）信息公开的主体与对象

信息公开的主体和对象涉及社会组织、政府、公众和媒体等多元行动者。

1. 信息公开的主体。信息公开的主体可分为直接主体和间接主体。直接主体是指在民政部门登记的社会团体、基金会和社会服务机构；间接主体是需要向社会公开社会组织信息并提供发布服务的民政部门、其他相关部门或信息平台。

2. 信息公开的对象。信息公开的对象，是信息公开的接受者。信息公开的对象主要包括政府、社会公众、捐赠人、受益人、会员、理事等社会组织的利益相关者。

（二）信息公开的途径

信息公开的途径主要是办公场所、公共信息平台和新闻发言人制度三方面。

1. 办公场所。把社会团体、基金会和民办非企业单位的法人登记证书，包括统一社会信用代码要在住所的醒目位置，以上墙悬挂的方式，向社会公众公开，这是促进社会监督的基础性工作。

2. 公共信息平台。为了使公众更容易获得社会组织的相关信息，其信息公开途径应该多样化，可以运营办公场所、官方网站，专司发布社会组织信息的公共网站和信息发布平台、公共媒体等进行信息公开。在我国，《基金会信息公布办法》第九条明确规定，信息公布义务人在公布信息时，可以选择报刊、广播、电视或者互联网作为公布信息的媒体。国务院 2014 年发布的《关于促进慈善事业健康发展的指导意见》明确要求，慈善组织应通过互联网公布信息，通过自身官方网站或民政部门认可的信息网站进行信息发布。2016 年 9 月施行的《中华人民共和国慈善法》第六十九条规定，县级以上人民政府建立健全慈善信息统计和发布制度。县级以上人民政府民政部门应当在统一的信息平台，及时向社会公开慈善信息，并免费提供慈善信息发布服务。慈善组织和慈善信托的受托人应当在前款规定的平台发布慈善信息，并对信息的真实性负责。

在地方层面，如广东省民政厅发布的《广东省民政厅关于社会组织信息公开办法（试行）》第八条规定，社会组织应当以便于公众获取或了解为原则，选择报刊、广播、电视、网络新媒体等途径对社会公开信息，扩大信息公开渠道，包括以下方式：①第五条规定的信息应在登记管理机关指定或授权的信息平台进行公开；②报刊、广播、电视、门户网站等传统媒体；③自主设立网站、微博、微信公众号等新媒体。天津市民政局发布的《天津市社会团体信息公开办法》第九条规定，社会团体向社会公开的信息，应当通过统一的公共信息平台公开。社会团体可以选择在“天津社会组织”网站、本单位网站、报刊、电视、广播等便于公众知晓的方式公开，公开的信息内容中应当注明联系方式、咨询方式。2015 年 12 月 31 日，宁波市民政局颁布了《宁波市社会组织信息公开管理办法（试行）》，并指出信息公开办法的执行情况将作为登记管理部门对社会组织进行年度检查、等级评估，以及相关部门向社会组织转移职能和购买服务的重要内容及参考依据。总之，建立统一的社会组织信息发布平台已成为一种共识，这是在综合考虑了成本、公众体验感以及公信力等因素后得出的结论。

3. *新闻发言人制度*。2016 年 5 月，民政部发布《关于推动在全国性和省级社会组织中建立新闻发言人制度的通知》，全国性和省级社会组织在各级各类社会组织中职责较重、影响较大，率先建立新闻发言人制度有利于传递社会组织正能量，这对发挥社会组织积极作用有非常重要的价值。在民政部相关政策指导下，社会组织建立新闻发言人制度，一般由社会组织理事会或常务理事会通过工作程序，任命或指定 1 名政治立场坚定、业务能力突出的负责人为新闻发言人。在信息发布前，理事会或常务理事会先内部讨论通过，再报业务主管单位或行业管理部门审定，审定后再予以发布。社会组织一般要明确新闻发布的形式、内容、工作程序以及工作职责，建立匹配的新闻发布内容和保密审查机制、舆论监测和回应机制、激励和容错纠错机制。

（三）信息公开的内容

针对社会团体、基金会和社会服务机构等不同类型社会组织，其信息公开内容的相关规定存在差异。

1. 社会团体。社会团体信息公开一般分为面向社会和面向会员两种类型。例如，根据《北京市社会团体信息公开指引》规定，社会团体应当向社会公开章程、基本信息、理事会名单、分支机构名称、接受和使用捐赠的信息、承接政府职能转移和购买服务的信息、会费等按照法律、法规和规章规定应予公开的信息。此外，为进一步规范行业协会商会的发展，可公开诚信自律情况，包括会员企业信用档案、信用评价、行业自律规约、行业职业道德准则、行业发展秩序、诚信承诺等情况。获得公益性捐赠税前扣除资格的社会团体，应当公开公益活动情况以及公益活动支出明细的审计报告。学术性社会团体应当公开举办学术论坛、研讨的名称、时间、地点、规模、内容和研究成果、技术推广、资金筹集情况等信息。社会团体应当向会员公开年度工作报告、年度财务工作报告、会费收支情况、会员（代表）大会决议、理事会、常务理事会会议纪要等应当公开的信息。

2. 基金会。基金会信息公开的内容包括应当公开信息和自愿公开信息两类。以上海市为例，根据《上海市基金会信息公开指引》规定，应当公开信息是指基金会按照相关法律法规和规章的要求，应当向社会公开的信息。包括基金会年度工作报告、公募基金会组织募捐活动信息、基金会开展公益资助项目信息、基金会为自然灾害等突发事件接受的公益捐赠信息和基金会关联方信息 5 个方面的内容。

3. 社会服务机构。与基金会类似，社会服务机构的信息公开内容一般包括应当公开信息和自愿公开信息两类。根据《上海市民办非企业单位信息公开指引》第五条规定，应当公开信息是指社会服务机构按照《民办非企业单位登记管理暂行条例》、《民办非企业单位登记暂行办法》和《民政部关于深入开展社会服务机构信息公开和承诺服务活动工作的意见》的规定，向社会公开的信息内容，包括社会服务机构的登记证书、税务登记证书、执业许可证（涉及行政许可的）、经登记管理机关核准的章程（或章程摘要）以及法律、法规、规章规定的其他信息。而根据第六条的规定，自愿公开信息是指社会服务机构根据自身特点和发展情况，向社会公开的信息内容，包括单位组织机构、人员职责及基本情况、资金的来源及使用情况、特定期限内发生的重大事件、年度审计报告、业务开展情况、政府购买服务项目情况以及其他事项。

（四）信息公开的监督管理

社会组织信息公开的监督管理根据组织类型的具体差异而存在不同，社会团体、基金会和社会服务机构在信息公开层面的监督管理制度各有差别。

1. 社会团体。建立健全信息公开的内部管理制度对于社会团体内部治理而言至关重要，社会团体需指定专人负责信息公开的工作，对于已经公开的信息，建立档案并妥善保存。登记管理机关在开展年度检查、进行规范化评估、评选表彰时，重点关注社会团体信息公开的效果。在政府购买服务的过程中，社会团体开展信息公开情况也是一项重要的衡量指标。

2. 基金会。基金会提升信息公开的真实性、准确性、完整性和及时性，主动接受捐赠方、政府部门和社会公众的监督。基金会需要建立健全信息公开管理制度，指定专人负责信息公开有关事宜，加强信息公开的规范化建设。登记管理机关在开展年度检查时，通常会将基金会信息公开的情况作为一项重点检查的内容。在进行社会组织评估、先进社会组织评选表彰、政府购买服务等有关活动过程中，信息公开的实施效果也是一项关键性指标。

3. 社会服务机构。社会服务机构建立健全本机构的信息公开管理制度，指定专人负责信息公开有关事宜，促进信息公开的规范化。根据法律法规的规定，登记管理机关在开展年度检查、社会组织评估、政府购买服务、先进社会组织评选等过程中都将社会服务机构的信息公开效果作为重要指标纳入考评。

| 实务案例 12 |

1500 万元善款去向不明引来质疑

2017 年 8 月 29 日，微信朋友圈被“腾讯公益创意项目——小朋友画廊活动”刷屏，7 个小时筹集善款 1500 万元。不过，当日下午，该活动即引来“捐款去向”“画作是否代笔”“善款不给作者”等质疑。

腾讯公益网络募捐平台只是一个发布渠道，按照规定不能截留任何款项。然而 6 天过去了，这笔“刷屏”瞬间聚集来的 1500 万元具体怎么花，《北京青年报》记者在深圳市爱佑未来慈善基金会、上海艺途公益基金会网站上均未看到详细披露信息和说明，让人担心自己的善款能否被高效利用。

针对网友“一元购画”究竟是什么项目，作为资金管理方的深圳爱佑未来慈善基金会的官微上写道，“今天刷爆朋友圈的‘小朋友画廊’是我们的。您所支持的画作来自爱佑未来慈善基金会专项基金——艺途专项基金（WABC 无障碍艺途）。”艺途专项基金则通过官微回应说：“这项活动旨在为精神智障人群提供艺术疗愈，帮助他们打开心灵，释放潜能，进而一点点融入社会。”

与微信上强势刷屏和媒体焦点报道形成鲜明对比的是，1500 万元善款的监管方和具体执行方均冷静淡定，爱佑未来慈善基金会和上海艺途公益基金会网站主页上均对“一元购画”活动只字未提，更没有详细、具体的善款使用规划。北青报记者看到，两个基金会微博下面均有网友留言，希望慈善机构“详细公布款项用途”。6 天过去了，两家机构仍未对捐款网友的关切作出任何回应。这笔巨款将通过项目如何改善目标人群的生活质量、预期达到什么样的目标、款项支出是否合理、剩余款项将如何处理等，没有两家基金会公布的具体、详细规划，不够透明的信息，不能消除捐助者和公众的疑心。

1500 万元不是个小数目，它代表着 580 万捐赠者沉甸甸的托付。有人提出，为何一个项目由两个基金会参与。按照《中华人民共和国慈善法》的规定，基金会工作人员工资福利和行政办公支出不超过当年总支出的 10%。1500 万元的 10% 是 150 万元，这是否会导致管理费用的增加？

据官网显示，深圳市爱佑未来慈善基金会是于2015年12月在深圳市民政部门注册成立的公募基金会，爱佑未来支持的公益项目涉及多个领域，包括行业支持、环保、教育、人类服务、艺术/文化、医疗健康、扶贫与发展及动保八大领域的85个细分领域。深圳市爱佑未来慈善基金会的章程规定，基金会每年用于从事章程规定的公益事业支出，不得低于上一年总收入的70%。基金会工作人员工资福利和行政办公支出不超过当年总支出的10%。

上海艺途公益基金会（WABC）创始人苗世明接受媒体采访时表示，此次筹得的款项都将用于WABC各城市艺术中心的艺术疗愈课程以及社会融合活动的开展，为“小朋友”提供的课程和活动都是免费的。基金会款项使用会对应WABC各城市艺术中心的运营，所需经费均向深圳市爱佑未来慈善基金会进行申报审批，合理合规方可使用。

（根据以下材料整理而成，题目为编者所加。蔺丽爽：《“一元购画”遭质疑，1500万善款如何花仍未有说明》，2017年9月4日《北京青年报》。）

| 分析要点 |

1. 公募资金的使用必须按照社会组织信息公开的相关制度，向捐赠者和受益人实时充分地公开使用情况。

2. 根据善款金额的具体规模，应当对管理费用所占比例进行灵活设置。

3. 重视组织内部章程的建设，在项目运作过程中严格按照章程行事。

第四节　社会组织信用管理制度

社会组织诚信体系是我国社会信用体系建设的重要领域，其在社会组织规范化建设中发挥了重要的作用，有利于夯实社会主义市场经济体系，创新公共服务的供给模式，完善社会治理效果，激发社会活力。2018年1月，民政部颁布《社会组织信用信息管理办法》，要求全国社会组织信用信息登记管理机关依据社会组织未依法履行义务或者存在违法违规行为的有关信用信息，建立社会组织活动异常名录和严重违法失信名单制度。

社会组织的信用管理制度是社会组织诚信体系建设的制度基础。在信用管理制度的保障下，社会组织将以新形象、新姿态融入社会信用体系，为社会信用体系建设注入新力量。本节主要介绍社会组织信用管理制度的概述和内容，概述包括社会组织信用管理的内涵与作用，而内容包括主管单位及职责、信用信息范畴、信用监管程序及信用结果应用等。

一、社会组织信用管理制度概述

社会组织信用管理制度概述有内涵与作用两个方面的内容。

（一）社会组织信用管理的内涵

社会组织信用管理是指社会组织登记管理机关对在依法履行职责过程中形成或者获取的与社会组织信用状况有关的信息管理。良好的社会组织信用信息管理是社会组织可持续发展的重要保障，是政府、社会组织、社会之间构建良好关系的前提条件。

（二）社会组织信用管理的作用

1. 加快社会信用体系建设。社会信用体系的建设离不开社会组织的诚信建设，《社会组织信用信息管理办法》建构了一个以慈善组织为核心主体的信息公开体系，形成一个更加全面并且覆盖全部社会组织的信息公开完整框架。同时，《社会组织信用信息管理办法》的出台，增补了我国社会组织信用管理制度的空缺，使信用管理更具权威和精准，其制度设计具有创新性、开放性和可操作性。

2. 强化社会组织责任和诚信意识。《社会组织信用信息管理办法》通过守信激励、失信惩戒，增加了社会组织的违法成本和惩处力度，有利于从源头上防范违法违规行为的发生。

3. 广泛动员社会监督。《社会组织信用信息管理办法》明确要求登记管理机关向社会公开社会组织信用信息，对动员和引导社会力量参与监督提供基础性的制度保障。

4. 推动社会组织管理模式转变。社会组织信用管理制度的创新有助于完善社会组织法治建设，加快转变社会组织管理方式由单一行政监管模式走向多元协同模式，实现行政监管与社会监管双管齐下。

二、社会组织信用管理制度的内容

社会组织信用管理制度的内容主要有主管单位及职责、信用信息范畴、信用监管程序及信用结果应用 4 个方面。

（一）主管单位及其职责

《社会组织信用信息管理办法》第三条规定，国务院民政部门指导全国社会组织信用信息管理工作，国务院民政部门和县级以上地方各级政府民政部门负责在本机关登记的社会组织信用信息管理工作。因此，主要由社会组织登记管理机关依法依规对社会组织信用信息进行管理。登记管理机关的信用监管职责包括信息采集与记录、失信管理、信息公开、动态管理、信用修复、异议处理、实施奖惩 7 个方面的内容。

（二）信用信息范畴

根据《社会组织信用信息管理办法》第六条和第七条规定，社会组织信用信息主要包括基础信息、年报信息、行政检查信息、行政处罚信息和其他信息 5 个方面。其中，基础信息是指反映社会组织基本信息、登记、核准和备案等事项的信息；年报信息是指社会组织依法履行年度工作报告义务并向社会公开的信息；行政检查信息是指登记管理机关及政府有关部门对社会组织开展检查的信息；行政处罚信息是指社会组织受到的行政处罚信息；其他信息包括社会组织评估等级及有效期限、获得的政府表彰奖励、承接政府购买服务等与社会组织信用有关的信息。

（三）信用监管程序

1. 认定程序

（1）“活动异常名录”与严重违法失信清单

根据民政部《社会组织信用信息管理办法》第九条规定，登记管理机关依据社会组织未依法履行义务或者存在违法违规行为的有关信用信息，建立社会组织“活动异常名录”和严重违法失信名单制度。同时，针对建立“活动异常名录”与严重违法失信清单作出了具体的规定。第十一条规定，登记管理机关应当将有下列情形之一的社会组织列入“活动异常名录”：一是未按照规定时限和要求向登记管理机关报送年度工作报告的；二是未按照有关规定设立党组织的；三是登记管理机关在抽查和其他监督检查中发现问题，发放整改文书要求限期整改，社会组织未按期完成整改的；四是具有公开募捐资格的慈善组织，存在《慈善组织公开募捐管理办法》第二十一条规定情形的；五是受到警告或者不满 5 万元罚款处罚的；六是通过登记的住所无法与社会组织取得联系的；七是法律、行政法规规定应当列入的其他情形。登记管理机关在依法履职过程中通过邮寄专用信函向社会组织登记的住所两次邮寄无人签收的，视作通过登记的住所无法与社会组织取得联系。两次邮寄间隔时间不得少于 15 日，不得超过 30 日。若由业务主管单位或者其他有关部门书面证明该社会组织对相应违法失信行为不负直接责任的，可以不列入活动异常名录。第十五条规定，登记管理机关应当将有下列情形之一的社会组织列入严重违法失信名单：一是被列入"活动异常名录"满 2 年的；二是弄虚作假办理变更登记，被撤销变更登记的；三是受到限期停止活动行政处罚的；四是受到 5 万元以上罚款处罚的；五是三年内两次以上受到警告或者不满 5 万元罚款处罚的；六是被司法机关纳入"失信被执行人"名单的；七是被登记管理机关作出吊销登记证书、撤销成（设）立登记决定的；八是法律、行政法规规定应当列入的其他情形。

（2）红白黑名单制度

响应民政部所设立的"活动异常名录"和严重违法失信清单制度，地方政府发布了很多具有自身特色的社会组织信用管理办法，其中，"三色"（红、白、黑）名单制度被越来越广泛地采用。

社会组织因为规范经营、业绩突出等优良行为入选"红名单"，将获得公开褒奖。根据浙江省民政厅印发的《浙江省社会组织信用信息管理办法》规定，社会组织符合下列情形之一的，纳入"红名单"管理：一是严格遵守社会组织相关法律法规政策，在登记管理机关连续三年无违法违规行为等失信记录，且法定代表人未被法院列入严重违法失信名单的（未被法院列为失信被执行人）；二是积极参与社会公益活动，获得县级以上政府或政府部门表彰、奖励的；三是获得社会组织评估 3A 等级以上，且在有效期内的；四是其他在法律法规和政策范围内，经民政部门认定，具有诚信典型示范作用的。

"白名单"等同于异常名录，是指社会组织的行为因不符合规章或政策要求而被列入特别制度，受到轻度惩戒的一种制度安排。例如深圳市民政局发布实施的《深圳市社会组织活动异常名录管理办法》第七条规定，具有下列情形之一的社会组织将载入"活动异常名录"：一是未按规定报送年度报告或参加年度检查的；二是未按规定公示年度报告或其他应当公示信息的；三是公示信息隐瞒真实情况、弄虚作假的；四是通过登记的住所无法联系的；五是具有公开募捐资格的慈善组织，连续6个月不开展公开募捐活动的，或存在严重违反《慈善组织公开募捐管理办法》第五条规定的公开募捐资格条件有关情形的；六是法律、法规规定应当载入"活动异常名录"的其他情形。

"黑名单"是指一种由行政机关面向社会公开发布失信社会组织名单，并对进入失信名单的组织实施重点监管、资格限制甚至逐出市场等惩罚措施的一种制度安排[①]。例如河南省郑州市民政局印发的《郑州市社会组织黑名单和异常名录管理办法》第七条规定，社会组织有下列情形之一的将载入失信"黑名单"：一是进行夸大或虚假宣传，骗取服务对象进行收费服务的；二是超出章程规定的宗旨和业务范围进行活动的；三是不具有公开募捐资格开展公开募捐或通过虚构事实等方式欺骗、诱导募捐对象实施捐赠的；四是未按规定公示信息或公示信息隐瞒真实情况、弄虚作假的；五是未按规定进行涉外及其他重大活动报告，产生严重后果的；六是涂改、出租、出借社会组织法人证书，或者出租、出借社会组织印章的；七是因违法、违规、侵权等受到行政处罚、民事制裁、刑事制裁或造成严重社会影响的；八是授权或委托其他组织、个人以社会组织名义开展活动，违法违规或产生不良后果的；九是在填制会计凭证、登记会计账簿、编制财务会计报告中弄虚作假的；十是社会团体强制、变相收取会费或有其他违法违规收费行为的；十一是其他不诚信行为。

2. 移出程序

(1)"活动异常名录"与严重违法失信清单

民政部层面，根据《社会组织信用信息管理办法》第十四条规定，被列

① 张冉：《中国社会组织黑名单制度研究：价值分析、现实困境与建构路径》，载《情报杂志》2017年第1期。

入“活动异常名录”的社会组织按照规定履行相关义务或者完成整改要求的，可以向登记管理机关申请移出“活动异常名录”，登记管理机关应当自查实之日起5个工作日内将其移出“活动异常名录”；如不存在应当整改或者履行相关义务情形的，自列入“活动异常名录”之日起满6个月后，由登记管理机关将其移出“活动异常名录”。根据第十七条规定，依照本办法第十五条第（一）项被列入严重违法失信名单的社会组织，登记管理机关应当自列入之日起，将其移出“活动异常名录”；自被列入严重违法失信名单之日起满2年，且按照规定履行相关义务或者完成整改要求的，可以向登记管理机关提出移出申请，登记管理机关应当自查实之日起5个工作日内将其移出严重违法失信名单。依照本办法第十五条第（二）项至第（六）项规定被列入严重违法失信名单的社会组织，自被列入严重违法失信名单之日起满2年，可以向登记管理机关提出移出申请，登记管理机关应当自查实之日起5个工作日内将其移出严重违法失信名单。依照本办法第十五条第（七）项规定被列入严重违法失信名单的，登记管理机关应当自该组织完成注销登记之日起5个工作日内将其移出严重违法失信名单。

地方层面，以《深圳市社会组织活动异常名录管理办法》为例。根据第十三条规定，未按规定参加年度检查的，社会组织次年度参加年度检查且年度检查结论为“年检合格”的，可以自年度检查结论公布之日起10个工作日内向市民政部门申请移出“活动异常名录”。除前款规定外，被载入“活动异常名录”的社会组织，履行相关义务的，可以向市民政部门申请移出“活动异常名录”：补报未报年份的年度报告并公示的；依法办理住所变更登记，或社会组织提出通过登记的住所可以重新取得联系的；有本办法第七条规定的其他情形，社会组织履行相关义务并采取补救措施的。社会组织不符合本条第二款规定，但自被市民政部门载入“活动异常名录”之日起3年内未发生本办法第七条规定情形之一且载入“活动异常名录”事由消失的，市民政部门将其移出“活动异常名录”。根据第十四条规定，社会组织按照本办法第十三条规定申请移出“活动异常名录”的，市民政部门应当自受理申请之日起10个工作日内进行审查，并根据审查情况作出移出决定或不予移出决定。市民政部门作出移出决定的，应当自作出移出决定之日起10个工作日内将移出

"活动异常名录"的信息在该社会组织公示信息中，通过公示平台予以公示。市民政部门作出不予移出决定的，应当书面告知申请人并说明理由。此外，移出决定应当包括社会组织名称、登记证号、移出日期、移出事由、作出决定机关；不予移出决定应当包括社会组织名称、登记证号、不予移出的事由、作出决定机关。

（2）异议处理

根据《社会组织信用信息管理办法》第十条第二款与第三款之规定，社会组织对被列入"活动异常名录"或者严重违法失信名单有异议的，可以在收到告知书之日起 10 个工作日内向登记管理机关提出书面陈述申辩意见并提交相关证明材料。通过公告方式告知的，社会组织自公告之日起 30 日内未提交陈述申辩意见的，视为无异议。登记管理机关应当自收到陈述申辩意见之日起 10 个工作日内进行核实，作出是否列入"活动异常名录"或者严重违法失信名单的决定，并书面告知申请人。而针对名单制度，社会组织对被列入"灰名单"或者"黑名单"有异议的，可以在收到告知书之日起 10 个工作日内向登记管理机关提出书面陈述申辩意见并提交相关证明材料。通过公告方式告知的，社会组织自公告之日起 30 日内未提交陈述申辩意见的，视为无异议。同样，登记管理机关应当自收到陈述申辩意见之日起 10 个工作日内进行核实，作出是否列入"灰名单"或者"黑名单"的决定，并书面告知申请人。

（四）信用结果应用

1. "活动异常名录"与严重违法失信清单制度下的结果应用

县级以上登记管理机关协调配合相关部门，在各自职权范围内，依据社会组织信用信息采取相应的激励和惩戒措施，重点推进对失信社会组织的联合惩戒。根据《社会组织信用信息管理办法》第二十四条规定，对被列入严重违法失信名单的社会组织，登记管理机关可以采取或者建议有关部门依法采取下列惩戒措施：列入重点监督管理对象；不给予资金资助；不向该社会组织购买服务；不授予相关荣誉称号；作为取消或者降低社会组织评估等级的重要参考；实施已签署联合惩戒备忘录中各项惩戒措施。

2. 名单制度下的结果应用

以浙江省为例，根据《浙江省信用信息管理办法》第三十一条规定，对列入“红名单”、信用评价等级优秀的社会组织（含A级行业协会），登记管理机关可以采取或者建议有关部门依法采取下列激励措施：优先承接政府授权和委托事项；优先获得政府购买社会组织服务项目；优先获得资金资助和政策支持；优先推荐获得各类表彰、荣誉和奖励；实施已签署联合激励备忘录中各项激励措施。根据第三十二条规定，对列入“灰名单”、信用评价等级较差的社会组织（含C级行业协会），登记管理机关可以采取或者建议有关部门依法采取下列惩戒措施：在日常监管中将其列为重点监管对象，加大财务审计和行政检查力度，适当提高双随机抽查频率；开展负责人约谈，并责令限期整改；在行政许可工作中，列为重点核查对象；对已经取得评估等级且未到期的社会组织，作为降低或取消评估等级的重要参考；实施已签署联合惩戒备忘录中各项惩戒措施。而根据第三十三条规定，对列入“黑名单”的社会组织和信用评价等级为差的社会组织（含D级行业协会），登记管理机关可以在第三十三条所列举的措施基础上，进一步采取或者建议有关部门依法采取下列惩戒措施：限制承接政府职能转移或委托事项；不向该社会组织购买服务；不享受资金资助、税收优惠等政策扶持；不授予相关荣誉称号；实施已签署联合惩戒备忘录中各项惩戒措施。

| 实务案例 13 |

网络募捐发展，涓涓细流汇聚成海

随着移动互联网的到来，其开放、便捷和低成本的特性动员网民的广泛参与，传播社会正能量，网络募捐成为公益慈善的新模式。“互联网+慈善”造就了一个全新的慈善生态。

2017年，民政部指定腾讯、阿里巴巴等12家平台作为首批慈善组织互联网募捐信息平台。仅仅一年，12家平台筹款总额就达到25.9亿元，捐赠次数突破62亿次。2019年9月，腾讯公益平台开展了“99公益日”活动，仅用3天时间就吸引全国4800多万人次捐款超过17.8亿元。据统计，2019年，全国20家互联网募捐平台汇集的慈善捐赠超过54亿元，同比增长68%。截至2021年，民政部全国慈善信息公开平台显示，民政部指定的慈善组织互联网募捐信息平台已有20家。

以互联网为代表的数字化技术，正在快速改变中国慈善行业的运作方式，缩小捐赠者与具体慈善项目之间的距离，让慈善更加触手可及。互联网公益告诉我们，慈善未必波澜壮阔，涓涓细流也可以汇聚成不凡的力量。

网络募捐呈现欣欣向荣之势，既有移动互联网接通公众慈善热情的原因，也是慈善制度深化改革的必然结果。2016年3月16日我国正式通过《中华人民共和国慈善法》，法律构建我国慈善领域的基本制度，实现加强慈善制度顶层设计的要求。

由于相关的信息模糊和监管不到位，不规范的网络捐赠现象也偶有发生。慈善法制定的初衷，正是希望“以法兴善”，保证每一个人的善意不被别有用心者滥用。民政部贯彻落实慈善法第八章“信息公开”要求，开发全国慈善信息公开平台。2017年9月初，平台正式上线运行，为公众查询了解慈善组织、慈善募捐、慈善项目、慈善信托提供了权威便捷的渠道。截至2021年9月3日，全国慈善信息公开平台已公布慈善组织数据9370条，慈善信托备案数据共632条，财产总规模共348647.04万元，募捐方案备案（包括有效期内募捐方案和已过期募捐方案）25324项，全部慈善项目（包括有效期内慈善项目和已过期慈善项目）31643项。

慈善信息的公开进一步推动公益慈善在阳光下运行，让慈善事业更公开透明、更具社会公信力。公众对慈善事业的信任与日俱增，网络的便捷与公众日益高涨的慈善热情相互促进。期待慈善事业的蓬勃发展，能够换来更多的善意，也期待慈善日能够成为中国人心中的重要日子。

慈善，是植根于每一个人内心最无私的博爱精神，是中华民族传统美德的延伸，是“老吾老以及人之老，幼吾幼以及人之幼”的新时代诠释。涓涓细流，汇聚善的力量；共同前行，筑起爱的城墙。

（根据以下材料整理而成，题目为编者所加。马璐璐、陈彦宇：《9·5中华慈善日：数说慈善力量筑起“爱”的城墙》，“中国经济网”2021年9月6日。）

| 分析要点 |

1. 在社会组织信息管理中，募捐资格证书、募捐方案、联系方式、募捐信息查询方法等具体关键信息的公开显得非常重要。

2. 社会组织在描绘愿景和设计项目的同时，应高度重视项目的执行，兑现承诺。

3. 所募善款的使用不应违背捐助者的初衷，捐助者有权了解资金的运作实况。

第五节　社会组织“双随机”检查制度

《国务院办公厅关于推广随机抽查规范事中事后监管的通知》明确提出，要大力推广随机抽查，规范监管行为，创新管理方式，强化市场主体自律和社会监督。为健全社会组织规范化管理，优化行政管理方式，提升行政管理效果，促进社会组织可持续发展，民政部出台《社会组织抽查暂行办法》。目前，各地民政部门在积极探寻合适的社会组织抽查监督、抽查审计制度，有的地方已出台了相关文件，“双随机、一公开”成为全国各地社会组织检查制度广泛推进的模式。本节主要介绍社会组织“双随机”检查制度的概述与内容，其中概述包括社会组织“双随机”检查制度的含义和意义，而内容则包括社会组织“双随机”检查制度的主体、方式、内容和流程。

一、社会组织“双随机”检查制度概述

为了解社会组织“双随机”检查制度的基本概况，对社会组织“双随机”检查的含义与意义作一介绍。

（一）“双随机”检查的含义

“双随机、一公开”抽查，是指登记管理机关内部采用摇号、机选、抽签等方式，随机确定检查对象、随机选派执法检查人员、及时公开查处结果，其中包括部门联合检查、定期抽查和不定期抽查。部门联合抽查是指登记管理机关联合其他有关部门（业务主管单位、行业管理部门或者相关职能部门）根据事先公布的对社会组织联合抽查事项清单和年度抽查工作计划，对检查对象和执法检查人员进行随机抽取，联合开展执法检查活动，一次完成被检

查对象涉及的相关检查事项，并依法公开抽查检查结果。定期抽查是指登记管理机关按年度随机对本级登记的社会组织进行抽样检查。不定期抽查是指登记管理机关根据社会组织类别、所属行业、检查事项等条件，适时随机抽取本级登记的社会组织开展检查。

（二）“双随机”检查的意义

1. 确保社会组织被抽查的机会均等。“双随机”在有效整合执法资源的基础上，降低执法的成本，解决执法力量不足的问题，通过抽查的方式对社会组织的检查监督实现全覆盖。

2. 有效解决监督结果不明确的问题。事中及事后监督机制尚不完备，监管部门对执法结果的处置一直讳莫如深，使公众产生过多的猜疑。公开透明的执法与群众满意度密切相关，需发挥群众力量来监督整个执法过程。因此，及时公布查处结果是解决现存监督问题的重要手段。

3. 有助于规范执法活动。“双随机”抽查对社会组织和执法人员来说都是一次性抽查，执法必须依法依规依程序，在保证规范公正文明的同时做到执法留痕，有助于公正高效的行政权力运行机制的建立。

4. 打破固有的属地监管模式。将抽查对象与抽查人员进行随机的匹配，以杜绝“人情监管”“选择性执法”，通过公开透明的“阳光执法”保障社会组织的权利平等、机会平等和规则平等。

二、社会组织“双随机”检查制度的构成

社会组织“双随机”检查制度的构成主要包括主体、方式、内容与流程四个方面。

（一）“双随机”检查的主体

“双随机”检查主体一般由登记管理机关确定。为提高检查的实际效果，登记管理机关可以通过购买服务方式，聘请专家、选取会计师事务所、税务师事务所、律师事务所等专业第三方机构进行审计、咨询，配合开展“双随机、一公开”工作。

（二）“双随机”检查的方式

“双随机”检查的方式包括实地检查和书面检查。

1. 实地检查。实地检查要求检查人员在上门检查前先行与被抽查社会组织取得直接的联系，告知抽查事项，预约抽查时间，同时告知被抽查社会组织应准备的材料，并要求被抽查社会组织到场配合相关执法人员进行检查。同时，检查人员应当向当事人或有关人员出示行政执法证件和登记管理机关开具的检查通知书。抽查检查人员与当事人如有直接利害关系，应当回避。通常情况下，实地检查主要采取现场查看、询问访问、记录抽查情况、提出处理意见等方式。

2. 书面检查。采取书面方式进行检查的，主要包括书面通知、记录抽查检查情况、提出处理建议等方式。

（三）“双随机”检查的内容

从各地方政府出台的“双随机”检查政策文件中可以看出，“双随机”检查涉及的主要内容包括：章程、内部治理机制、规章制度建设和落实情况；业务开展情况及重要事件报告情况；财务管理情况；资产管理及投资管理情况；信息公开情况；遵守有关国家法律法规和政策的情况等方面。例如在《广东省民政厅关于开展2020年全省性社会组织“双随机、一公开”检查工作的通知》文件中，规定社会组织“双随机”检查的主要内容包括党组织建设情况、遵守政策法规情况、法人治理情况、参与脱贫攻坚情况、安全责任落实情况、评比表彰情况、涉企收费情况、分支（代表）机构的监管情况、信息公开情况等方面。而根据《宁波市民政局关于做好2020年度“双随机”抽查工作的通知》要求，按照“属地管理、分级负责”的原则，市、区县（市）各级民政部门结合工作实际，依托“浙江省行政执法监管平台”，按照不低于5%的比例独立开展对本级依法登记的社会组织进行“双随机”抽查。抽查主体是市、区县（市）各级民政部门，相对应的抽查对象是市、区县（市）各级依法登记的社会组织。抽查事项则依据法律法规规章赋予社会组织登记管理机关的相应监管职能进行确定，具体包括社会组织的年度报告、信息公开、内部治理、财务状况、业务活动等情况。也可以结合实际情况，合法合理确定其他检查内容。

（四）“双随机”检查的流程

1. 书面自查。被抽查社会组织收到检查通知和社会组织现场检查表后，应按照要求开展自查并填写自查结果。

2. 召开座谈会。检查组赶赴社会组织法定登记住所召开现场座谈会，集中听取工作汇报。监事需列席座谈会，未设立监事或者监事无法到场的，需出具情况说明。

3. 填写表格。在现场检查中，检查组按照抽查内容对全省性社会组织提供的资料进行检查，并填写社会组织现场检查表，双方签字确认。

4. 现场查看。现场查看法人登记证、收费许可证、公开承诺、岗位制度等是否悬挂（或摆放）在住所醒目位置；在社会组织住所或社会组织网站检查信息公开情况。

| 实务案例 14 |

还原一个剥离明星光环的基金会

2020 年 1 月 24 日，北京韩红爱心慈善基金会发起“韩红爱心驰援武汉”项目，捐赠者可通过手机银行、网银、银行柜台进行转账捐赠。与此同时，作为基金会的发起人，歌手韩红开始呼吁娱乐圈中的明星进行捐赠。基于韩红的号召力，明星们纷纷捐款，包括有易烊千玺、王一博、鹿晗、刘涛等 216 位明星捐款给韩红基金会。与此同时，“韩红爱心驰援武汉”项目也获得了大量的公众捐赠。

在部分慈善组织因防疫款物使用情况及信息公开不够及时透明而被质疑的同时，韩红曾经说过的“原来一包方便面都可以公示”被广泛传播。1 月 29 日，韩红在微博呼吁：“信得过，您就捐！请务必写清楚自己的名字，感激不尽！”

然而就在呼吁发出 2 天后，韩红基金会却发表声明，暂停接受善款。基金会给出的理由是“鉴于目前捐赠数额过大，我们的执行能力有限，必须暂停接受善款”。

这一声明说明：第一，无论是基于对韩红的信任还是对韩红基金会的信任，捐赠的最后接收机构是基金会，而不是韩红；第二，短时间内，韩红基金会接受的捐赠超过了基金会的执行能力。

那么，韩红基金会究竟接受了多少防疫捐赠呢？基金会3月21日发布的信息显示，基金会已收到来自文艺工作者、社会公众、爱心企业及机构捐赠的善款共计3.29亿元。

韩红基金会为什么收到3.29亿元捐款后觉得自己执行能力有限呢？要回答这一问题，需要了解韩红与韩红基金会的关系，韩红基金会究竟是一个什么样的机构。

但随后，质疑韩红基金会的声音开始出现。2月13日，网友“司马3忌”在微博上表示：自己已实名举报了韩红基金会，称韩红自2012年5月成立基金会起，存在历年来均未依法公布“年度报告”、未取得基金会公募资格前已开始向不特定社会公众公开募集慈善捐款、多年来对外投资未依法向社会公众公布相关信息等违法行为。

2月20日，北京市民政局通报针对举报韩红基金会有关问题的调查结果。通报称，韩红基金会自成立以来总体上运作较规范，特别是在抗击疫情中做了大量工作，应予以支持和肯定。存在部分投资事项公开不及时，未取得公开募捐资格前公开募捐的行为。该局已要求韩红基金会限期改正。

（根据以下材料整理而成，题目由编者所加。李庆：《从被称赞到被质疑，还原一个剥离明星光环的韩红基金会》，2020年4月28日《公益时报》。）

| 分析要点 |

1. 对于社会组织的检查、审核，不仅是对社会公众负责，而且也起到了保护社会组织、维护社会组织公信力的作用。

2. 在针对社会组织的检查过程中，要实时跟进检查的进度，切实保障与媒体、公众等外部主体的沟通。

3. 社会组织自身需要具备一定的规范运作意识，在开展行动中做到合法合规。

第六节　社会组织行政处罚制度

2021年9月，民政部公布了新修订的《社会组织登记管理机关行政处罚程序规定》，进一步规范社会组织登记管理机关的行政处罚行为，完善行政处罚程序。社会组织行政处罚，有助于维护公民、法人和其他组织的合法权益。本节主要围绕社会组织行政处罚制度的概述和构成展开论述，其中，概述主要包括社会组织行政处罚制度的含义与作用，构成主要包括社会组织行政处罚的主管单位、形式和程序。

一、社会组织行政处罚制度概述

为了解社会组织行政处罚的基本概况，对社会组织行政处罚制度的含义与作用作一介绍。

(一) 行政处罚制度的含义

行政处罚是指行政机关或其他行政主体依法定职权和程序对违反行政法规尚未构成犯罪的相对人给予行政制裁的具体行政行为。社会组织行政处罚，是指具有行政处罚权的社会组织登记管理和业务主管等部门为维护公共利益和社会秩序，对公民、法人或其他组织的合法权益进行维护，依法对社会组织违反行政法律法规而尚未构成犯罪的行为给予法律制裁的行政行为。

(二) 行政处罚制度的作用

行政处罚制度的作用主要体现在三个方面：第一，健全我国社会组织法律体系；第二，确保行政机关依法行政；第三，加强社会组织监管领域的廉政建设。

二、社会组织行政处罚制度的构成

2021 年 7 月 15 日起施行的《中华人民共和国行政处罚法》，对行政处罚的程序作出了较大修改，如增加立案程序，细化法制审核程序，明确处罚案件办理时限，完善回避制度和听证程序等。社会组织行政处罚制度的构成主要包括主管单位、行政处罚形式和行政处罚程序三个方面。

(一) 主管单位

各级登记管理机关为实施社会组织行政处罚的主管单位。登记管理机关实施处罚以管辖权为前提，登记管理机关可对本机关管辖的社会组织在本行政区域内的违法行为予以处罚。有管辖权的登记管理机关可以通过书面委托方式将社会组织违法案件交由违法行为发生地的登记管理机关进行调查和处理。登记管理机关发现所调查的案件不属于本机关管辖的，应当将案件移送有管辖权的行政机关处理。

（二）行政处罚的形式

1. 警告。警告是指国家行政机关对违反行政管理法律、法规的规定，情节比较轻微、危害不大的当事人，给予警示、提出告诫的一种行政处罚方式。警告作为一种正式的行政处罚，应当采取书面形式，向相关违法社会组织宣读并送达。

2. 罚款。罚款是指行政机关依法强制违反行政管理法规的行为人在一定期限内缴纳一定数量货币的处罚行为。罚款是一种财产罚，既具有经济内容，又有强制性。对行业协会的罚款处罚，其罚款必须是行业协会的合法利益所得，款项应上缴国库，非法收入一般不作为罚款内容，更多的是没收或追回发还受害人。同时，罚款还是一种要式行政行为，作出罚款处罚的行政机关制作的行政处罚决定书，应当载明罚款的事实、法律依据、数额、缴纳期限、缴纳地点等，并做到罚缴分离，即作出罚款决定的机关与收缴罚款的机构必须是分离的。

3. 没收。没收是指国家行政机关依法强制无偿地将违法财物收归国有。没收分为没收违法经营额与违法所得两类。因此，在进行行政处罚前一定要分清楚相关社会组织是否开展了以营利为目的的活动，针对不同的情况，作出合理的处罚判断。

4. 限期停止活动。限期停止活动是指国家行政机关对违反法律法规的社会组织，令其在一定期限内停止开展业务活动的一种行政处罚形式，属于行政处罚中行为能力罚的范畴。限期停止活动可以使社会组织在一定期限内不能作为法律主体从事其章程规定的业务活动。限期停止活动往往附有责令整改违法行为或挽回违法行为造成损失的条件。若社会组织在限期内及时纠正了违法行为，按期履行了法定义务后，可以重新获得开展业务活动的权利。

5. 撤销登记。撤销登记是指国家行政机关对违反行政管理法规的社会组织依法实施剥夺其按章程规定的业务活动权利的行政处罚，是一种比限期停止活动更为严厉的行为能力罚，也是对社会组织最为严厉的行政处罚。在适用撤销登记行政处罚时应注意“撤销登记”与“注销登记”的区别。前者是行政处罚，是对具有严重违法行为的社会组织业务活动资格的剥夺，撤销登记后，执法监察部门应当收缴其登记证书及印章，并向社会公告，但其作为债权债务民事主体的资格依然存在；后者是行政机关依当事人申请或依职权采取的行政行为，注销登记后，社会组织的民事主体资格丧失。

（三）行政处罚的程序

1. 立案与调查取证。根据民政部《社会组织登记管理机关行政处罚程序规定》第七条规定，登记管理机关对同时符合以下条件的社会组织的违法行为，应当及时立案：①有违反社会组织登记管理规定的违法事实；②属于登记管理机关行政处罚的范围；③属于本机关管辖。根据第十一条规定，执法人员调查和收集证据应当遵循全面、客观、公正原则，证据包括书证；物证；视听资料、电子数据；证人证言；当事人陈述；鉴定意见；勘验笔录和现场笔录。

2. 行政处罚的决定。在作出行政处罚决定之前，登记管理机关需制作案件调查终结报告以及行政处罚事先告知书。办案人员需结合社会组织的基本情况、调查程序、事实、法律依据和行动建议，编制案件调查结案报告。此外，登记管理机关准备行政罚款初裁，以告知当事人行政罚款的事实、理由和依据，告知当事人有权进行陈述和抗辩，依法享有的其他权利。受影响方可在收到罚款事前通知之日起 3 个工作日内提出书面或口头陈述和抗辩。在此基础上，根据民政部《社会组织登记管理机关行政处罚程序规定》第二十七条规定，登记管理机关负责人应当对案件调查结果进行审查，根据不同情况分别作出如下决定：①确有应受行政处罚的违法行为的，根据情节轻重及具体情况，作出行政处罚决定；②违法行为轻微，依法可以不予行政处罚的，不予行政处罚；③违法事实不能成立的，不予行政处罚；④违法行为涉嫌犯罪的，移送司法机关。

3. 行政处罚的执行。对社会组织行政处罚的执行包括下列情况：①罚款处罚。登记管理机关对当事人作出罚没款处罚的，应当严格执行罚没款收缴分离制度。登记管理机关及其执法人员不得自行收缴罚没款。当事人应当自收到行政处罚决定书之日 15 日内到指定银行或者通过电子支付系统缴纳罚没款。②停止活动。社会组织被限期停止活动的，由登记管理机关封存登记证书（含正本、副本）、印章和财务凭证。停止活动的期间届满，社会组织应当根据登记管理机关要求提交整改报告。③撤换主管人员。登记管理机关依法责令社会组织撤换直接负责的主管人员的，社会组织应当在登记管理机关规定的期限内执行。④撤销登记。登记管理机关对社会组织作出撤销登记或者吊销登记证书的处罚决定的，应当收缴登记证书（含正本、副本）和印章。社会组织拒不缴回或者无法缴回的，登记管理机关可以公告作废。根据民政部《社会组织登记管理机关行政处罚程序规定》第四十条规定，当事人逾期不履行行政处罚决定的，登记管理机关可以采取下列措施：①到期不缴纳罚款的，每日按罚款数额的百分之三加处罚款，加处罚款的标准应当告知当事人，加处罚款的数额不得超出原罚款数额；②依照《中华人民共和国行政强制法》的规定申请人民法院强制执行；③法律规定的其他措施。登记管理机关批准延期、分期缴纳罚款的，申请人民法院强制执行的期限，自暂缓或者分期缴纳罚款期限结束之日起计算。

4. 送达。《社会组织登记管理机关行政处罚程序规定》第四十三条规定，送达法律文书，应当直接送交受送达人。受送达人是自然人的，本人不在时交其同住成年家属签收；受送达人是法人或者其他组织的，应当由法人的法定代表人、其他组织的主要负责人或者该法人、其他组织负责收件的人签收；受送达人有委托代理人的，可以送交其代理人签收；受送达人已向登记管理机关指定代收人的，送交代收人签收。第四十四条规定，受送达人拒绝签收法律文书的，送达人可以邀请有关基层组织或者所在单位的代表到场，说明情况，在送达回证上记明拒收事由和日期，由送达人、见证人签名或者盖章，把法律文书留在受送达人的住所；也可以把法律文书留在受送达人的住所，并采用拍照、录像等方式记录送达过程，即视为送达。

5. 结案。根据民政部《社会组织登记管理机关行政处罚程序规定》第四十八条规定，有下列情形之一的，应予结案：①行政处罚案件执行完毕的；②作出不予行政处罚决定的；③作出移送司法机关决定的。而根据第四十九条规定，结案后，登记管理机关应当按照下列要求及时将案件材料整理归档：①案卷应当一案一卷，案卷可以分正卷、副卷；②各类文书和证据材料齐全完整，不得损毁、伪造；③案卷材料书写时应当使用钢笔、毛笔或者签字笔。

| 实务案例 15 |

民政部对中国社会艺术协会作出行政处罚

2019 年 4 月 21 日，民政部对中国社会艺术协会（已脱钩，法定代表人邱新建）作出警告并处没收违法所得 40 万元的行政处罚。

经查，2019 年 3 月至 4 月期间，中国社会艺术协会向分支机构互联网艺术考评委员会、艺术素质教育委员会分别收取管理费各 20 万元，共计 40 万元，违反了《关于规范社会团体开展合作活动若干问题的规定》第十条第三款“社会团体不得向其分支机构（代表机构）、专项基金管理机构收取或者变相收取管理费用”的规定。依据《社会团体登记管理条例》第三十条第一款第（八）项及第二款的规定，民政部对中国社会艺术协会作出警告并处没收违法所得 40 万元的行政处罚，同时依据《社会组织信用信息管理办法》的规定，将中国社会艺术协会列入社会组织“活动异常名录”。

近年来，社会团体涉分支机构违法违规问题频发，已经成为扰乱社会组织登记管理秩序、损害社会组织健康有序发展环境的“顽疾”，也是当前社会团体监督管理和执法工作重点关注的问题之一。对此，民政部坚持“零容忍”的态度，始终保持高压态势，持续加大查处曝光力度，对心存侥幸、知法犯法的社会组织，依法从严处罚，坚决遏制社会团体违背非营利性宗旨、将设立分支机构作为敛财手段的乱象，切实维护社会组织登记管理秩序，营造健康发展环境。

社会团体要增强政策法规意识，严格遵守《关于规范社会团体开展合作活动若干问题的规定》，不得将分支机构、代表机构委托其他组织运营，不得向分支机构、代表机构收取或者变相收取管理费，进一步加强对分支机构的管理，切实防范化解因分支机构失管失控带来的法律风险和社会风险。

（根据以下材料整理而成，题目为编者所加。中华人民共和国民政部，http：//www. mca. gov. cn/article/xw/tzgg/202104/20210400033290. shtml. ）

| 分析要点 |

1. 社会团体对其成员单位具有利益代表的功能，违法收取管理费用是对其组织属性和价值使命的背离。

2. 来自政府的行政处罚制度发挥了警示功能，预防后续社会组织运作过程出现相似的情况。

推荐阅读书目

[1] 王名、刘培峰：《民间组织通论》，北京：时事出版社，2004 年版。

[2] 徐家良：《社会团体导论》，北京：中国社会出版社，2011 年版。

[3] 黄浩明：《国际民间组织合作实务和管理》，北京：对外经济贸易大学出版社，2000 年版。

[4] 贾西津：《转型时期的行业协会——角色、功能与管理体制》，北京：社会科学文献出版社，2004 年版。

第四章　社会组织内部治理

社会组织内部治理是指组织内部的结构及其运行的过程，在组织的生存与发展中扮演着重要角色。社会组织的内部治理结构主要包括章程、会员（代表）大会、理事会、监事会和秘书处等。本章分别介绍社会团体、基金会和社会服务机构的内部治理结构的相关政策规定，结合现实运作中的困境，提出进一步完善的建议。

第一节　社会团体的内部治理

社会团体是指中国公民自愿组成，为实现会员的共同意愿，按照其章程开展活动的非营利性社会组织。社会团体实行会员制，会员依法享有并履行该团体章程所规定的权利和义务，维护治理秩序，共同建立民主自治的法人治理环境，竭力为社会提供多样化服务，尽量满足社会多元化的服务需求，担当部分社会责任。

根据《社会团体登记管理条例》的规定，社会团体受业务主管单位和登记管理机关的双重监管。社会团体分支机构、办事机构是社会团体的组成部分，不具有法人资格，对外开展活动应使用××会××分会的全称。社会团体应制定分支机构管理办法和活动规则，其分支机构不得再设立分支机构，以及社会团体不得设立地域性的分支机构。

社会团体的内部治理结构包括章程、会员（代表）大会、理事会（常务理事会）、监事会、秘书处。

一、社会团体的内部治理结构

（一）社会团体章程

1998 年 11 月，民政部为规范和约束社会团体的行为，提供指导性意见，制定了《社会团体章程示范文本》，社会团体的章程被纳入政府管理的范围之内。社会团体章程主要分为以下几个部分。

一是总则。总则包括对社会团体的名称、性质、宗旨、管理登记单位和住所的规定。首先，社会团体的名称应当与其业务范围、成员分布、活动地域相一致，准确反映其特征，应当符合法律、法规的规定，不违背社会道德风尚，不使用已由社团登记管理机关明令撤销或取缔的社会团体的名称。全国性的社会团体冠以“中国”“全国”“中华”等字样的，应当按照国家有关规定经过批准；地方性的社会团体应冠以本行政区域名称，不得冠以“中国”“全国”“中华”等字样。其次，社会团体的性质必须载明：组成的人员或单位；学术性、联合性、专业性或行业性；地方性；自愿结成；非营利性社会组织。社会团体的宗旨必须载明：遵守宪法、法律、法规和国家政策，践行社会主义核心价值观，遵守社会道德风尚。根据《中国共产党章程》的规定，社会团体设立中国共产党的组织，开展党的活动，为党组织的活动提供必要条件。最后，社会团体接受业务主管单位、社团登记管理机关的业务指导和监督管理且必须载明具体的业务主管单位和社团登记管理机关。

二是业务范围。业务范围主要是指社会团体的活动内容，活动内容必须具体、明确。

三是会员。社会团体会员的种类包括单位会员、个人会员。申请加入社会团体的会员必须具备下列条件：（1）拥护本团体的章程；（2）具有加入本团体的意愿；（3）在本团体涉及的业务（行业、学科）领域内具有一定的影响。会员入会的程序是：提交入会申请书；经理事会或常务理事会讨论通过，最后由理事会或理事会授权的机构发给会员证。申请加入成为会员后享有参加社团活动的权利、获得本团体服务的优先权、对本团体工作的批评建议权和监督权、选举权、被选举权、表决权、罢免权。会员也因此要履行相应的义务，例如遵守本团体的章程，执行本团体的决议；维护本团体合法权益；完成本团体交办的工作；按规定交纳会费；向本团体反映情况，提供有关资料等。会员退会应书面通知本团体，并交回会员证。会员如果 1 年不交纳会费或不参加本团体活动的，视为自动退会。会员如有严重违反本章程的行为，经理事会或常务理事会表决通过，予以除名。

四是组织机构和负责人产生、罢免。具体包括对会员（代表）大会、理事会、常务理事会、监事会，以及（副）理事长、（副）监事长、秘书长等负责人的相关规定和要求。

首先，会员（代表）大会。会员大会（或会员代表大会），是社会团体的最高权力机构。会员（代表）大会须有 2/3 以上的会员（或会员代表）出席方能召开，其决议须经到会会员（或会员代表）半数以上表决通过方能生效。会员（代表）大会每届最长不超过 5 年。因特殊情况需提前或延期换届的，须由理事会表决通过，报业务主管单位审查并经社团登记管理机关批准，延期换届最长不超过 1 年。会员大会（或会员代表大会）的职权有：（1）制定和修改章程；（2）选举和罢免理事；（3）审议理事会的工作报告和财务报告；（4）制定和修改会费标准；（5）决定终止事宜；（6）决定其他重大事宜等。

其次，理事会及常务理事会。理事会是会员大会（或会员代表大会）的执行机构，在会员代表大会闭会期间领导本团体开展日常工作，对会员大会（或会员代表大会）负责。理事会须有 2/3 以上理事出席方能召开，其决议须经到会理事 2/3 以上表决通过方能生效。理事会每年至少召开一次会议。情况特殊的，可采用通信形式召开。理事会的职权有：执行会员大会（或会员代表大会）的决议；选举和罢免理事长（会长）、副理事长（副会长）、秘书长和常务理事；筹备召开会员大会（或会员代表大会）；向会员大会（或会员代表大会）报告工作和财务状况；决定会员的吸收和除名；决定办事机构、分支机构、代表机构和实体机构的设立、变更和注销；决定副秘书长、各机构主要负责人的聘任；领导本团体各机构开展工作；制定内部管理制度；决定其他重大事项等。当理事会人数较多时，社会团体可设立常务理事会。常务理事会由理事会选举产生，对理事会负责。常务理事人数不超过理事人数的 1/3。常务理事会须有 2/3 以上常务理事出席方能召开，其决议须经到会常务理事 2/3 以上表决通过方能生效。常务理事会至少半年召开一次会议。

最后，组织的负责人。社会团体的理事长（会长）、副理事长（副会长）、秘书长必须具备下列条件：坚持党的路线、方针、政策、政治素质好；在本团体业务领域内有较大影响；理事长（会长）、副理事长（副会长）、秘书长最高任职年龄不超过 70 周岁，秘书长为专职；身体健康，能坚持正常工作；未受过剥夺政治权利的刑事处罚；具有完全民事行为能力。本团体理事长（会长）、副理事长（副会长）、秘书长如超过最高任职年龄的，须经理事会表决通过，报业务主管单位审查并经社团登记管理机关批准后，方可任职。本团体理事长（会长）、副理事长（副会长）、秘书长连任不超过两届。因特殊情况需延长任期的，须经会员大会（或会员代表大会）2/3 以上会员（或会员代表）表决通过，报业务主管单位审查并经社团登记管理机关批准后，方可任职。理事长（会长）为本团体法定代表人，本团体法定代表人不兼任其他团体的法定代表人。因特殊情况，经理事长（会长）委托、理事会同意，报业务主管单位审查并经社团登记管理机关批准后，可以由副理事长（副会长）或秘书长担任法定代表人。法定代表人代表本团体签署有关重要文件。本团体理事长（会长）行使下列职权：召集和主持理事会（或常务理事会）；检查会员大会（或会员代表大会）、理事会（或常务理事会）决议的落实情况等。本团体秘书长行使下列职权：主持办事机构开展日常工作，组织实施年度工作计划；协调各分支机构、代表机构、实体机构开展工作；提名副秘书长以及各机构主要负责人，交理事会或常务理事会决定；决定办事机构、代表机构、实体机构专职工作人员的聘用；处理其他日常事务等。

五是资产管理、使用原则。社会团体的经济来源有会费、捐赠、政府资助、利息、在核准的业务范围内开展活动和服务的收入等其他合法收入。本团体按照国家有关规定收取会员会费。本团体经费必须用于本章程规定的业务范围和事业的发展，不得在会员中分配。本团体建立严格的财务管理制度，保证会计资料合法、真实、准确、完整。本团体配备具有专业资格的会计人员。会计不得兼任出纳。会计人员必须进行会计核算，实行会计监督。会计人员调动工作或离职时，必须与接管人员办清交接手续。社会团体的资产管理必须执行国家规定的财务管理制度，接受会员大会（或会员代表大会）和财政部门的监督。资产来源属于国家拨款或者社会捐赠、资助的，必须接受审计机关的监督，并将有关情况以适当方式向社会公布。本团体换届或更换法定代表人之前必须接受社团登记管理机关和业务主管单位组织的财务审计。本团体的资产，任何单位、个人不得侵占、私分和挪用。本团体专职工作人员的工资和保险、福利待遇，参照国家对事业单位的有关规定执行。

六是章程的修改程序。对社会团体章程的修改，须经理事会表决通过后报会员大会（或会员代表大会）审议。社会团体修改的章程，须在会员大会（或会员代表大会）通过后15日内报业务主管单位审查并同意，然后报社团登记管理机关核准后生效。

七是终止程序和终止后的财产处理。社会团体完成宗旨或自行解散或由于分立、合并等原因需要注销的，由理事会或常务理事会提出终止动议。社会团体终止动议须经会员大会（或会员代表大会）表决通过，并报业务主管单位审查同意。在终止前，须在业务主管单位及有关机关指导下成立清算组织，清理债权债务，处理善后事宜。清算期间，不开展清算以外的活动。社会团体经社团登记管理机关办理注销登记手续后即为终止。社会团体终止后的剩余财产，在业务主管单位和登记管理机关的监督下，按照国家有关规定，用于发展与本团体宗旨相关的事业。

八是附则。本社团章程经×年×月×日第（届次）会员大会（或会员代表大会）表决通过。章程的解释权属本团体的理事会。章程自社团登记管理机关核准之日起生效。

上述是民政部对所有社会团体的一个基本的规范。地方政府出台关于社会团体规范化建设的指导意见，相当于将章程示范文本和自身发展状况结合起来，制定的适合本地社会团体发展的章程，是对章程示范文本的补充和完善，使其更具针对性和指导性。

以北京市民政局 2007 年 11 月 7 日发布的《北京市社会团体规范化建设的指导意见》为例，指导意见分为三大板块：

一是规范化建设的指导思想，更加明确了社会团体发展建设的宗旨和初心，按照中共中央《关于构建社会主义和谐社会若干重大问题的决定》提出的“引导各类社会组织加强自身建设，提高自律性和诚信度”基本要求，以规范社会团体章程为核心，以健全组织结构为重点，以完善规章制度为手段，以增强服务功能为目标，使之成为社会建设和社会管理的重要力量，在社会主义和谐社会首善之区的建设中发挥积极作用。

二是规范化建设的内容，包括规范社团章程、健全组织结构、完善规章制度和增强服务功能。在健全组织结构中，除了有关会员、组织机构和负责人的产生和罢免与民政部的章程示范文本一致外，指导意见还增加了党的建设方面的规定“符合建立党组织条件的社会团体，应按市委组织部门的有关规定建立党的组织，发挥党组织在社会团体自身规范化建设中的作用”。

三是规范化建设的评价，包括评估和年检。评估包括自我评估、社会评估和政府相关部门评估。年检的规定则更加宽松开放，《社会团体登记管理条例》第五章第二十八条：社会团体应当于每年 3 月 31 日前向业务主管单位报送上一年度的工作报告，经业务主管单位初审同意后，于 5 月 31 日前报送登记管理机关，接受年度检查。而北京的相关规定是：社会团体应于每年 1 月至5月底前，通过网上按期如实填报年检材料，经工作人员确认后，将书面材料报送民政局行政服务中心办理年检手续。

（二）会员（代表）大会的设立

会员大会是社会团体的最高权力机构，决定社会团体的重大事务，在社会团体活动中发挥着十分重要的作用。会员大会一般包括社会团体的所有会员，主要指团体会员、个人会员和荣誉会员。若社会团体的规模较小，会员数量较少，则组织召开会员大会比较容易，操作性强，比如大学里的社团，县乡级的社会团体。相反，对于一些省市级社会团体、全国性社会团体，比如中国全国学生联合会、中国消费者协会，它们规模较大，会员人数众多，想要召开会员大会具有一定的难度，缺乏灵活性。因此，《社会团体章程示范文本》中就明确规定，当会员人数较多时，可设立会员代表大会，推选会员代表组成会员代表大会。例如，上海浦东智能照明联合会，其成立于2017年8月，目前有会员450家。该社团每开一次论坛，会员数量相应增加20个。目前会长、副会长和理事分别缴纳会费2万元、1.5万元和1万元，会员缴纳会费2000元。

1. 权力机构的产生

会员大会是由会员直接组成的，而会员代表大会则涉及会员代表的选举产生问题。根据管理条例规定，有一定数量的会员或会员代表出席会议才能召开会员（代表）大会。会员（代表）大会的召开，须有2/3以上的会员（或会员代表）出席才能召开，其决议须经到会会员（或会员代表）半数以上表决通过才能生效。一般每3—5年换届选举一次，最长不超过5年。因特殊情况需提前或延期换届的，须由理事会表决通过，报业务主管单位审查并经社团登记管理机关批准，延期换届最长不超过1年。

2. 权力机构的职责

会员通过会员（代表）大会行使和履行该团体章程所赋予的权利和义务，以实现对社会团体事务的管理。会员（代表）大会的职责包括：（1）制定和修改章程；（2）选举和罢免理事；（3）审议理事会的工作报告和财务报告；（4）制定和修改会费标准；（5）决定终止事宜；（6）决定其他重大事宜。

（三）理事会的设立

理事会在会员代表大会闭会期间领导本团体开展日常工作，是会员大会（或会员代表大会）的执行机构，对会员大会（或会员代表大会）负责。重大会议议题和重大决策事项必须事先告知全体会员征求意见，充分尊重会员权益。理事成员代表会员公平公正行使会务决策权力，并承担决策相关责任和财务风险。运作良好的理事会也有利于秘书处工作的顺利开展。因此，理事会的设立显得尤为重要。

1. 理事会的产生

理事会由会员（代表）大会选举产生，是会员（代表）大会的执行机构，在会员大会闭会期间，依照社团章程的规定和会员（代表）大会的决议行使职权，领导和负责社会团体开展日常工作。理事会须有 2/3 以上理事出席方能召开，其决议须经到会理事 2/3 以上表决通过方能生效。理事会每年至少召开一次会议。情况特殊的，可采用通信形式召开。一般规定，当理事人数较多时，可设立常务理事会，人数一般不超过理事的 1/3。常务理事会是理事会闭会期间的执行机构，对理事会负责。理事会每年至少召开一次会议，常务理事会至少每半年召开一次会议，情况特殊的，可采用通信形式召开。理事会、常务理事会的召开须有 2/3 以上理事出席方能开展，其决议须经到会理事、常务理事 2/3 以上表决通过方能生效。

2. 理事会的组成

理事由会员大会民主选举产生；理事长、副理事长、常务理事由理事会民主选举产生，采取无记名投票方式，逐步实行差额选举。理事长为本团体法定代表人，不得同时担任其他社会团体的法定代表人。本团体理事长、副理事长、秘书长连任不超过两届。本团体的理事长、副理事长、秘书长必须具备下列条件：坚持党的路线、方针、政策、政治素质好；在本团体业务领域内有较大影响；理事长、副理事长、秘书长最高任职年龄不超过 70 周岁，秘书长为专职；身体健康，能坚持正常工作；未受过剥夺政治权利的刑事处罚的；具有完全民事行为能力。理事会成员的人数由社会团体章程规定，一般最少由 5 个理事组成，且不能超过会员（代表）人数的三分之一，人数为奇数。比如上海市软件行业协会，该社团的会员单位已超过 1500 家，其中有

179 家理事成员，代表性比较强，由大中小微不同规模的企业组成。

3. 理事会的职责

理事会的职权包括执行会员大会（或会员代表大会）的决议；选举和罢免理事长（会长）、副理事长（副会长）、秘书长和常务理事；筹备召开会员大会（或会员代表大会）；向会员大会（或会员代表大会）报告工作和财务状况；决定会员的吸收和除名；决定办事机构、分支机构、代表机构和实体机构的设立、变更和注销；决定副秘书长、各机构主要负责人的聘任；领导本团体各机构开展工作；制定内部管理制度；决定其他重大事项等。

(四) 监事会的设立

为了确保理事会或常务理事会能够准确无误地执行会员大会或会员代表大会所作出的决议，领导人能够作出正确的决策，执行机构能高效率、高效能地执行政策，最后社会团体能合理合法地实现本团体的目标和宗旨，需要设立一个监督机构用来监督理事会、常务理事会、领导者和执行机构的行为，避免出现重大决策失误，纠正偏差，提高社团运作效率和效能。虽然《社会团体章程示范文本》并未明确规定社会团体必须设立监事会，也没有对社会团体设立监事会有任何的规定。但相关政策文件对社会团体设立监事会作出了相关规定，可见党和政府希望发挥好监事会在社会团体中的监督功能。例如，《北京市社会团体规范化建设的指导意见》对社会团体设立监事会提出了要求。上海市室内环境净化行业协会成立于 2006 年 9 月，彼时民政部并未要求社会团体设立监事会，所以协会早期也没有建立监事会这一机构。但是，随着章程示范文本的不断完善，以及出于社会组织等级评估的考虑，上海市室内环境净化行业协会在 2012 年设立了监事会，在日后的协会运作中发挥着不可或缺的约束作用。

1. 监事会的产生

监事会是社会团体的监督机构，会员规模小的社会团体可设立独立监事。监事会（监事）由会员（代表）大会选举产生，理事不兼任监事，监事会对会员（代表）大会负责，监事连选可以连任，监事会独立行使监督权，不具有决策表决权。

2. 监事会的职责

其基本责权是对社会团体不同层级参会会员的资格审查，对会员（代表）大会、理事会（常务理事会）、会长办公会议实施监督并予以程序和结果合法性确认，履行社会团体选举程序、重大决议、财务管理的审查和业务执行、人员履职的监督。监事应列席理事会（常务理事会）会议。列席会议的监事有权发表意见，但不享有表决权。当会长无法履行职责，社会团体内部矛盾突出，难以召集理事会的情况下，监事会可以召集主持理事会。监事会代表全体会员的意志履行监督职责，对重大会议议题和重大决策事项，监事会应当充分了解会员意见，及时向理事会反馈，提出建议。对社会团体存在的严重违规问题，监事会有权直接向登记管理机关和业务指导（主管）部门反映情况。

（五）秘书处的设立

社会团体的秘书处是理事会（常务理事会）的日常工作机构。依照《社会团体章程示范文本》规定，社会团体的首席执行官是秘书长，本团体秘书长行使下列职权：（1）主持办事机构开展日常工作，组织实施年度工作计划；（2）协调各分支机构、代表机构、实体机构开展工作；（3）提名副秘书长以及各机构主要负责人，交理事会或常务理事会决定；（4）决定办事机构、代表机构、实体机构专职工作人员的聘用；（5）处理其他日常事务。此外章程还规定了秘书长的任职条件等。依照《广东省民政厅关于社会组织法人治理的指导意见》规定，秘书长为专职，应熟悉本团体专业，有协调策划能力，可以实行聘任制或选任制，由理事会表决通过聘任或由会员（代表）大会选举产生；秘书长解聘或除职应在确保秘书长拥有向理事会或会员（代表）大会述职陈情权利的前提下，并由理事会或会员（代表）大会投票表决。经法定代表人授权并由理事会（常务理事会）同意，秘书长可行使授权范围内的法定代表人职权。秘书处专职工作人员任职条件和聘用事项由理事会（常务理事会）或会长办公会决定，应当签订用工劳动合同。经法定代表人授权并由理事会（常务理事会）同意，秘书长可行使授权范围内的法定代表人职权。

二、社会团体内部治理的完善

(一) 社会团体内部治理存在的问题

1. 权力机构虚设

按照《社会团体章程示范文本》的要求，定期召开会员（代表）大会讨论本社会团体发展的重大事项，是会员制组织最常见的治理方式。在理论上，会员（代表）大会都是一个社会团体的最高权力机构，它具有制定和修改章程、选举和罢免理事等方面的职权。会员（代表）大会就是通过利用这些职权参与社会团体的内部治理的。然而，还存在许多社会团体没有按照章程的规定定期召开会员（代表）大会，他们不遵守社会团体按期换届的规定，让社会团体中的会员、会员代表、理事会会长、常务理事会会长、秘书长等无限期地运行。这样不仅影响了社会团体的正常人事交接换届，无新鲜血液注入，也使得会员（代表）大会如同虚设，只具形式。为了做好社会团体的换届工作，北京市民政局出台了《北京市社会团体换届选举工作规程（试行）》，分为总则、换届选举机构、会员资格审查、会员代表推选、候选人产生、换届审计、文件审议、材料报审、选举准备、换届选举、备案登记、提前或延期换届、罚则、附则等 14 章 63 条。

2. 监督机制不健全

在社会团体的内部治理中，监事会是内部监督机构，它负责监督组织内部的业务活动开展，有时也参与组织的重大决策。目前在实践中，社会团体的监督机制不健全，其原因可能在于《社会团体登记管理条例》与《社会团体章程示范文本》都没有对监事会的设置作出明确的规定和要求，导致很多社团至今没有设立监事会。因此，没有内部监督机构来约束执行机构理事会，就容易使社团陷入内部人管理内部人的困境，产生决策不民主的现象。

为了解决社会团体监督机制不完善等内部治理问题。2015 年，广东省民政厅印发了《关于社会组织法人治理的指导意见》等四个文件。这四个文件通知中明确提出了建立健全社会组织法人治理结构的要求，明确阐释了设置监事会的重要性。其中具体规定了监事会的基本责权是对社会团体不同层级参会会员的资格审查，对会员（代表）大会、理事会（常务理事会）、会长办公会议实施监督并予以程序和结果合法性确认，履行社会团体选举程序、重大决议、财务管理的审查和业务执行、人员履职的监督。监事应列席理事会（常务理事会）会议。列席会议的监事有权发表意见，但不享有表决权。代表全体会员履行监督职责，对重大会议议题和重大决策事项，监事会应当充分了解会员意见，及时向理事会反馈，提出建议等。

（二）完善社会团体内部治理的对策

1. 充分发挥权力机构作用

实践中，对于会员人数众多且设置分支机构的社会团体来说，不是所有的会员都能参与会员大会，只能选取会员代表参与。以社会团体较为发达的德国为例，地球之友的会员数量多达39.5万人，在全德国的16个联邦州设有2000家分会。该组织每年所召开的会员大会，实际上就是会员代表大会①。会员代表的选拔和产生应该具备以下几个条件。

第一，筛选出活跃的会员担任代表②。需要社会团体及时清理会员，有些会员很久无法联系上，或者有些会员能联系上，但是对组织活动和服务不感兴趣，不配合组织工作，不愿意参加组织活动，更不愿意缴纳会费，会员身份名存实亡。此类会员的存在，会造成会员数量数据不精准的结果，从而导致社会团体对会员结构的分析不准确，难以发现会员的真实需求，不利于及时调整社会团体的工作重心和发展方向。

第二，会员代表应该具有广泛性和代表性。会员代表大会是由会员推选出的代表所组成的，能够充分体现广大会员的意志。代表的整体架构应该综合考虑职业、性别、地域、职务职称和年龄等因素。

2. 建立健全监督机制

自律机制也是社会团体内部建设的重要内容之一。少数人在从事社会团体工作过程中忘记组织使命，片面地追求个人效用的最大化，而不是社会效用的最大化。因此，社会团体要重视组织的使命和愿景，实现组织宗旨和目

---

① 王名、李勇、黄浩明编著：《德国非营利组织》，北京·清华大学出版社，2006年版，第196-198页。

② 朱文辉、田若松、乔云等：《会员参与学会内部治理的制度安排》，载《学会》2019年第8期。

标。组织成员树立以人为本的观念，将外在的道德原则内化为自己的道德品质和自我准则。

建议把设置监事会的一些具体要求和事项纳入《社会团体登记管理条例》和《社会团体章程示范文本》中，强制社会团体设置监事会并发挥监事会的作用。对于社团会员较少或者规模较小的学术性社团和专业性社团，为节约管理成本，可以不设监事会，只设一至二名监事，履行监督职责。

此外，在社会团体内部治理结构中，要明确体现党组织的地位和作用，凡符合条件的社会团体应按规定设置党组织。党组织领导与理事会成员、监事会成员和行政负责人可双向进入、交叉任职，使党组织的作用与内部治理的功能和谐统一。

| 实务案例 16 |

中国慈善联合会“以内治促服务”

中国慈善联合会（以下简称“中慈联”）成立于2013年4月，是致力于我国慈善事业的社会组织、企事业单位等有关机构和个人自愿结成的全国性、联合性、非营利性、枢纽型社会组织。一直以来在中国慈善事业发展领域中属于一个标杆性社会团体。作为标杆，中慈联始终坚持将内部治理视为保障，将服务治理提升设为目标，因而主张“以内治促服务”，重视通过加强组织党建工作、理顺组织内部建设内容、强化组织内部联合等内部治理环节，保证机构正常运行并实现各项业务有序推进。

具体而言，第一，以创新强化党建工作。中慈联以“三会一课”制度为抓手，创新打造学习型党组织，倡导大家不断运用新形式学习党的精神，由此涌现出回忆红军走过的路、“迎五四”青年演讲比赛等别具一格的党建活动。值得一提的是，中慈联组织的“湄公河光明行”活动成功入选“砥砺奋进的五年大型展览”。第二，以评促建理顺组织内部建设内容。中慈联在申请社会组织评估过程中开展了三个多月的评估筹备工作。中慈联秘书处发动全体工作人员，下大力气，责任到人，全面梳理成立以来的各类资料，整理各类业务、人事、管理、财务档案数千份，形成500余个档案夹。先后制定、修订了财务、人资、项目、档案、宣传、投资、会员、分支机构等方面内部管理制度共计41项，形成文件、项目、财务、事务审批流程清晰，各部门职责、分工明确的内部管理制度体系。理顺组织内部建设内容不仅有利于积极迎接社会组织评估，也为后续工作的开展垫定了良好基础。第三，强化组织内部联合。中慈联向部机关工会正式申请设立工会组织。工会设立后可以通过举办集体植树、趣味团建、户外拓展等项目凝聚人心，提升了中慈联内部向心力和组织凝聚力，以至形成强有力的组织合力，能够高效高质地落实组织目标，实现组织价值。

中慈联良好的内部治理工作，使其可以更好地落实组织目标并能够积极弘扬慈善文化、参与政策制定、开展行业研究、维护会员权益、推动跨界合作、开展评估表彰、开展专业培训、促进国际交流、推动行业自律和承办政府部门、会员和其他机构委托办理的其他事项，系统、综合和全面地服务中国慈善事业发展。

（根据以下资料来源编制，题目为编者所加。刘福清：《中国慈善联合会 加强内部治理 提升服务质量》，《中国社会组织》2018年第19期，第5-16页。）

| 分析要点 |

1. 党组织是与理事会、监事会、秘书处等机构共同推动内部治理建设，提升社会组织服务能力的重要部门。

2. 社会组织良好的内部治理有利于提升社会组织的服务水平，为社会组织赢得良好的社会声誉。

第二节　基金会的内部治理

基金会是指按照《基金会管理条例》规定成立的非营利性法人，其目的是利用自然人、法人或者其他组织捐赠的财产从事公益事业。基金会坚守公益慈善理念，打造公益慈善品牌，促进公益慈善事业健康发展。基金会分为面向公众募捐的基金会（简称公募基金会）和不得面向公众募捐的基金会（简称非公募基金会）。公募基金会按照募捐的地域范围，分为全国性公募基金会和地方性公募基金会。全国性公募基金会的原始基金不低于800万元人民币，地方性公募基金会的原始基金不低于400万元人民币，非公募基金会的原始基金不低于200万元人民币；原始基金必须为到账货币资金。

根据《基金会管理条例》的规定，国务院民政部门和省、自治区、直辖市人民政府民政部门是基金会的登记管理机关。国务院有关部门或者国务院授权的组织，是国务院民政部门登记的基金会的业务主管单位。基金会属于非会员制的社会组织，基金会内部设立理事会、监事会、秘书处。

一、基金会的内部治理结构

（一）基金会章程

慈善组织可以采取社会团体、基金会、社会服务机构等组织形式。因此对于不同的组织形式，有不同的章程示范文本规定。2004年3月8日国务院颁布的《基金会管理条例》和其他有关法律法规制定了基金会的章程示范文本。文本的作用是为基金会制定章程提供范例，基金会制定的章程应当包括章程示范文本中所列全部条款，同时还应根据实际情况作适当补充。基金会章程的内容较多，主要可以分为以下几个部分：

一是总则。包括基金会的名称，基金会命名应当符合《基金会名称管理规定》；基金会的属性（属于公募或非公募基金会），若属于公募基金会，则面向公众募捐的地域范围是什么；基金会的宗旨、住所、登记机关、业务主管单位；基金会的原始基金数额为人民币多少万元，来源于哪里。

二是业务范围。它主要是指基金会公益活动的业务范围，活动内容必须具体、明确。

三是组织机构、负责人。这是对基金会的内部管理制度的规定，包括了对理事会、监事会，以及（副）理事长、（副）监事长、秘书长等负责人的规定要求。

首先，理事及理事会。基金会设立理事会，理事人数为5—25人，章程规定理事的任期，每届任期不得超过5年，理事任期届满，可以连选连任。用私人财产设立的非公募基金会，相互间有近亲属关系的基金会理事，总数不得超过理事总人数的1/3；其他基金会，具有近亲属关系的不得同时在理事会任职。理事会是基金会的决策机构。理事会行使下列职权：制定、修改章程；选举、罢免理事长、副理事长、秘书长；决定重大业务活动计划，包括资金的募集、管理和使用计划；年度收支预算及决算审定；制定内部管理制度；决定设立办事机构、分支机构、代表机构；决定由秘书长提名的副秘书长和各机构主要负责人的聘任；听取、审议秘书长的工作报告，检查秘书长的工作；决定基金会的分立、合并或终止；决定其他重大事项。理事会每年至少召开 2 次会议。理事会会议须有 2/3 以上理事出席方能召开；理事会决议须经出席理事过半数通过方为有效。对于本基金会章程的修改；选举或者罢免理事长、副理事长、秘书长；章程规定的重大募捐、投资活动；基金会的分立、合并，这些重要事项的决议，须经出席理事表决，2/3 以上通过方为有效。此外，理事会会议应当制作会议记录，并由出席理事审阅、签名。

其次，监事及监事会。基金会设立监事，监事任期与理事任期相同，期满可以连任，3 名以上监事可设监事会。理事、理事的近亲属和基金会财会人员不得任监事。监事的产生和罢免：监事由主要捐赠人、业务主管单位分别选派；登记管理机关根据工作需要选派；监事的变更依照其产生程序。监事的权利和义务：监事依照章程规定的程序检查基金会财务和会计资料，监督理事会遵守法律和章程的情况。监事列席理事会会议，有权向理事会提出质询和建议，并应当向登记管理机关、业务主管单位以及税务、会计主管部门反映情况。监事应当遵守有关法律法规和基金会章程，忠实履行职责。

最后，组织负责人。理事会设理事长、副理事长和秘书长，从理事中选举产生。基金会理事长、副理事长、秘书长必须符合以下条件：在基金会业务领域内有较大影响；理事长、副理事长、秘书长最高任职年龄不超过 70 周岁，秘书长为专职；身体健康，能坚持正常工作；具有完全民事行为能力。现职国家工作人员不得兼任基金会理事长、副理事长或秘书长。基金会的法定代表人也不得同时担任其他组织的法定代表人。公募基金会和原始基金来自中国内地的非公募基金会的法定代表人，应当由内地居民担任。召集和主持理事会会议；检查理事会决议的落实情况；代表基金会签署重要文件是基金会理事长必须行使的职权。理事长和秘书长的职权不能重叠，基金会可根据实际情况细化或进行补充。在基金会领取报酬的理事不得超过理事总人数的1/3。监事和未在基金会担任专职工作的理事不得从基金会获取报酬。基金会理事遇有个人利益与基金会利益关联时，不得参与相关事宜的决策；基金会理事、监事及其近亲属不得与基金会有任何交易行为。

四是财产的管理和使用。内容主要包括公募或非公募基金会的收入来源及其使用。收入来源可以填写组织募捐的收入（公募基金会）；自然人、法人或其他组织自愿捐赠；投资收益；其他合法收入等。非公募基金会可以注明提供主要捐赠的自然人、法人或其他组织的具体姓名或名称。基金会组织募捐、接受捐赠，应当符合章程规定的宗旨和公益活动的业务范围。境外基金会代表机构不得在中国境内组织募捐、接受捐赠。公募基金会组织募捐，应当向社会公布募得资金后拟开展的公益活动和资金的详细使用计划。基金会的财产及其他收入受法律保护，任何单位、个人不得侵占、私分、挪用。基金会应当执行国家统一的会计制度，依法进行会计核算、建立健全内部会计监督制度，保证会计资料合法、真实、准确、完整。基金会接受税务、会计主管部门依法实施的税务监督和会计监督。基金会每年1月1日至12月31日为业务及会计年度，每年3月31日前，理事会对下列事项进行审定：上年度业务报告及经费收支决算；本年度业务计划及经费收支预算；财产清册。基金会注销后的剩余财产应当按照章程的规定用于公益目的；无法按照章程规定处理的，由登记管理机关组织捐赠给与该基金会性质、宗旨相同的社会公益组织，并向社会公告。

五是终止和剩余财产处理。基金会有以下情形之一：（1）完成章程规定的宗旨的；（2）无法按照章程规定的宗旨继续从事公益活动的；（3）基金会发生分立、合并等其他情形的应当终止。基金会的终止，应在理事会表决通过后15日内，报业务主管单位审查同意。经业务主管单位审查同意后15日内，向登记管理机关申请注销登记。基金会办理注销登记前，应当在登记管理机关、业务主管单位的指导下成立清算组织，完成清算工作。基金会应当自清算结束之日起15日内向登记管理机关办理注销登记；在清算期间不开展清算以外的活动。

六是章程修改。章程的修改，须经理事会表决通过后15日内，报业务主管单位审查同意。经业务主管单位审查同意后，报登记管理机关核准。

七是附则。章程经×年×月×日理事会表决通过。章程的解释权属于理事会。章程自登记管理机关核准之日起生效。

以上条款内容均适用于任何一个基金会，民政部发布的《基金会章程示范文本》是每个基金会章程设立的基本标准。各个地方会有不同的具体要求和规定，但都是以民政部发布的章程为基础进行的补充和完善。以2020年9月15日广东省民政厅印发的《广东省基金会章程示范文本》为例，它是根据《中华人民共和国民法总则》《中华人民共和国慈善法》《基金会管理条例》《慈善组织公开募捐管理办法》和其他有关法律法规制定此章程示范文本，与根据2004年3月8日国务院颁布的《基金会管理条例》和其他有关法律法规制定的章程示范文本比较，其内容更加丰富和完善。具体体现在：一是总则上，对于基金会是利用捐赠财产设立的，以开展慈善活动为宗旨。基金会依法取得公开募捐资格，按照《中华人民共和国慈善法》《慈善组织公开募捐管理办法》等相关规定，开展公开募捐活动。二是业务范围上，现在基金会的业务范围必须明确、清晰、聚焦主业，还应符合《中华人民共和国慈善法》第三条规定的慈善活动范围，根据慈善法来明确业务范围。三是组织架构，人员、机构管理上，对理事的资格、权利和义务作了一些具体规定，细分为“理事、理事会”“理事负责人”“监事、监事会”“办事机构、分支机构、代表机构”“内部管理和矛盾解决”“人员从业准则”六节，具体阐释相关要求。其中的第四到六节都是新的规范要求，丰富和完善了基金会章程的内容。四是开展募捐和接受捐赠，基金会开展公开募捐，可以采取下列方式：在公共场所设置募捐箱；举办面向社会公众的义演、义赛、义卖、义展、义拍、慈善晚会等；通过广播、电视、报刊、互联网等媒体发布募捐信息；其他公开募捐方式。基金会按照募捐方案开展公开募捐，并在开展募捐活动的10日前将募捐方案报登记管理机关备案，同时将募捐方案报送业务主管单位。募捐方案包括募捐目的、起止时间和地域、活动负责人姓名和办公地址、接受捐赠方式、银行账户、受益人、募得款物用途、募捐成本、剩余财产的处理等。此外，还有很多条例规定是细化的、具体的，对本地的基金会设立具有更加明确的指导作用。五是慈善财产的管理和使用，内容更加具体丰富。

第六章的年度报告及信息公开和第七章的党建工作两部分内容都是《广

东省基金会章程示范文本》提出的新要求，要求基金会依法履行信息公开义务，建立健全信息公开制度。基金会建立年度报告制度，上一年度工作报告报送业务主管单位审查后，于每年5月31日前向登记管理机关报送，并通过登记管理机关统一的信息平台将年度报告内容向社会公开，接受社会公众的查询、监督。对于本单位的财务会计报告及相关信息，基金会应当聘用会计师事务所进行审计，并接受社会公众的监督，依法披露财务会计报告和审计报告。要求基金会按照党章规定，有正式党员3名以上的，经上级党组织批准，单独建立党组织。基金会负责人中有党员的，由党员负责人担任党组织书记；基金会负责人中没有党员的，应推荐业务能力强、群众基础好的党员理事或监事担任党组织书记。正式党员人数不足3名的，采取联合组建等方式，建立党组织，在本基金会开展党的工作。没有正式党员的，支持配合上级组织开展党的工作，为建立党组织创造条件。基金会党组织负责人应参加或列席理事会会议。党组织应对本会重要事项决策、重要业务活动、大额经费开支、接受大额捐赠、开展涉外活动等提出意见。总而言之，地方政府出台的有关规定和指导意见更加具体和完整。

(二) 理事会的设立

1. 理事会的产生

理事会是基金会的决策机构。理事会设理事长、副理事长和秘书长，从理事中选举产生，理事长是基金会的法定代表人。基金会理事人数为5人至25人，理事任期由章程规定，但每届任期不得超过5年。理事任期届满，连选可以连任。用私人财产设立的非公募基金会，相互间有近亲属关系的基金会理事，总数不得超过理事总人数的1/3；其他基金会，具有近亲属关系的不得同时在理事会任职。在基金会领取报酬的理事不得超过理事总人数的1/3。理事会每年至少召开2次会议，会议须有2/3以上理事出席方能召开；会议决议须经出席理事过半数通过方为有效。当决议是关于章程的修改；选举或者罢免理事长、副理事长、秘书长；章程规定的重大募捐、投资活动和基金会的分立、合并时，须经出席理事表决，2/3以上通过方为有效。《基金会章程示范文本》规定，理事长行使下列职权：一是召集和主持理事会会议，二是检查理事会决议的落实情况，三是代表基金会签署重要文件。

2. 理事会的职责

依照《基金会章程示范文本》的规定，理事会行使下列职权：制定、修改章程；选举、罢免理事长、副理事长、秘书长；决定重大业务活动计划，包括资金的募集、管理和使用计划；年度收支预算及决算审定；制定内部管理制度；决定设立办事机构、分支机构、代表机构；决定由秘书长提名的副秘书长和各机构主要负责人的聘任；听取、审议秘书长的工作报告，检查秘书长的工作；决定基金会的分立、合并或终止；决定其他重大事项。

在《广东省民政厅关于社会组织法人治理的指导意见》中，理事会的基本责权是确定组织的宗旨和业务范围，制定和修改章程，决定本组织的年度财务预算、决算方案，重大项目和财务安排，制定内部管理制度，聘任或者解聘本组织的行政负责人，以及作出其他重大决策。公募基金会理事会成员应广泛吸纳社会贤达、主要捐赠人代表、社会慈善人士和专业人士，其比例应达到2/3，并向社会公开全体理事基本情况。非公募基金会也应按照受赠社会化程度相应优化理事会结构，接受社会捐赠的，一般理事会外部成员应达到1/3以上。基金会理事会实行公开表决制，理事会会议纪要必须载明理事同意与否的具体意见，以备查验。理事应当忠诚履行对举办者、捐赠人的信托责任，发挥自身专业优势和资源优势，服务社会组织、服务社会。

（三）监事会的设立

1. 监事会的产生

监事会是基金会的监督机构，它的存在主要是对理事、理事会以及执行层面的事务进行监督。目前有法律法规规定社会服务机构和基金会应当设立监事会。依照《基金会章程示范文本》的规定，基金会可以自由决定监事的数量，人数较少、规模小的基金会可不设监事会，3名以上监事可设监事会。监事任期与理事任期相同，期满可以连任。理事、理事的近亲属和基金会财会人员不得兼任监事。监事和未在基金会担任专职工作的理事不得从基金会获取报酬。监事的产生和罢免：监事由主要捐赠人、业务主管单位分别选派；登记管理机关根据工作需要选派；监事的变更依照其产生程序。依照章程规定，监事及监事会拥有以下的权利和义务：监事依照章程规定的程序检查基金会财务和会计资料，监督理事会遵守法律和章程的情况。监事列席理事会会议，有权向理事会提出质询和建议，并应当向登记管理机关、业务主管单位以及税务、会计主管部门反映情况。监事应当遵守有关法律法规和基金会章程，忠实履行职责。

2. 监事会的职责

监事会的基本职权是依照章程规定的程序检查基金会财务和会计资料，监督理事会遵守法律和章程的情况。监事列席理事会会议，有权向理事会提出质询和建议，并应当向登记管理机关、业务主管单位以及税务、会计主管部门反映情况。监事有责任监督本组织按照本组织特点和相关政策要求实行信息公开，接受社会监督。

（四）秘书处的设立

秘书处是基金会的业务运营执行机构，它直接对理事会负责。秘书长不得由现职国家工作人员兼任。理事长的其他职权和秘书长的职权从以下选项中确定，理事长和秘书长的职权不能重叠，基金会可根据实际情况细化或进行补充：主持开展日常工作，组织实施理事会决议；组织实施基金会年度公益活动计划；拟订资金的筹集、管理和使用计划；拟订基金会的内部管理规章制度，报理事会审批；协调各机构开展工作；提议聘任或解聘副秘书长以及财务负责人，由理事会决定；提议聘任或解聘各机构主要负责人，由理事会决定；决定各机构专职工作人员聘用；章程和理事会赋予的其他职权。

秘书处的基本责权是按照章程制定发展目标，组织实施理事会决议，承担业务执行、项目运营、发展战略、运营绩效全方位管理和社会风险管控职责。

二、基金会内部治理的完善

（一）基金会内部治理存在的问题

1. 内部治理结构缺乏协调和平衡

理事会作为基金会治理结构的内部核心机制之一，其治理效率直接影响到基金会的绩效。良好的慈善组织内部治理需要以完善的组织架构为载体，完善的组织架构则由决策机构、执行机构和监督机构构成，三者之间各自独立，在明确各自权责的基础上既彼此合作又相互制衡。而在现实中的慈善组织，三大机构间尚未形成有效的协调和制衡机制，有时候理事会如同虚设。一方面，理事会规模过于庞大，人员结构不合理。具体体现为慈善组织的理事会成员过多，其中多数为实务界人士，高校、研究机构等领域的专家学者数量较少，不利于形成科学、全面、合理的理事会人员结构。正因如此，理事会掌握的有关慈善组织的运营、慈善活动的开展等专业知识比较薄弱，再加上绝大部分理事为兼职，平时与组织间的沟通联络不足，造成对于组织相关情况的了解程度较浅，最终导致理事会在内部治理中发挥的作用有限。另一方面，监事会受到的重视程度不够，这也直接导致监事会难以发挥对于理事会和执行机构的监督制衡作用。

在基金会，发起人是基金会发起设立的自然人、法人或其他组织。基金会作为非营利法人的一种组织形式，跟营利法人最大的区别不是在于两者是否可以从事经营（营利）活动，其本质上的不同是在于组织内部是否有利润分配请求权，即非营利法人无法享有利润分红和分配。因此，基金会无法参照企业的模式建立类似股东会这样的权力决策机构，这样就使得基金会比较容易忽略或者虚设权力决策机构。

社会团体的理事会在《社会团体登记管理条例》中被界定为会员大会（或会员代表大会）的执行机构，而在《基金会管理条例》和《民办非企业单位登记管理暂行条例》中，对于基金会和社会服务机构来说，法律法规界定理事会为它们的决策机构。很多时候，一些组织对理事会的态度是一种功利主义的态度。正如一位草根劳工团体的领导人曾说："我们没有理事会。我知道其他非政府组织有，但是我们没有。如果我们注册为社会组织，不管是社会团体、基金会还是社会服务机构等其他形式，那么必须得建立一个理事会。或者，如果有其他人，比如一家外国基金会，他们要求我们必须要有，那么我们就会建立一个理事会。"[①] 由此可见，我国许多的社会组织对于建立理事会的必要性和重要性认识不足。尽管各类社会组织大多依照法律规定设立了理事会，但是很多重大事项的决策权并不完全由理事会掌握。

① 朱健刚主编：《中国公益发展报告（2012）》，北京·社会科学文献出版社，2013年版。

2. 内部治理人员不专业

根据《基金会管理条例》规定，基金会负责人包括理事长、副理事长、秘书长。基金会负责人是基金会合规开展活动的核心人员，对基金会承担最主要的责任。依照《基金会章程示范文本》的规定，基金会负责人必须符合以下条件：在本基金会业务领域内有较大影响；理事长、副理事长、秘书长最高任职年龄不超过 70 周岁，秘书长为专职；身体健康，能坚持正常工作；具有完全民事行为能力。基金会理事长、副理事长和秘书长不得由现职国家工作人员兼任。

然而在实际情况中，基金会负责人存在的问题主要是基金会负责人违规决策，违规决策主要包括两个方面。一方面，是负责人的决策未经理事会的表决，比如基金会的理事长认为某一个人适合做秘书长，理事长直接决定此人担任基金会的秘书长，后续也未通过理事会程序予以确认表决。若以这样的方式任命一个秘书长，不足以服众，也不利于组织内部人员的成长与发展，会导致组织内部的管理变成一人主导，一个人说了算，整个组织缺乏民主决策的制度和良好的沟通互动环境。另一方面，是决策的内容违反法律法规的规定，这是比较常见的一种，就是基金会秘书长自己决定将慈善组织募集而来的财产资金用于非法活动①。比如上海某基金会，在 2016 年成立，注册资金为 500 万元，发起人是杭州某公司，秘书长则是发起公司的法定代表人。基金会成立之后，秘书长就将基金会注册资金中的 500 万元拿了 300 万元购买了发起公司生产的某种产品，以作为基金会慈善财产的保值、增值的方式，但是这个投资并没有经过理事会的表决，也没有任何表决程序。那么基金会的上述行为，就将面临着行政处罚的风险。同时，如果秘书长的投资发生亏损，根据《基金会管理条例》第四十三条规定，决策理事还要承担相应的赔偿责任。

此外，理事长、副理事长、秘书长他们相互之间也会存在一些问题。基金会的章程对理事长的职责作了相关规定，但是在实践过程中，还是经常会发生理事之间的矛盾和纠纷导致基金会陷入僵局的现象。目前，随着社会组

① 《中国基金会内部治理、管理方面的法律风险及其防范建议》，载《中国社会组织》2019 年第 5 期。

织的不断发展进步，基金会的内部治理结构也在不断完善和发展，可以看到各个治理结构在相互成就和互补的过程中，也存在着一些矛盾和冲突，基金会理事之间的矛盾有日益增多的倾向。主要原因包括以下两个方面。一是理事对于基金会的性质、定位、宗旨甚至是组织目标并不了解；二是不同的负责人他们之间的价值观和理念是不一致的。在现实生活中，许多发起人在申请成立基金会时，为了符合《基金会管理条例》中所规定的 5 至 25 名理事的要求，可能会组成一个“临时”的理事会蒙混过关，这样说到底还是虚设了理事会。另外，有些理事对基金会并不了解，对慈善公益也缺乏热情，在具体工作中，基金会对理事会也没有足够的重视，理事也不能完全地履职。所以在基金会的内部治理层面，会出现理事和理事之间发生矛盾，导致基金会陷入僵局，比如业务不能顺利开展、成为民政部门的重点监督对象、基金会的年检年报出错等。

（二）完善基金会内部治理的对策

1. 优化组织内部结构

作为社会组织内部治理结构的一个重要环节，理事会在整个架构中处于核心位置。2004 年的《基金会管理条例》直接在条例中明确提出把理事会作为基金会的治理结构。这些制度框架把理事会作为内部治理的核心机制，与组织发展相关的重大事务的最终决定权以及重要的法律权利都集中在理事会手里，理事会可以决定组织的章程制定和修改、重大业务活动计划、年度财务预算方案，内部管理制度、人事任免等重大事务，并由理事长担任组织的法定代表人。理事会和执行层的权力是分立的。理事会处于权力的中心，对执行层起着支配作用。理事会负责聘任、评估和解聘执行层，执行层受理事会委托负责组织的日常运营，对理事会负责，具体执行理事会的有关政策。执行长在理事长的领导下开展工作。鉴于理事会和执行层在某些具体事务上可能存在职能重叠的地方，各组织的具体情况也可能存在一定差异，基金会管理条例把理事长与执行长之间具体的职权分工交由各组织相机决定①。

① 田凯：《中国非营利组织理事会制度的发展与运作》，载《经济社会体制比较》2009 年第 2 期。

在一般情况下，理事会的职责是建立框架性的政策和策略，针对员工为实现目标而制订的工作计划提供反馈和监督，评估组织实现目标的进度。而在现实应用中，理事会常常会混淆自身的职责，例如一些理事会把制定宏观政策变成制定管理层的具体管理规范，一些新兴的或人员较少的组织会依赖理事会来管理日常事务。为了避免理事会变成“多管闲事的理事会”，首先要正确认识、正确定位理事会的作用和重要性，确认理事会在内部治理中的领导者角色。其次，理事会应该把自己当作重大事项的决策者、领导人，而非组织的执行者，换言之，理事会应从宏观的角度和层面去监督任务的执行，并把细节交给执行机构。

2. 完善章程、明确负责人的权利和义务

章程是为实现组织的目的而依法制定的，它是明确该组织的性质、宗旨和活动范围，规定组织机构和相应的职责，调整组织内部的关系以及约束组织、组织内部成员行为的最基本的规范性文件。如果没有章程，社会组织无法井然有序地开展活动。因此，完善内部治理是有效实现基金会良好内部治理的必然要求，基金会要健全以章程为核心的独立自主、权责明确、运转协调、制衡有效的法人治理结构，完善理事会、监事（会）制度。理事会应严格按照章程的规定按期换届，理事会会议符合法定人数和程序；规范民主议事，民主决策的范围、程序和方法，基金会的人、财、物等重大事项的决策，必须要经过理事会程序，不得由个人专断执行。组织应依法设立监事会或者监事，建立健全内部监督机制，明确监事或监事会的基本职责，要使监事会的内部监督功能充分发挥出来，即要支持监事会（监事）依照章程规定的程序检查财务和会计资料，列席理事会会议，向理事会提出质询和建议，并向有关部门反映情况。

此外，建立基金会负责人的任职管理制度，该制度首先应该明确负责人的任职资格、产生程序、任职年限等。其次，明确基金会负责人的权利与义务。基金会负责人应对本基金会的重大事项、项目安排、资金使用管理等负总责，且要严格按照章程的规定履行职责，不得以单位名义从事营利性的活动，不得以权谋私。对于基金会的其他理事，应当在其担任基金会理事时，将基金会的法律属性、理事的权利和义务明确告知，让理事们能够准确地理解基金会的性质，并且尽其应尽的义务，享受应有的权利，理事长和秘书长的职权不能重叠，基金会可以根据实际情况对两者的职权细化或者进行补充，避免基金会负责人之间产生内部矛盾。

| 实务案例 17 |

基金会内部如何适应环境的变化

Y 基金会是一家全国性的公募基金会，秉承“关爱育人为本、诚信服务为先、规范安全为重、持续发展为要”的团队理念，牢牢把握“关注民生、关爱下一代、服务教育”的方向，针对我国现阶段社会发展特点和教育改革与发展需求，以关爱青少年中的特殊困难群体成长为重点，侧重西部地区、农村地区、民族地区和革命老区下一代教育事业发展。2012 年，Y 基金会成为首批中央财政支持社会组织参与社会服务示范项目实施单位；Y 基金会公益事迹还入选了全国政协 2012 年度“善行天下——政协委员慈善公益事迹展”；其打造的“留守儿童教育帮扶公益项目”受到社会广泛关注，在短短的 5 年中，Y 基金会的专项基金和项目数量达到 80 多个，总募资额达到 5 亿多元。

但是，Y 基金会在内部管理过程中也存在不完善之处，需要进一步地改进，主要为以下两方面问题：一方面，缺乏创新思维。慈善行业是新兴发展的行业，过去陈旧的管理理念无法顺应慈善行业发展的需求。在当前慈善行业的发展中，要求慈善组织有专业化的管理队伍，能处理各种棘手问题。然而，在 Y 基金会，少有这种创新思维，更多地还是依靠志愿者来进行服务；另一方面，专业人才的缺乏。受制于工资较低的因素，致使人才缺乏成为阻碍基金会创新发展的核心原因，导致缺乏对员工的专业技能、工作态度等公平科学的评价。

（根据以下材料整理而成，题目为编者所加。陈静．我国公募基金会内部管理研究［D］．北京交通大学，2016.）

| 分析要点 |

1. 基金会内部管理过程中应转变管理理念，紧跟时代的步伐，要在服务中实施管理，在管理中体现服务。

2. 加强团队建设，完善基金会内部绩效考评机制，提高专业化人才的福利待遇，吸引更多的优秀人才加入基金会。

3. 基金会应具备创新意识，与时俱进地调整组织结构，实现长足发展。

第三节　社会服务机构的内部治理

根据《民办非企业单位登记管理暂行条例》第二条的规定，民办非企业单位，是指企业事业单位、社会团体和其他社会力量以及公民个人利用非国有资产举办的，从事非营利性社会服务活动的社会组织。民办非企业单位设置的初衷在于，这类组织与事业单位以及营利性的企业相区分。但随着社会经济的发展，民办非企业单位这一名称的弊端日益显现，已经不能满足这类组织发展的实际需求。

2016 年《中华人民共和国慈善法》和 2017 年《中华人民共和国民法总则》相继出台，从名称上，社会服务机构取代民办非企业单位逐渐成为定局。2018 年 8 月 3 日，民政部全文公布《社会组织登记管理条例（草案征求意见稿）》，向全社会征求意见。《社会组织登记管理条例（草案征求意见稿）》使用了“社会服务机构”这一概念。在第一章总则的第二条，明确对社会服务机构进行了定义。社会服务机构是指自然人、法人或者其他组织为了公益目的，利用非国有资产捐助举办，按照其章程提供社会服务的非营利法人。随着社会服务机构这一新称谓被逐渐认可，旧有的民办非企业单位称谓将逐渐退出历史舞台。但考虑到《社会组织登记管理条例》还没有出台，《民办非企业单位登记管理暂行条例》现仍有效，所以，在民政部门管理过程中许多地方仍以民办非企业单位相称，包括法人登记证书，就是以民办非企业单位为名称的。以下以社会服务机构为统称。

社会服务机构按照非营利性的原则，以公益为本，诚信自律，注重品牌建设，不断提升社会公信力，发挥人才聚集、专业化服务的优势，为社会提供多样化和专业化的服务产品，促进民办社会事业繁荣和进步。社会服务机构实行非会员制，因此内部没有设立会员大会，设立理事会、监事会、秘书处。

一、社会服务机构的内部治理结构

(一) 社会服务机构章程

根据《中华人民共和国慈善法》第八条规定:“慈善组织可以采取基金会、社会团体、社会服务机构等组织形式。”社会服务机构这一概念取代了原有的民办非企业单位称谓,正式得到官方法律文件的确认。但由于社会服务机构得到广泛认可的时间并不长,《社会组织登记管理条例(草案征求意见稿)》还在征求意见和修订当中,许多机构及相关的文件仍然使用“民办非企业单位”这一称谓。为了便于读者理解,本书对这两个称谓不作区分。因此,社会服务机构的章程还是以民办非企业单位(法人)章程为示范文本,主要分为以下几个部分。

一是总则。总则的内容规定了单位的名称,名称应当符合《民办非企业单位登记管理暂行条例》和《民办非企业单位名称管理暂行规定》的规定;本单位的性质,其中必须载明:主要利用非国有资产、自愿举办、从事非营利性社会服务活动的社会组织;单位的宗旨,单位设立的目的,必须遵守宪法、法律、法规和国家政策,践行社会主义核心价值观,遵守社会道德风尚;单位的登记管理机关和业务主管单位,本单位的住所地等。

二是举办者、开办资金和业务范围。明确了举办者享有的权利:了解单位经营状况和财务状况;推荐理(董)事(以下简称理事)和监事;有权查阅理(董)事会(局)(以下简称理事会)会议记录和单位财务会计报告。开办资金应符合有关法律法规的规定,如为多个出资人,应分别载明每位出资人的出资金额。单位的业务范围必须具体、明确,应当与业务主管单位确认的业务范围一致,且在文件规定的有效期内开展业务活动。

三是组织管理制度。对社会服务机构内部管理制度的规定,包括对理事会、监事会,以及(副)理事长、(副)监事长等负责人的规定。

首先,理事及理事会。理事会是单位的决策机构。理事由举办者(包括出资者)、职工代表(由全体职工推举产生)及有关单位(业务主管单位)推选产生。理事会成员为3至25人;理事任期3年或4年;任期届满,连选可以连任。理事会每年至少召开两次会议。有下列情形:理事长认为必要时;

1/3 以上理事联名提议时，应当召开理事会会议。理事会行使下列事项的决定权：修改章程；业务活动计划；年度财务预算、决算方案；增加开办资金的方案；单位的分立、合并或终止；聘任或者解聘单位院长（或校长、所长、主任等）和其提名聘任或者解聘的单位副院长（或副校长、副所长、副主任等）及财务负责人；罢免、增补理事；内部机构的设置；制定内部管理制度；从业人员的工资报酬等。理事会设理事长 1 名，副理事长 1—2 名。理事长、副理事长由理事会以全体理事的过半数选举产生或罢免。副理事长协助理事长工作，理事长不能行使职权时，由理事长指定的副理事长代其行使职权。召开理事会会议，应于会议召开 10 日前将会议的时间、地点、内容等一并通知全体理事。理事因故不能出席时，可以书面委托其他理事代为出席理事会，委托书必须载明授权范围。理事会会议应由 1/2 以上的理事出席方可举行。理事会会议实行 1 人 1 票制。理事会作出决议，必须经全体理事的过半数通过。如果是章程的修改，本单位的分立、合并或终止这些重要事项的决议，须经全体理事的 2/3 以上通过方为有效。理事会会议应当制作会议记录。形成决议的，应当当场制作会议纪要，并由出席会议的理事审阅、签名。理事会决议违反法律、法规或章程规定，致使单位遭受损失的，参与决议的理事应当承担责任。理事长行使以下职权：召集和主持理事会会议；检查理事会决议的实施情况；法律、法规和单位章程规定的其他职权。单位的院长（或校长、所长、主任等）对理事会负责，并行使下列职权：主持单位的日常工作，组织实施理事会的决议；组织实施单位年度业务活动计划；拟订单位内部机构设置的方案；拟订内部管理制度；提请聘任或解聘单位副职和财务负责人；聘任或解聘内设机构负责人等。

其次，监事及监事会。监事任期与理事任期相同，任期届满，连选可以连任。监事会成员不得少于 3 人，并推选 1 名召集人。人数较少的社会服务机构可不设监事会，但必须设 1—2 名监事。监事在举办者（包括出资者）、本单位从业人员或有关单位推荐的人员中产生或更换。监事会中的从业人员代表由单位从业人员民主选举产生。单位理事、院长（或校长、所长、主任等）及财务负责人，不得兼任监事。监事会或监事行使下列职权：检查单位财务；对单位理事、院长（或校长、所长、主任等）违反法律、法规或章程的行为进行监督；当单位理事、院长（或校长、所长、主任等）的行为损害本单位的利益时，要求其予以纠正等。监事列席理事会会议。监事会会议实行1人1票制，监事会决议须经全体监事过半数表决通过方为有效。

四是法定代表人。单位的法定代表人为理事长或院长（校长、所长、主任等），有下列情形之一的，不得担任本单位的法定代表人：无民事行为能力或者限制民事行为能力的；正在被执行刑罚或者正在被执行刑事强制措施的；正在被公安机关或者国家安全机关通缉的；因犯罪被判处刑罚，执行期满未逾3年，或者因犯罪被判处剥夺政治权利，执行期满未逾5年的；担任因违法被撤销登记的社会服务机构的法定代表人，自该单位被撤销登记之日起未逾3年的；非中国内地居民的；法律、法规规定不得担任法定代表人的其他情形。

五是资产管理、使用原则及劳动用工制度。单位经费来源可以是开办资金、政府资助，在业务范围内开展服务活动的收入、利息、捐赠和其他合法收入。经费必须用于章程规定的业务范围和事业的发展，盈余不得分配，注销时财产不得私分。执行国家规定的会计制度，依法进行会计核算，建立健全内部会计监督制度，保证会计资料合法、真实、准确、完整。接受税务、会计主管部门依法实施的税务监督和会计监督以及配备具有专业资格的会计人员。会计不得兼出纳。会计人员调动工作或离职时，必须与接管人员办清交接手续。换届或更换法定代表人之前必须进行财务审计。按照《民办非企业单位登记管理暂行条例》的规定，自觉接受登记管理机关组织的年度检查。劳动用工、社会保险制度按国家法律、法规及国务院劳动保障行政部门的有关规定执行。

六是章程的修改。章程的修改，须经理事会表决通过后15日内，报业务主管单位审查同意，自业务主管单位审查同意之日起30日内，报登记管理机关核准。

七是终止和终止后资产处理。单位有下列情形之一的，应当终止：完成章程规定宗旨的；无法按照章程规定的宗旨继续开展活动的；发生分立、合并的；自行解散的。单位终止，应当在理事会表决通过后15日内报业务主管单位审查同意。单位办理注销登记前，应当在登记管理机关、业务主管单位和有关机关的指导下成立清算组织，清理债权债务，处理剩余财产，完成清算工作。剩余财产，应当按照有关法律、法规的规定处理。清算期间，不进行清算以外的活动。本单位应当自完成清算之日起15日内，向登记管理机关办理注销登记。本单位自登记管理机关发出注销登记证明文件之日起，即为终止。

八是附则。章程经×年×月×日理事会表决通过。章程的解释权属理事会。章程自登记管理机关核准之日起生效（民办学校的章程应当报登记管理机关备案）。附注意事项：1. 社会服务机构成立登记提交的相关表格中发起人信息、业务范围、宗旨、理事监事会成员信息、法定代表人信息应与章程保持一致。2. 章程落款处需发起人和理事（或董事）签字，发起人是法人的应由法人单位加盖公章，并由该发起单位法定代表人签字。3. 民办学校的章程应当报登记管理机关备案。

以上内容是根据1998年10月25日国务院颁布的《民办非企业单位登记管理暂行条例》和其他有关法律法规制定的章程示范文本，是各地方政府参考的基准，地方的章程示范文本应涉及以上全部内容，并根据本地的实际情况对章程内容作出适当的补充和细化。以《上海市民办非企业单位（法人）章程示范文本》为例，最显著的变化是在第一章总则中，增加了党建内容。要求本单位坚持中国共产党的全面领导，根据中国共产党章程的规定，设立中国共产党的组织，开展党的活动，为党组织的活动提供必要条件。若正式党员人数少于3名暂不具备单独建立党组织的条件时，可以通过建立联合党组织或指定一名党员担任党建工作联络员或由上级党组织选派党建工作指导员等方式，在本单位开展党的工作。本单位邀请党组织负责人参加或列席本会管理层会议并对单位重要事项决策、重要业务活动、大额经费开支、接受大额捐赠、开展涉外活动等提出意见。第三章组织管理制度中，关于理事会成员的规定要求，章程示范文本的规定是理事会成员为3至25人，理事会会议应由1/2以上的理事出席方可举行。而上海的章程文本中则规定理事会成员一般在5至25人之间，单数为宜；理事会会议应由2/3以上的理事出席方可举行；对法定代表人的规定纳入组织管理制度中。上海的章程文本增加了年度检查、重大事项报告及信息公开的内容，按照《民办非企业单位登记管理暂行条例》和《民办非企业单位年度检查办法》的规定，自觉接受登记管理机关组织的年度检查；按照登记管理机关重大事项报告的相关要求和指引，履行报告义务；按照登记管理机关信息公开的相关要求，履行信息公开义务。在终止和终止后资产处理中，上海的章程文本针对直接登记的民办非企业单位和双重管理的民办非企业单位有不同的表述。

（二）理事会的设立

1. 理事会的产生

理事会是社会服务机构的最高决策机构。理事会成员为 3 至 25 人；设理事长 1 名，副理事长 1 至 2 名，理事任期 3 年或 4 年。理事由举办者包括出资者、职工代表及有关单位（主要指业务主管单位）推选产生。理事长、副理事长由理事会以全体理事的过半数选举产生或罢免。理事会每年至少召开两次会议，会议应由 1/2 以上的理事出席方可举行，会议实行 1 人 1 票制。理事会作出决议，必须经全体理事的过半数通过，若作出的决议是章程的修改；本单位的分立、合并或终止则必须经全体理事的 2/3 以上通过方为有效。本单位院长（或校长、所长、主任等）对理事会负责。

2. 理事会的职责

理事会的基本责权包括确定组织的宗旨和业务范围；制定和修改章程；决定本组织的年度财务预算、决算方案；重大项目和财务安排；制定内部管理制度；聘任或者解聘本组织的行政负责人以及作出其他重大决策。

（三）监事会（监事）的设立

1. 监事会的产生

监事会是社会服务机构的监督机构。根据《民办非企业单位（法人）章程示范文本》的规定，监事会成员不得少于 3 人，并推选 1 名召集人。人数较少、规模小的社会服务机构可不设监事会，但必须设 1 至 2 名执行监事。监事任期与理事任期相同，期满可以连任。监事会会议实行 1 人 1 票制，会议决议须经全体监事过半数表决通过方为有效。监事在举办者（包括出资者）、本单位从业人员或有关单位（主要指业务主管单位）推荐的人员中产生或更换，监事的产生和任免应体现社会组织的公共性和专业性。本单位理事、院长（或校长、所长、主任等）及财务负责人，不得兼任监事。监事会中的从业人员代表由单位从业人员民主选举产生。

2. 监事会的职责

依照章程规定，监事会或监事行使下列职权：检查本单位财务；对本单位理事、院长（或校长、所长、主任等）违反法律、法规或章程的行为进行监督；当本单位理事、院长（或校长、所长、主任等）的行为损害本单位的利益时，要求其予以纠正；监事列席理事会会议。依照《广东省民政厅关于社会组织法人治理的指导意见》规定，社会服务机构和基金会的监事或监事会的基本责权是对本组织依照法律法规运作进行监督，对理事会的议事决策的程序和合法性予以监督和确认；监督项目的执行；监督资产安全运营、捐赠资金（物资）按照捐赠者的意愿使用以及捐赠协议的落实；对理事因故意或过失造成本组织损失的，拥有责任追究权。监事有责任监督本组织按照本组织特点和相关政策要求实行信息公开，接受社会监督；监事有权向政府业务主管部门和登记管理机关反映组织严重违规行为。

(四) 秘书处的设立

秘书处是社会服务机构的业务运营执行机构，直接对理事会负责。秘书长（或执行机构负责人）是运营管理的第一责任人，担当法人授权相关责任。按照理事会的决定和章程规定设置执行机构具体职能部门和专家咨询委员会，实行职业化、专业化的从业规范及全员聘任制和合同用工制。在社会服务机构中，秘书长被称为本院的院长（或校长、所长、主任等），是社会服务机构的首席执行官。院长（或校长、所长、主任等）对理事会负责，并行使下列职权：主持单位的日常工作，组织实施理事会的决议；组织实施单位年度业务活动计划；拟订单位内部机构设置的方案；拟订内部管理制度；提请聘任或解聘本单位副职和财务负责人；聘任或解聘内设机构负责人。本单位院长（或校长、所长、主任等）列席理事会会议。

依照《广东省民政厅关于社会组织法人治理的指导意见》的规定，秘书处的基本责权是按照章程制定的发展目标，组织实施理事会决议，行使业务执行、项目运营、发展战略、运营绩效全方位管理和社会风险管控职责，执行机构负责人（或秘书长）是运营管理的第一责任人，担当法人授权相关责任。

二、社会服务机构内部治理的完善

（一）社会服务机构内部治理存在的问题

1. 章程尚未完全发挥作用

章程是社会服务机构建立时必须具备的文件。实践中大多数社会服务机构的章程采用了登记管理机构提供的标准范本，所有条款的规定内容都有所体现。有一些社会服务机构对章程进行了适当的修改和规范，因为章程示范文本中的内容过于粗略，甚至缺失。例如，没有法人治理结构的具体规定，法人的设立条件过于简略模糊。总体上，一些个性化的内容并没有在章程中得到很好的体现。

甚至有少数的组织，其宗旨或目标已发生异化。目前《民办非企业单位（法人）章程示范文本》属于指导性行政行为，还没有一部专门的法律法规来指导社会服务机构治理结构的建立。与企业的内部治理相比较，能起指导作用的法律法规体系则相对完善。因此，缺乏立法成为章程不具威信力和约束力的主要原因之一。

2. 内部治理个人化控制现象明显

从组织的内部运行看，重大的决策集中在少数个人身上，个人化控制的情况比较明显①。这与组织发展的阶段性有关，也与组织内部治理的不完善有关。社会服务机构内部管理的不完善以及自我约束机制的不健全，才导致了内部管理存在着较大的漏洞。监事管理制度、党组织建设制度、财务管理制度等方面没有切实发挥作用。

从业人员的专业化程度不高。社会服务机构的从业人员主要有三个组成部分：一是专职工作人员，二是兼职工作人员，三是志愿者。由于许多人对社会公共服务行业的发展和职业前景不熟悉、不了解、不明确，与同类型的事业单位相比较，会发现薪金待遇、激励制度和个人发展等方面缺乏吸引力，

① 田凯：《中国非营利组织理事会制度的发展与运作》，载《经济社会体制比较》2009年第2期。

致使社会服务机构的从业人数不多且专业人才流失严重①。

（二）完善社会服务机构内部治理的对策

1. 重视章程在内部治理中的作用

随着组织的发展，章程中的相关规定与实际运行存在差异时，应该尽快修订章程的内容。必须根据社会服务机构的具体情况来修订章程，虽然章程的修改需要按照严格的法律程序，组织为此要付出大量的时间成本或者其他更多的成本，但是对章程的适时修改，可实现单位宗旨的名副其实。

首先，应该让章程成为社会组织的“宪法”。强调章程对于组织的重要性和加强章程对组织的约束作用，强调并树立章程在社会组织中的“宪法”地位和权威，章程不是一个象征和摆设，而是一个组织行为的约束和纪律，无论是自我监督还是外部监督，章程是唯一的尺度和绳墨②。

其次，增加党的建设和社会主义核心价值观等内容，同时在社会组织规范化评估中增加章程相关内容的比重。目前我国社会服务机构评估指标体系中关于章程的评估指标设置有提升的空间。因此，为了强化章程的规范和约束作用，应该加重章程这一指标的占比，提高章程在内部治理中的地位，使人们重视章程并严格按照章程的条款行事。

2. 加强党建，完善相关机制

加强社会组织党建，切实在内部治理中发挥功用，凸显党组织在社会组织中的引领作用，一定程度上制约少数人控制的现象。2015 年 9 月，中共中央印发并实施《关于加强社会组织党的建设工作的意见（试行）》，为促进社会组织健康发展，根据党章和有关法律法规，就加强社会组织党的建设工作提出指导性意见。加强社会组织党建工作，对于引领社会组织正确发展方向，激发社会组织活力，促进社会组织在国家治理体系和治理能力现代化进程中更好发挥作用具有重要意义。政府一方面推进政社分开，是为了实现社会组织的自主治理，减轻社会组织对政府的依赖；另一方面又在加强社会组织党建，使党组织在其中发挥规范和引导作用。

---

① 高潮、苑珂珂：《我国民办非企业单位现状及发展路径》，载《中国民政》2018 年第 24 期。

② 马庆钰：《社会组织内部治理的两道防线》，2015 年 2 月 2 日，《中国社会报》第 2 版。

我国社会服务机构发展涉及的社会领域还是比较全面的，基本涵盖了当前人们生活的各个方面，也很好地反映出了人们对公共服务需求的多样性，基本符合我国现阶段社会发展的现实情况①。随着社会服务机构的快速发展，应该对社会服务机构的内部治理结构进行进一步优化升级。随着2016年中共中央办公厅、国务院办公厅《关于改革社会组织管理制度 促进社会组织健康有序发展的意见》出台，我国社会服务机构的发展迈上新的台阶，有更多的社会服务机构参与社会公共事业的发展。因此，我们更加需要一个完善的制度环境，为组织的内部治理营造一个良好的氛围，而内部环境营造的主要途径是建立法律制度环境。

| 实务案例18 |

小荷公益公益实践：草根组织也有大发展

泰安市泰山小荷公益事业发展中心（以下简称“小荷公益”），是在2011年8月8日于泰安市民政局正式注册的社会服务机构，属于纯民间性运营的草根组织。虽说是草根组织，但无论从公益项目拓展还是组织孵化发展上较为迅速且成效显著，帮扶困境儿童8740人、帮助特困服刑人员未成年人子女2308人、关爱救助白化病患者1087人、服务困境老人6200多人次、援建乡村小学图书阅览室37所。故此，该组织曾被评为“山东省优秀志愿服务组织”，连续三次被评为“泰安市优秀志愿服务组织”，连续四年获得由民政部举办的“中国公益慈善项目交流展示会”参展资格。组织创始人和西梅也先后荣获“中国好人”“山东省道德模范”“山东省善行义举四德榜先模人物”“改革开放40周年感动泰安人物”“公益扶贫杰出人物”“超仁妈妈”优秀代表等多项荣誉。以上成绩取得跟创始人和西梅带领下小荷公益的优良发展理念以及完善的内部治理模式有着密不可分的联系。

具体而言，小荷公益在内部治理上有三大优势：其一，灵活的组织成员构成。目前小荷公益专职人员有6人，其余为志愿者。志愿者多数是靠创始

① 高潮、苑珂珂：《我国民办非企业单位现状及发展路径》，载《中国民政》2018年第24期。

人和西梅的个人魅力以及小荷公益组织影响力去动员爱心人士参与，让更多的人愿意奉献爱心、帮助他人。其二，完善的内部会议制度。扁平化的组织结构使得小荷公益召开的理事会更具民主性，也更有实效性。通过理事们共同商议，可以详细确定小荷公益的公益项目延伸发展目标和公益服务创新优化方向，会后还会制定具体行动规划付诸执行。其三，形式丰富的内部培训机制。小荷公益针对志愿者设有相关培训机制，会针对组织发展要求给予志愿者设计配套的培训内容，开展有针对性的志愿者培训，最后还会考评培训效果并根据考评成绩赋予不同志愿者星级，予以激励。

在高效的内部治理保障下小荷公益打造了一系列品牌公益项目，如关注服刑人员未成年子女的“彩虹村”助学、关注白化症者的“月亮家园”、援建村小图书阅览室的“爱悦读”等公益项目等，其中许多项目获得了国家级奖项，该组织也于2017年被认定为4A级社会组织。小荷公益积极发展具备规范化、品质化特质的公益行动，造福社会，成为民间力量做公益的楷模。

（根据以下材料整理而成，题目为编者所加。张圣：《泰山脚下的草根公益者：初心和实践——访泰安市泰山小荷公益事业发展中心创始人和西梅》，《中国社会组织研究》2020年第1期，第211-223页。）

| 分析要点 |

1. 社会组织内部治理的优化调整可以从成员构成、内部沟通机制和能力建设机制等方面进行。

2. 社会组织提升内部治理能力的最终目标在于更好地促进社会组织发展。

推荐阅读书目

[1] 邓延平：《多维审视下的组织理论》，北京：清华大学出版社，2007年版。

[2] 徐家良等编著：《社会组织的结构、体制与能力研究》，北京：中央编译出版社，2012年版。

[3] 李亚平、于海编选：《第三域的兴起》，上海：复旦大学出版社，1998年版。

[4] 陆璇：《社会组织内部治理法律与实务研究》，北京：法律出版社，2018年版。

第五章　社会组织监管

社会组织作为社会治理的重要主体，在社会治理过程中发挥着较为关键的作用。为了保障其作用发挥，避免社会组织出现损害社会公共利益和国家整体权益的行为，必然要对其实施监督。按照监管主体类型不同，可以划分出三种监督形式，即政府职能部门综合监管、民众和媒体等参与的社会监督以及社会组织的自我监督。本章着重围绕以上三类监督类型予以分析，陈述监督方式的具体操作过程及其取得的监督效果。

第一节　社会组织职能部门综合监管

综合监管是“条条”上的各级政府职能部门共同合作开展的工作，综合监管强调跨部门之间的协同与配合，本节主要围绕职能部门综合监管的结构要素与运行机制展开论述。

一、社会组织职能部门综合监管的结构要素

为了解综合监管的结构要素，就社会组织监管理念、主体和方式作一介绍。

（一）监管理念

随着社会组织在国家治理体系和治理能力现代化过程中的角色和作用越加重要，因此涉及社会组织规范性发展的政策文件数量也增加了不少。2013年国务院颁布的《国务院机构改革和职能转变方案》，提出行业协会商会类、科技类、公益慈善类、城乡社区服务类社会组织实施直接登记，“放松管制、激发活力”逐渐成为社会组织管理体制改革的主旋律。2016年12月19日，国家发展改革委员会等十部门印发《行业协会商会综合监管办法》，涉及完善社会组织法人治理机制、加强资产与财务监管等内容。地方政府也出台了相关的规范性文件，如2015年浙江省出台《中共浙江省委办公厅 浙江省人民政府办公厅关于加快推进现代社会组织建设的意见》，提出创建一批依法自治、各具特色、作用明显的社区社会组织，促进社区居民的参与度和获得感显著增强，创新形成共建、共治、共享的基层社会治理新格局，进一步提升社区居民参与效果。上述政策文件充分体现了国家和有关省份对社会组织的综合监管理念。

（二）监管主体

1. 登记管理机关。登记管理机关是指县级以上民政部门，履行登记和监督管理职责。民政部门主要针对社会组织运转过程、等级评定、负责人任职

程序、活动开展方式、违规行为处罚、收支状况、信用状况、党建工作等一系列内容进行监管。民政部门是社会组织监管的主要力量，是保证监管效果、确保社会组织正确发展方向的组织力量。

2. 业务主管单位。业务主管单位是指县级以上地方政府有关部门或政府授权的组织，负责社会组织的成立、变更、注销登记前的审查及其年度检查的初审工作、指导依法依规开展活动、指导监督社会组织重大业务活动以及其他政策监管和扶持措施。业务主管单位可以为社会组织提供一些业务、发展方向和支持政策等方面的辅助工作，促进社会组织的规范化发展。

3. 行业管理部门。行业管理部门是指县级以上地方各级政府有关部门或政府授权的组织，主要是对直接登记的社会组织进行监管，指导其活动开展以及按照国家法律法规和组织部门规章合理运转、发挥组织功能。行业管理部门从社会组织所涉及行业的规范化发展这一角度出发，为社会组织的发展提供行业公共物品，增进社会组织之间的交流与合作，推动社会组织的可持续发展。

（三）监管方式

1. 年度检查。年度检查是行政执法检查工作的重要组成部分，通过社会组织的年度检查规范组织行为、清理“僵尸组织”、提升组织效能，同时又为社会组织提供检视组织发展的机会，督促其查漏补缺，通过检查促进社会组织能力建设，进一步提升社会组织的规范化运转水平和社会服务能力。在登记管理机关依法对社会组织实施年度检查期间，社会组织应当积极配合、主动接受年度检查。业务主管单位协助登记管理机关开展年度检查工作，督促社会组织按时参检。社会组织年检采取集中年检、现场抽检和社会组织党组织抽查的方式。年度检查的结果由民政部门在政府门户网站、报刊、网络平台等新闻媒体发布年检结论公告。

2. 财务管理。第一，登记管理机关依法对社会组织实施年度检查，社会组织应当按要求提供第三方社会组织财务审计报告，登记管理机关可以通过财务审计报告了解社会组织的财务管理状况。为提升社会组织财务审计的效果和结果运用，审计机关应当加强对社会组织所获资金的审计监督，对财务管理的合法性、科学性和高效性予以评价。第二，建立规范的社会组织资产管理制度。实行社会组织资产（包括无形资产）登记管理，在社会组织资产不流失的前提下，确保社会组织的正常运行和发展。第三，社会组织统一执行《民间非营利组织会计制度》，社会组织财务必须实行单独建账、独立账号、独立核算，实行独立财务管理。社会组织的财会管理人员要由有会计资质的专业人员担任。

3. 劳资管理。社会组织聘用专职人员时应全面实行劳动合同制度，以此保障专职人员的合法权益，确保从业人员享有养老、医疗和住房公积金等待遇。完善的合同制度也是吸引和留住专职人员的保障，通过健全的劳资管理制度提升社会组织的发展水平。

4. 等级评估。一是登记管理机关依法进行社会组织登记评估工作，对此工作社会组织应当极力配合，积极参与。登记管理机关的主要工作包括开展社会组织等级评估工作、完善分类评估指标体系、建立健全第三方社会组织评估机制。符合参评条件的社会组织应当主动参加等级评估，通过评估工作发现社会组织发展过程中的短板与不足，促进社会组织的能力提升。二是登记管理机关向社会公示、公告社会组织评估等级，实行对评估等级的动态管理。各相关部门应当建立健全与评估等级挂钩的激励、扶持政策，运用好评估结果，提升评估的有效性，可以在政府购买服务、公益招投标等工作中重点对 3A 以上等级的社会组织予以扶持。

5. 信用体系建设。社会组织信用体系建设是提升社会组织监管能力的重要方式。社会组织信用体系建设需要多部门的协同。根据相关要求，信用体系建设遵循依法分级动态管理的原则，积极推动建立“活动异常名录”和严重违法失信名单，并通过社会组织信息公示系统向社会公布，广泛接受社会监督。积极协调相关部门联合采取有力奖惩措施予以综合实施，重点推进对失信社会组织联合惩戒，创新联合惩戒的方式，提升惩戒效果，促进社会组织信用体系建设。完善社会组织信用信息记录等内容，要求社会组织信守承诺，对失信社会组织以“黑名单”制度予以失信惩戒。

6. 重大事项报告。一是登记管理机关制定社会组织重大事项报告制度，指导社会组织按规定向登记管理机关和相关部门报告重要的工作和活动事项。社会组织重大事项报告制度是保证社会组织与登记管理机关以及其他相关部门定期交流、增进了解的重要方式。二是社会组织对于召开重大会议、规章制度修改、人员变更、活动开展、评估表彰等重大事项，以及在活动中发现重要社情动态和突发事件，应当及时主动向登记管理机关和相关部门报告。涉及行政审批和备案的，应当根据有关规定办理。社会组织重大事项是影响社会组织运作效能、决定社会组织发展方向的重要内容，因此需要保证登记管理机关对社会组织重大事项的知晓，保证社会组织朝着正确方向发展。

7. 行为规范。一是登记管理机关制定社会组织的行为规范，指导社会组织加强内部治理、健全内部制度机制建设，敦促社会组织严格依据法律法规和章程开展活动。业务主管单位、行业管理部门和相关职能部门在职责范围内对社会组织加强指导和监督，引导社会组织加强自身建设，规范社会组织行为。二是社会组织按照法律法规对社会组织的相关要求，建立和完善有效和有序的法人治理结构，健全组织制度、完善运行规范，对经营服务、收费、评比达标表彰、举办论坛等行为予以严格规定，促使社会组织自觉接受政府的监督。

二、社会组织职能部门综合监管的运行机制

社会组织综合监管的运行机制包括执行机制和保障机制两个部分。执行机制包括政府各职能部门和行业管理部门两个部分，保障机制则涵盖社会组织管理综合执法联席会议制度、服务管理能力建设、绩效考核制度三个方面的内容。

（一）执行机制

1. 政府各职能部门。各级政府职能部门配合登记管理机关做好社会组织的登记审查、社会组织违法活动和非法社会组织的查处等相关工作，从而提升综合监管的效果。在资金监管的过程中，由民政部门牵头，建立多部门参加的资金监管机制，实现信息共享基础上的及时性预警和快速反馈。民政、财政等政府职能部门应当进一步推动社会组织建立健全内控管理机制建设，按照国家法律法规的相关要求开展财会业务和票据管理业务，同时进行财务信息的公开与会计审计，促进社会组织的健康发展。

2. 行业管理部门。行业管理部门将社会组织纳入行业管理，加强行业监

管，引导社会组织健康发展，配合登记管理部门对本领域内的社会组织进行登记审核。行业管理部门如公安部门、外交部门也需要配合登记管理部门和有关部门做好这一领域社会组织的非法活动和非法社会组织的调查。

（二）保障机制

1. 社会组织管理综合执法联席会议制度。建立有关部门组成的社会组织管理综合执法联席会议制度，目的是统筹协调对社会组织监管和执法的指导工作，及时发现并解决社会组织在组织发展过程中出现的问题，以此推动社会组织的健康有序发展。

2. 服务管理能力建设。针对社会组织相关法律法规新政策，加强社会组织登记管理的组织力量建设。各级政府需要加强政策引导，为解决社会组织管理部门在运转中出现的人员、经费和资源等实际问题提供政策支持和工作指导。强化执法队伍的建设，确保各项环节有序开展与监督有力。

3. 绩效考核制度。各级民政部门应当把落实社会组织综合监管工作情况列为年度绩效考核并加大督促检查力度。对出现社会组织严重违规、违法行为的机构和个人，与年度绩效考核有机挂钩，通过绩效考核制度一方面加快推进落实社会组织综合监管工作，另一方面也通过监督惩戒机制进一步加强社会组织监管力度。

| 实务案例 19 |

厦门完善“135”监管机制 推动社会组织健康发展

近年来，福建厦门市民政局通过建立“一套体系”、开展“三项整治”、推进“五项措施”，全面提升社会组织监管水平，为社会组织健康有序发展创造良好的发展环境。

建立“一套体系”。厦门市民政局紧紧围绕联动、责任、高效的目标，健全完善社会组织监管体系。一是加强党建引领。持续推进社会组织党组织覆盖和党的工作覆盖，全市社会组织已建立了900多个基层党组织，确保社会组织始终坚持党的领导、接受党的监督。探索建立社会组织负责人前置审查制度，成立或换届前，会长、秘书长、监事长和党支部书记等主要负责人必须经过党组织审查，确保社会组织在政治上可靠、行动上自觉、管理上严格。二是完善工作机制。健全厦门市社会组织管理工作领导小组，制定出台《厦门市社会组织综合监管工作规则》，重点厘清了11个职能部门、业务主管单位、业务指导部门和行业管理部门的监管职责，建立健全党建引领、分工协作、联合执法、信息共享、案件移送、信息公开等14个工作机制，为进一步规范社会组织综合监管工作形成工作合力。三是建立负面清单。对现行社会组织法律法规及政策规定中社会组织行为的禁止性条款和规定进行了梳理，公布《社会组织行为负面清单》，要求社会组织对照负面清单进一步规范自身行为，凡有列入负面清单中的行为，一律依法依规严肃查处。四是制定监管措施。制定《关于加强社会组织监管的若干制度措施》，建立社会组织日常执法检查调研制度、社会组织重点监管制度、社会组织投诉举报受理制度、社会组织问题隐患查处制度等共12项制度，具体细化内部监管制度措施，进一步提升社会组织监管水平。

开展“三项整治”。该局一是推进行业协会商会涉企收费专项治理工作，2020年组织召开全市行业协会商会规范化建设工作会议，组织两期共240人次行业协会商会会长、秘书长培训班，传达贯彻国务院办公厅《关于进一步规范行业协会商会收费的通知》精神，153家市级行业协会商会收费情况在信用中国网站公示，20家行业协会自行调整降低会费标准，为企业减轻负担646.75万元。二是开展社会团体举办经济实体专项整治，经排查，共24家社会团体举办经济实体34个，存在违规任职的20家，其中5家已整改到位，15家正在整改中。三是推进社会组织领域扫黑除恶专项治理，联合公安等多部门查处非法社会组织，2020年发现非法社会组织线索5件，取缔非法社会组织2家，劝散3家，进一步净化社会组织发展环境。

推进“五项措施”。该局一是深化“放管服”改革，2020年全市实行社会组织年检改年报制度，强化社会组织自治管理，年报率达到89%。二是按照2020年度社会组织“双随机”检查计划，分两批次抽取100家社会组织进行检查，对存在问题的22家社会组织出具《整改通知书》，督促整改落实。三是开展社会组织重点监管工作，对厦门市会议展览业协会等30家社会组织进行重点抽查，对审计、信访问题的整改情况采取“回头看”，对于典型性、苗头性问题，采取行政约谈、责令改正、批评教育等措施，及时予以纠正。四是全面排查社会组织问题隐患，指导督促13家社会组织完成注销，16家社会组织按要求整改，4家社会组织被列入“活动异常名录”，切实解决社会组织领域存在的突出问题，促进社会组织健康有序发展。五是通过政府购买服务，委托会计师事务所对社会组织进行法定代表人离任审计、注销清算审计，定期召开审计工作季度分析会，分析审计中发现的问题，对领导干部兼职取酬、涉企收费等重点审计事项提出要求，强化审计结果在等级评估中应用。

（根据以下材料整理而成，题目为编者所加。《厦门完善“135”监管机制 推动社会组织健康发展》，“人民网”2020年12月24日。）

| 分析要点 |

1. 对社会组织监管要发挥跨部门主体的各自优势，通过跨部门运作发挥及时协商的功能，提高社会组织监管效率。

2. 对社会组织的跨部门监管仍然要强调各主体之间的分工合作与主次关系，民政部门在其中主要负责联络和牵头等工作，是社会组织监管全过程管理的重要主体。

3. 跨部门监管可以有效弥补单一主体资源的不足，及时、高效地发现并惩戒社会组织的失范行为。

第二节　社会监督

社会监督主要强调来自社会公众、媒体、第三方评估机构和其他社会组织等相关主体的外部监督。本节主要围绕社会监督的含义、方式、要求和途径展开论述。

一、社会监督的含义

社会组织的社会监督区别于政府职能部门的综合监管，更多的是基于信息共享基础，引入大众传媒、其他社会组织乃至公民参与，对社会组织运作的合法性和有效性进行实时监督的行为，从而确保社会组织运转及其功能发挥符合社会期待，满足社会需求。

1. 社会组织的社会监督具有广泛性。社会组织的社会监督表面上看不具有公共权力的性质，但实际上，监督主体、范围和影响上具有一定的广泛性。

2. 社会组织的社会监督具有标志性。社会监督的广度、深度反映了民主、法治的发展程度，从某种意义上可以说是一种社会进步的标志。

3. 社会组织的社会监督具有启动性。对社会组织的社会监督作为一种积极、主动、民间的监督方式，到一定程度时，就有可能引发具有公共行政权力的监督手段的介入。也就是说，先有社会组织的社会监督，后面才有国家监督介入的可能性，社会组织的监督与国家监督之间存在一定的联动性，通过社会反馈的方式进一步提升社会组织监督效果，促进社会组织的规范化发展。

二、社会监督的方式

社会组织的社会监督的方式主要包括社会公众监督、媒体监督、第三方评估机构监督以及其他社会组织监督。

（一）社会公众监督

社会公众监督是指公众通过批评、建议、检举、揭发等方式对社会组织运转合法性及其功能发挥有效性进行监督，曝光社会组织的违法违规行为，发挥警示功能。一旦出现危害国家公共利益或公民合法权益行为，可以及时向相关部门报告，制止该类行为对国家和社会产生进一步的危害。社会公众监督是最广泛的监督方式，是实现社会组织有效监督的重要基础。

（二）媒体监督

媒体监督是指各种新闻媒体按照法律法规要求对社会组织运转及其功能发挥方面出现的问题及时给予矫正和制约。在实践过程中可划分为两类机制：其一是媒体直接介入社会组织运转过程，通过访谈、报道等方式披露信息并对其不当行径予以通报；其二是作为公众反馈的媒介，在充分调查基础上向外部发声，传达发现社会组织运转及其功能发挥诸多问题，以期督促社会组织予以改进和完善。媒体监督可以通过新闻媒体的传播优势实现快速、广泛的传达和知晓，对社会组织规范内部治理和管理行为形成震慑效应，提高社会组织的规范化建设。

（三）第三方评估机构监督

依凭第三方评估机构监督，可以借助其科学专业性、客观独立性对社会组织的系统运转过程分类型、分阶段地进行监督评估。第三方评估监管制度在贯彻实施的过程中既需要政府主管部门的推动，也需要社会组织、评估机构成员单位和社会公众积极参与，从而提高第三方评估的全面性，进而起到以评促建的效果。第三方评估机构的监督是一种专业性的监督力量，通过外部的专业监督提升社会组织的运作能力，促进社会组织发展。

（四）其他社会组织监督

其他社会组织监督主要是指通过专业性和相关性的社会组织对相关社会组织进行监督，在监督过程中多采用直接对社会组织进行监督和间接配合其他部门共同监管等多样化方式实施，以此确保社会组织监督有效性。其他社会组织作为相关社会组织外部的力量，对相关社会组织的运作和管理过程较为熟悉，因此可以及时发现相关社会组织运作过程中存在的问题，从而提升社会组织的监督管理水平，保障合法权益。

三、社会监督的要求

完善社会监督主要从监督体系、监督意识和监督力量三个层面来加以讨论。

（一）完善社会监督体系

在社会组织的社会监督过程中，社会公众参与是社会组织监督工作的重要内容之一。由于其监督主体的多元性和监督方式的多样性，因此要完善社会组织的社会监督体系。

完善社会监督体系包括两方面内容。第一，建立完善舆论监督机制。发挥媒体舆论导向功能和社会影响力，及时报道社会组织的优秀事迹和典型事例，规范社会组织行为，引导社会组织朝着正确方向发展。第二，完善网络监督机制。现代互联网络具有透明性和快捷性特点，建立由网民参与的互动平台，使这个互动平台成为社会监督的好方式，完善网络监督机制，提升社会监督的覆盖面和深度，规范社会组织发展。

（二）提高社会组织社会监督意识

传统上，社会公众对社会组织的监督意识不强。根据法律法规和政策文件的要求，社会组织的资源提供者、社会组织的服务对象等群体对社会组织负有监督责任。尽管上述主体在社会监督中占据重要地位，但利益相关者的监督意愿仍然不强。加强社会组织的社会监督效果就需要提高有关主体的社会监督意识，在全社会营造出一种良好的社会组织社会监管氛围，发挥出它特有的作用。

（三）增强社会组织社会监督力量

一方面，社会组织的社会监督是一种不具有公共权力所信赖的法律效力的监督，它只能通过社会舆论、新闻报道等形式反映社会组织存在的问题，或者引起政府有关部门的注意力，启动行政监管程序，在整个监督过程中，社会监督的效力可能会显得弱一些，因为没有强制性；另一方面，社会公众、新闻媒体等监督主体在社会监督过程中更倾向于对国家机关及其工作人员监督，而对社会组织的监督重视不够，因此社会组织的社会监督力量发挥作用不明显。要加强社会组织的社会监督，就有必要增强社会组织的社会监督力量，赋予社会更大的监督管理影响力，并引导更多的社会群体关注社会组织的内部运作和发展过程，从而提升监管的有效性和持续性。

四、社会监督的途径

提高社会监督的途径包括提升公众监督意识、引导媒体舆论关注、完善第三方评估机构监督制度和拓展信息公开渠道四个方面。

（一）提升公众监督意识

公众在社会监督中的角色和地位都非常重要。虽然这一地位已经得到确认，但是公众监督的意识却略显淡薄。为提升公众监督的效能，应当在建立健全社会组织的社会监督体制之上，唤醒社会公众的监督意识。提升公众监督意识可通过官方或非官方等渠道开展宣传活动、线上培训等，提升公众监督意识是一个长期的过程，因此需要一系列配套措施。在信息化时代的大背景下，提升公众监督意识同时配以一系列辅助的新技术手段予以实施。

（二）引导媒体舆论关注

媒体一直以来坚持“流量至上”的观念，因此关注社会组织发展的情形较少。为解决这一长期存在的问题，政府有关部门应大力引导媒体关注社会组织发展，在前期参与相关专业知识培训基础上，积极参与社会组织运转和功能发挥进程，主动获知社会组织的实际发展情况并予以公开。一方面，媒体通过报道社会组织的正面案例树立社会组织发展的良好形象；另一方面，媒体报道也是对社会组织现存问题的有效监督，通过新闻曝光的方式促使社会组织解决问题，促进社会组织的规范发展。

（三）完善第三方评估机构监督制度

第三方评估机构监督制度是对社会组织施以社会监督的重要保障，是关乎我国社会组织的健康发展、促进其公信力的提升关键所在。具体而言，完善第三方评估机构监督制度主要从以下三方面发力：其一，保证第三方评估机构的独立性。第三方评估机构不能受制于行政控制，应充分发挥其专业性，因而这就需要在制度层面予以明确，划分第三方评估机构与政府之间的行动界限，确保评估公正客观；其二，提升第三方评估操作的规范性。第三方评估是一个系统工程，每个环节紧紧相扣，故需要制度规划予以规范；其三，实现第三方评估结果的公开性。第三方评估结果应当及时向社会公开，便于政府和公众获知社会组织运转情况，了解其功能发挥的经验和问题，选择性地参与社会组织运转环节，发挥组织的专业化力量。

（四）拓展信息公开渠道

目前信息公开渠道较为闭塞，可分别从政府主管部门、评估机构和互联网技术应用三个维度优化信息公开方式，提升信息公开效果。

其一，政府主管部门要从多个层面、多个维度公开社会组织信息。政府主管部门不应对社会组织有保留地进行公开，而是要根据相关规定尽可能做到全部公开，从而确保社会监督能够有效发挥积极作用；其二，评估机构的信息公开应当及时准确。评估机构应当将收集到的相关信息和评估结果充分向社会公众公开，并积极获取公众认知优化评估过程和评估结果；其三，强化互联网技术在信息公开中的有效应用。网络监督具有便捷性、互动性、广泛性、时效性等特征，可以提升信息传播的效率和效果，出于此考虑，社会组织运转及其功能发挥的诸多信息，可采取互联网爆料、发帖、评议等方式实现线上线下有效互动，提高监督的实际效果。

| 实务案例 20 |

嫣然天使基金 7000 万元善款去向遭质疑

网名“落魄书生周筱赟”在网上实名举报，称由李亚鹏发起的嫣然天使基金存在黑幕，唇腭裂人均手术成本超高，基金会至少 7000 万元善款下落不明，涉嫌利益输送等。对此，嫣然天使基金发表回应，称周筱赟的质疑并不存在。李亚鹏也以私人身份回应，称有很多不实之处。

周筱赟表示，2013 年 7 月 15 日，嫣然天使基金官网发布了《嫣然天使基金 2012 年度审计报告》。以 2012 年为例，总支出为 56106139. 37 元，救助人员有 564 人，算一下唇腭裂手术人均需要 99478. 97 元。即使 2012 年的总支出减去宣传筹资费用和项目管理成本，人均手术成本仍然超过 8. 3 万元。而国内同样救助唇腭裂儿童的公益组织，如微笑行动和微笑列车，它们完成每个唇腭裂手术的成本大约是 5000 元。在 2010 年之前，嫣然天使基金先是和整形美容医院合作，人均费用没有超过 1 万元。2011 年，李亚鹏开始筹备嫣然天使儿童医院，人均手术成本升到了 1. 5 万元，到 2012 年嫣然天使儿童医院开业，人均手术成本更是飙升到了惊人的 9. 9 万元！“在自己开的医院做手术，本来应该更省钱才对，但人均手术成本竟然快到 10 万元了。为什么还非要自己开医院呢?”

2013 年 12 月 18 日，周筱赟就曾通过其加 V 认证的微博举报李亚鹏及其担任法定代表人的书院中国基金会涉嫌多项违规，包括基金会属于非公募基金会，却违规使用“中国”字眼；李亚鹏在担任书院中国基金会法定代表人时，同时违规担任另一个组织的法定代表人；该基金会 2012 年度工作报告显示，2012 年度的总收入为 240 万元，总支出为 37. 6 万元多。而他们用于公益事业支出、工作人员工资福利支出和行政办公支出三项之和为31.8万元，比总支出少了5万多元。

嫣然天使基金在其认证的微博对此事作出回应。嫣然天使基金表示，其审计报告均按照相关规定在官网公布，欢迎社会各界的审阅和监督。而对于7000万元善款下落不明的质疑，基金会表示，唇腭裂救助并不是支出的唯一项目，在基金会的总支出中，还包含了定向捐赠给北京嫣然天使儿童医院的筹建款项，以及每年一度的“嫣然天使之旅”“嫣然爱艺术”“嫣然爱教育”等款项，“简单地用总支出估算出的单例救助费用是简单粗暴的计算方式，质疑不成立”。而对于人均手术成本9.9万元的说法，基金会则称，目前单例平均救助费用为4398元。基金会表示，与周筱赟提到的其他救助机构救助的范围不同，嫣然天使基金做的不仅仅是全额救助，救助范围还包括唇腭裂患儿的其他病症和部分心理辅导、营养和交通费用的资助。嫣然天使基金会表示相信政府主管部门会依法依规就此事展开调查，给予公众一个满意答复。

（根据以下材料整理而成，题目为编者所加。梁超：《嫣然天使基金7000万善款去向遭质疑》，2014年1月7日《京华时报》。）

| 分析要点 |

1. 社会监督作为社会组织运作的外部监管方式，可以弥补政府部门监管的不足。

2. 社会层面的监督活动是社会公众行使监督权和知情权的重要形式。

3. 积极推进社会监督，提升社会组织接受社会监督的意识，有利于维护社会组织的公众形象，促进公众与社会组织之间的双向理解。

第三节　社会组织自律与诚信建设

在社会组织的自我监管层面，主要涉及社会组织自律机制建设和诚信建设两方面内容。自律机制重视社会组织通过内部制度建设约束自身行为，提高社会组织的公信力；诚信建设则表现为道德维度强调社会组织的自我认知和对行业准则标准的共同遵守。本节主要围绕社会组织自律机制建设和诚信建设的含义、目标及实现路径等层面展开论述。

一、社会组织自律机制建设

(一) 社会组织自律机制的含义和原则

1. 社会组织自律机制的含义。社会组织自律机制是一种自我约束的行为方式，主要聚焦于财务、人事、档案管理等多个方面的自律工作，存在于组织运转和功能发挥的多项环节之中，偏向于以自律条约、服务承诺等形式出现，以期实现社会组织的合法合规运行。

2. 社会组织自律原则。社会组织自律原则主要包括主体参与多元性、形式推进多样性、组织成员自律性以及自愿参与和强制执行有机结合四方面。

①主体参与多元性。社会组织自律是社会组织自我监督的过程，然而在实际实施过程中仍然需要政府相关部门、媒体和公众等其他主体的积极参与，从多方面对其自律过程进行监督，从而较好地提升自律效果。

②形式推进多样性。社会组织在自律建设过程中逐渐演化成多种多样的形式，如专项检查和自律宣传教育等。在诸多自律形式中，社会组织能够认识到自律的组织价值和社会价值，实现组织良性运转。

③组织成员自律性。社会组织自律建设主要是强调社会组织内部成员自身的自律性，要通过组织内部人力资源建设付诸实现。同时，为提升社会组织成员自律性，还需要得到政府相关部门的多方面支持，联合有关主管部门，对社会组织成员进行监督管理。

④自愿参与和强制执行有机结合。自愿参与和强制执行分为两个层面：第一，组织成员应当自愿参与自律建设，不论是社会团体，还是基金会和社会服务机构，理事会和监事会都必须强制参与自律建设，尤其是社会团体的会员单位更要参加遵守；第二，组织成员在参与自律建设的过程中，以行业标准、行业规范等方面为内容的自律形式强制参与，而诚信宣传、诚信活动、诚信倡导等方面可选择自愿参与。

(二) 社会组织自律的目标

从宏观层面来看，社会组织的自律目标就是基于政府委托和法律授权，依凭制定组织章程、行业标准和诚信档案等自律手段，提升社会组织的合法性和责任意识，实现社会组织规范性自我管理和运转，创建出社会组织的良好品牌。

而在微观层面，社会组织的自律目标包括两个方面：

1. 提升社会组织成员自律能力。成员自律是组织自律的前提和基础，社会组织应当建立起适应性较强的社会组织成员自律制度，配以较为全面的员工培训机制予以推广，进而在组织内全面实施。主要涉及的自律议题包括义务权益、资金使用、工作效率和时间安排等事宜。

2. 拓展社会组织自律能力。社会组织自律本质上是一种基于公共权威提供社会服务和公共服务的社会治理方式，社会组织通过自律可以获得一种社会合法性。社会组织的自律并非天生具备的一种能力，这种公共权威的获得往往借助后天的不懈努力，在实践中不断摸索积累而来。实现自律机制建设，一方面，需要建立诚信机制和自律标准体系，明确社会组织责任和使命，推动其在自查自省基础上不断提升服务能力，发挥应用功效；另一方面，应具备联盟意识，建立社会组织行业自律联盟，通过发布公益倡导、制定活动准则、实行声誉评价等形式，引领和规范行业内社会组织的行为，确保其非营利性和社会公益性，严禁巧立名目乱收费，避免出现只收费不服务、收费不尽力服务的现象。

（三）社会组织自律的途径

1. 强化制度建设。强化制度建设需要做到完善制度内容、优化制度方案和改进制度执行三方面工作。其一，梳理社会组织已有标准、规范、制度并及时调整和不断完善。根据新时代中国特色社会主义建设对于社会组织可持续发展提出的新要求，依据有关法律法规、政策章程，及时制定和完善社会组织相关标准规范以及相应的制度，使之与社会组织新时代发展诉求有机统一；其二，善于作出总结，不断调适制度方案，以此将制度内容和制度执行有效贯穿。社会组织既要高度重视不同标准、规范间的联系与不同，又要根据社会组织自身专业和人才资源优势，作出适应性更强的制度规划，实现自律过程与时俱进、满足需求；其三，优化制度执行，提高社会组织标准规范、制度执行的透明度。对标准规范、制度执行情况根据需要在一定时间内配以必要的督导检查，确立奖惩联动制度，加强对失信社会组织的惩戒和守信社会组织的褒扬，逐渐形成社会组织自觉遵守标准规范的工作氛围，从而不断推进社会组织自律建设。

2. 增强自律管理能力。立足社会组织服务，从需求导向出发，不断提高社会组织的自律管理能力。社会组织应实现由管理向服务的思维模式转变，提升服务效果，最终实现自律与功能的有效匹配。近年来，随着社会组织服务思维不断形成和深化，与此对应的诚信自律意识也有所凸显，社会团体、基金会、社会服务机构所处的不同类型不同功能的服务平台根据需要构建起来，使自律管理在社会组织具体从事的各个方面领域发挥积极作用。

3. 联动形式强化自律发展。社会组织自律联动可以细分为内部联动和外部联动两类。内部联动是指以社会组织内部成员为基础构建的联动自律机制。该机制实现了成员间的自我规范和相互监督，以此保证组织整体自律效果；外部联动则主要是探索与行政执法部门乃至其他相关部门的联动。为进一步提升社会组织自律联动机制，可以建立社会组织、企业、政府部门共同参与的联合督导员队伍，借助督导员这一检查形式，及时发现问题，快速督促改正，提高社会组织公信力。

二、社会组织诚信建设

（一）社会组织诚信建设的含义

社会组织诚信建设是出于对社会组织道德责任的考量，偏向于指其在实际运转过程中治理承诺的履行状况，表现在社会组织与国家和社会其他主体的治理互动过程之中。因此，巩固和加强社会组织诚信建设，不仅是社会组织自身的责任，也是全社会共同参与、积极协助的关键事项。

（二）强化社会组织诚信建设的方法

1. 加强社会组织诚信制度建设。按照相关法律法规的要求，构建现代社会组织管理体制，推动建立社会组织科学的法人治理结构。对社会组织而言，以章程为指引，完善理事会、监事会内部组织结构，当然，社会团体还需要完善会员（代表）大会制度，重视诚信建设指标，并把诚信建设指标纳入具体的制度过程中，以此不断推进社会组织诚信依法运转。在加强社会组织诚信建设的同时，人力资源也非常重要，需要提高社会组织工作人员专业化、职业化水平。

2. 健全社会组织信息公开制度。诚信建设需要透明化，故应按照分类指导、分类管理的要求，分别研究制订各类社会组织信息公开办法，推动社会组织建立健全信息公开制度。对于基金会而言，要根据相关规定向社会公开基本信息，包括接受捐赠信息、使用捐赠款信息、内部治理结构信息等。对于社会团体而言，要根据相关规定向会员公开年度工作报告、重大活动、财务收支情况等信息。对于社会服务机构而言，要根据相关规定公开社会服务机构收费信息，推动品牌化建设。业务主管单位和登记管理机关提供统一的信息发布平台，便于社会组织及时公开必要信息。针对社会组织违反规定没有公开相关信息，政府有关部门，特别是登记管理机关要严格执法，加大对社会组织违法违规行为的查处力度。

3. 完善社会组织等级评估制度。加强社会组织评估标准化建设，完善社会组织不同类别的评估指标体系中的一级指标、二级指标和三级指标。总结各地第三方机构参与评估的经验教训，逐步完善第三方机构参与社会组织等级评估机制。进一步提高社会组织参与评估工作的比例，提高社会组织参与评估的重要性认识。根据具体情况修改《社会组织评估管理办法》，把评估管理程序设计得更科学更规范。

4. 建立社会组织信用奖惩机制。应对诚信和失信社会组织予以区别对待，以示惩戒。诚信社会组织应赋予其在年度检查、等级评估、税收优惠、职能转移、购买服务等事项中相应的优先权，确保信用良好的社会组织获得更多资源，发挥自身治理能力。与之相对，应将失信社会组织纳入“黑名单”，取消其一切评奖评优、获得购买服务等方面的资格，加强对其各方面项目的审核力度。同时，还需要建立多部门、跨地区的社会组织信用奖惩联动机制配合执行，使守信者获益、失信者无法行动。

| 实务案例21 |

施乐会“置顶费”事件还原

以“全国首家众筹互动平台，善款100%到达受助人”为口号的公益组织施乐会身陷“置顶费”旋涡，被指多次向求助者收取高额置顶费。据统计，从2013年10月起，收取费用合计高达719万元（7192756.1元）。求助者交钱置顶后，求助信息会在该组织网站的突出位置显示，因此可以获得更多善款。

该模式的优点显而易见：对求助者来说，不设门槛；对捐赠人而言，善款的走向有据可查。伴随的问题则是一旦求助信息过多，很容易被淹没：“400多页求助帖，每页25条帖子，沉到下面就根本看不到了。”

质疑的声音来自一名叫“刘苍龙”的求助者，他说，自己曾为8岁患有高位截瘫的女儿求助，通过施乐会的平台募集到10万余元善款，但除掉置顶费用，真正到手的还不到1万元。

施乐会收取“置顶费”的方式进行了几次调整：由最初只允许捐赠人定向捐赠到允许求助者自己支付；由施乐会自己收取费用到委托第三方“46网络营销中心”收取。

第一次调整是因为施乐会方面发现“置顶费”的业务推出后，尽管本意是希望部分捐助人向求助者捐赠的同时，定向为施乐会平台捐赠一部分支持费用，但随即出现大量求助者自己注册小号花钱置顶的现象，遂放开条件，不再作限制。

第二次调整是在2014年5月，由于有网友质疑该做法，为了规避风险，施乐会对外声称取消“置顶费”，实际上将业务转移：求助者不再把“置顶费”打给施乐会账号，而是打给“46网”。“46网”作为专门的网络推广机构，除帮助求助者把帖子置顶外，还提供在其他社交网站上推广及募捐的服务。

这种在商业领域常见的“有偿推广”服务被施乐会带入公益领域后，矛盾凸显，并存于几者之间。有网友投诉：“作为一个公益筹款平台，为什么要花钱才能置顶？孩子们都生病了，每个求助者都是平等的，还要花钱置顶来标价他们生命的贵贱吗？”对此，施乐会会长方路解释：“我们之前也探索过很多种置顶方式，包括按照时间、点击率、轮换……但都接到过投诉，效果也不好。”

事实上，“置顶费”事件并非施乐会第一次面临质疑。从微博兴起至今，一直有网友反映，在新浪微博的评论和私信中，会不断收到来自施乐会的、疑似“机器粉”所发的募捐信息。早在 2012 年 8 月，施乐会还因承诺“每个社工可以从每笔捐款中最高提成 15%作为报酬”，而陷入“提成门”，进而引发行业关于筹资官员提成问题的讨论。

（根据以下材料整理而成，题目为编者所加。张木兰：《施乐会“置顶费”事件还原》，2014 年 11 月 18 日《公益时报》。）

| 分析要点 |

1. 诚信是社会组织提供服务和建立社会网络的基础，基于诚信的社会组织运作才是可持续和有保障的。

2. 来自社会层面的质疑是促进社会组织诚信建设和自律机制完善的催化剂。

3. 社会组织通过完善组织章程、公开组织信息等途径，在自律的基础上提升组织的社会公信力。

推荐阅读书目

［1］陈金罗、刘培峰主编：《转型社会中的非营利组织监管》，北京：社会科学文献出版社，2010 年版。

［2］张清：《非政府组织的法治空间：一种硬法规制的视角》，北京：知识产权出版社，2010 年版。

［3］徐家良主编：《中国社会组织评估发展报告（2019）》，北京：社会科学文献出版社，2019 年版。

［4］苏力、葛云松、张守文、高丙中：《规制与发展——第三部门的法律环境》，杭州：浙江人民出版社，1999 年版。

第六章 社会组织高质量发展基本策略

社会组织高质量发展是我国经济社会发展到一定阶段的必然要求，社会组织逐渐成为民主协商、经济建设、文化宣传、社会服务领域的重要行动主体。党的十九大作出了“我国经济已由高速增长阶段转向高质量发展阶段，正处在转变发展方式、优化经济结构、转换增长动力的攻关期”的重要论断。社会组织作为社会治理多元化发展的重要主体，应当积极担当新时代的新使命，把高质量发展作为社会组织改革发展的方向指引。本章基于新时代社会组织实现高质量发展，围绕政府购买社会组织服务、社会组织项目运作、社会组织筹资、社会组织品牌营造、社会组织公益传播和社会组织战略规划等社会组织高质量发展的基本策略展开论述。

第一节　政府购买社会组织服务

政府购买社会组织服务对社会组织的能力建设提出较高的要求，是社会组织走向高质量发展的重要前提。本节主要围绕政府购买社会组织服务的含义、主体、方式、内容、现实困境与路径创新等展开论述。

一、政府购买社会组织服务的含义

政府购买社会组织服务是指政府通过公开招标、定向委托、邀标等形式将原本由自身承担的公共服务转交给社会组织、企事业单位履行，以提高公共服务供给的质量和财政资金的使用效率，改善社会治理结构，满足公众的多元化、个性化需求①。政府购买社会组织服务突出强调了社会组织作为公共服务承接主体，是政府购买公共服务的承接组织类型之一。对政府购买社会组织服务的理解应当关注以下三方面内容：第一，与政府购买公共服务相一致，政府始终是服务的购买主体，政府购买社会组织服务是政府职能转变的重要方式；第二，社会组织是服务的承接主体，社会组织承接政府转移的部分公共服务职能，作为承接方的社会组织包括社会团体、社会服务机构、基金会等组织形式；第三，政府购买的服务属公共服务范畴，公共服务因其公共属性而成为对广大人民需求的有效回应，并非定制化的私人服务。根据政府购买社会组织服务的类型不同，可以划分为机关事务和社会服务两类，机关事务的服务对象是政府机构和政府官员自身，社会服务的服务对象是政府以外的公众。

二、政府购买社会组织服务的主体

政府购买社会组织服务有作为购买者的政府、作为承接者的社会组织、作为使用者的社会公众和作为评估者的第三方机构四个主体。

---

① 徐家良、赵挺：《政府购买公共服务的现实困境与路径创新：上海的实践》，载《中国行政管理》2013 年第 8 期。

（一）购买者：政府

政府购买服务是我国最重要的公共治理工具之一①。政府是公共服务的购买者，政府向社会组织购买服务的本质是财政资金的市场性支付，通过政府购买社会组织服务实现政府改变公共服务供给方式、转移政府职能、提升财政资金利用效率的改革目标。

1. 管理职责。政府在向社会组织购买服务过程中的管理职责主要包括制定相关法规、促进正当竞争和实现政策目标。通过法律法规明确购买服务的指导思想、目标任务和总体要求，规范预算编审和资金管理，确定购买服务范围、项目清单和优先顺序，政府制定的法律法规和政策文件是保障政府购买社会组织服务正常开展的制度基础。促进正当竞争是政府的重要职责，将市场竞争机制引入购买服务，以此提高公共服务的供给效率，以更低的成本获得更好的公共服务。但需要注意的是，在政府向社会组织购买服务的过程中，政府促进和保障的是正当、合法和有序的竞争，这样就有必要避免和打击不正当的非法竞争。实现政策目标强调政府向社会组织购买公共服务并不是为了政府自身，而是服务于社会，满足公众的需求。

2. 对消费者的职责。政府对消费者的职责体现在根据合理需求提供相应的公共服务。在政府购买社会组织服务的过程中，政府把原来直接履行的公共事务转移给接受购买服务的社会组织，责任也由原来的“履行责任”调整为“指导责任”。政府以指导监督的角色，履行着通过购买社会组织的公共服务实现社会公众追求的社会目标。在购买服务的过程中，政府承担了指导、调控、监管、引导等职责，整体调控政府购买社会组织服务的数量，政府部门强化监督，制定利好政策提高政府购买社会组织服务的质量。

3. 对生产者的职责。政府购买公共服务是公私协力的表现②，在政府购买社会组织服务的过程中，政府对生产者即社会组织的职责体现在契约管理，进行合同管理，进行事前、事中和事后的指导与监督。政府在订约阶段关注购买合同缔结的合法合规，实现财政投入资金的效益与公平的均衡；在合同

① 吕芳：《“异构同治”与基层政府购买服务的困境——以 S 街道的政府购买服务项目为例》，载《管理世界》2021 年第 9 期。

② 邢鸿飞：《论政府购买公共服务的保证责任》，载《法商研究》2022 年第 1 期。

管理阶段，政府的职责是监督生产者提供合同规定的公共服务，保证合同在规定的时间内保质保量地完成。在验收阶段，政府的职责是评估社会组织提供的公共服务，建立相应的评估机制，在社会组织没有按照合同约定提供相应的公共服务时追究社会组织的责任，确保政府的监督指导责任不会流于形式。

(二) 承接者：社会组织

作为公共服务的承接者，社会组织在政府购买公共服务的过程中主要扮演着代理人、管家和合伙人三种角色。

1. 代理人。委托代理理论将政府购买社会组织服务解释为是委托人（政府）向代理人（社会组织）授权履行其职责的过程。从理性人的假设推定，委托人和代理人分别有各自的利益，二者之间存在着一定的利益冲突，因此在信息不对称的情况下，委托人需要以合同的方式来约束和规范代理人的行为，维护自身的合法利益。委托代理理论视角下的政府与社会组织关系主要以合同为基础，严格按合同办事，政府与社会组织保持一定的距离，二者既合作又存在一定矛盾①。委托代理理论将政府与社会组织视为利益导向的主体，认为政府只能通过严格的制度和非制度约束保证社会组织的行为符合政府的公共利益。

2. 管家。管家理论不认同委托代理理论的利益导向的前提，假设代理人有不被个人和组织利益驱动的可能性，在相互信任的前提下，代理人可能为委托人的利益最大化而行动②。代理人向管家的角色转型保证了代理人可以获得更多来自委托人的授权，管家也为实现委托人的目标而竭尽全力，委托代理关系的服务效能得以提升。管家理论避开了对委托代理关系的问责和利益导向的争论，而是从委托人和代理人二者间建立互信关系这一层面提供了新的分析视角。

3. 伙伴。政府与社会组织之间的伙伴关系有三个方面的含义：一是指公

---

① 吴磊、徐家良：《政府购买公共服务风险生成机理研究——基于利益相关者权利对称视角》，载《华东理工大学学报（社会科学版）》2019年第1期。

② 敬乂嘉、崔杨杨：《代理还是管家：非营利组织与基层政府的合作关系》，载《中国第三部门研究》2015年第1期。

共部门和私营部门共同参与生产和提供公共物品的制度安排，如合同外包、特许经营等；二是指一些复杂的、多方参与并被民营化了的基础设施项目；三是指企业、社会贤达和政府官员为改善城市状况而进行的一种正式合作[①]。而一般所说的伙伴关系通常被视为政府与社会组织关系的最佳状态，政府与社会组织双方的地位平等、相互信任并开展深度合作。

（三）使用者：社会公众

社会公众是购买服务的消费者和使用者，是政府购买社会组织服务的主要工作目标，可以从消费者和公民的权利与责任两个角度来了解社会公众在购买社会组织服务中的角色。

1. 消费者。社会公众为了获得需求的公共服务，往往通过各种渠道和方式与政府、社会组织进行交流并向其表达公共服务的需求和偏好，以便政府和社会组织全面和客观地了解社会公众的实际需求，增强公共服务的精准性和有效性。

2. 公民的权利与责任。一方面，在政府购买社会组织服务过程中社会公众要高度重视其参与和表达意见的权利，社会公众可以及时表达自身需求，方便公共服务的动态调整；另一方面，社会公众也对公共服务质量承担一定的监督责任。公民是参与者，而不仅仅是消费者、顾客或服从者，公民和政府一起要为公共服务的质量和效率负责[②]。社会公众应当积极表达服务需求，与政府、社会组织共同成为公共服务供给的合作者，提升公共服务的供给效能。

（四）评估者：第三方机构

第三方机构一般是指独立于购买服务的政府和供给服务的社会组织以外，具有权威性和专业性的中介机构或组织。第三方机构在政府购买社会组织服务的过程中扮演着需求测量者、供给测量者和结果评估者的角色。

1. 需求测量者。需求测量者是指在政府购买社会组织服务之前，或自身

---

① 曾维和：《整合性公共服务——当代西方国家公共服务提供的新模式》，载《上海行政学院学报》2012 年第 1 期。

② 蔡礼强：《政府向社会组织购买公共服务的需求表达——基于三方主体的分析框架》，载《政治学研究》2018 年第 1 期。

或通过第三方机构，就公共服务提供的内容、方式与时间长度等问题进行调查，明确公共服务的社会需求，提升服务识别和供给的准确性。第三方机构的需求测量工作主要包括：①公共需求与私人需求相区别，保证政府购买服务和公共财政支出的公共性；②基本公共服务需求与增量公共服务需求相区别，实现基本公共服务标准化，确保公共服务供给的公平性；③搞明白不同层级政府在公共服务供给中的基本职责，明确中央、地方各级政府部门自身应承担的公共责任，做好本级政府的公共服务供给工作。第三方机构的需求测量工作进一步明确政府购买社会组织服务的细分领域，精准对标服务对象，厘清政府职责，指引社会组织供给服务的方向，这是政府购买社会组织服务的重要保障。

2. *供给测量者*。供给测量者是指政府在购买社会组织服务过程中，当社会需求评估得以确定后，作为提供者的政府一方，基于服务方案内容、服务方案可行性考虑，引入第三方机构，对供需是否匹配展开的专业化评估[①]。供给评估涉及成本效益评估，在众多生产者中择优选取投入少产出多的生产者作为公共服务的承接者，重点评估服务方案可行性，确保服务方案符合政府购买服务的工作目标要求[②]。第三方机构对供给的测量是优化政府支持幅度、了解社会组织服务能力的重要方式，有力地保障政府购买社会组织服务的顺利落地和有效执行。

3. *结果评估者*。结果评估者是指第三方机构对承接主体承接服务的事中和事后不同阶段进行服务时间、服务内容、服务专业性等方面的监测，实现满足公众需求和完成政府绩效任务的目标。第三方评估机构对政府购买社会组织服务的评估内容包括社会组织服务绩效、财政资金使用情况、社会公众对服务效能的感知等，通过对政府购买社会组织服务的投入、产出和效果等方面的审查优化服务流程，提升服务质量。第三方机构的评估结果是衡量社会组织服务供给效能的重要依据，作为委托者政府的重要参考，在评估中表

① 季璐、王青平、范炜烽：《社会治理视阈下政府向社会力量购买公共服务评估研究——基于长三角地区的调查》，载《江苏社会科学》2016 年第 6 期。

② 李卫东：《政府购买公共服务引入第三方评估机制的分析》，载《经济研究导刊》2014 年第 13 期。

现优异的社会组织更容易得到政府部门的青睐，持续性地获得政府购买社会组织服务项目。

三、政府购买社会组织服务的方式

政府购买社会组织服务包括定向购买方式和招投标方式两种。定向购买的承接者为特定的社会组织，招投标则需要通过竞标、招标的方式最终确定政府购买社会组织服务的承接者。

（一）定向购买

定向购买是指政府通过提供现金、提供实物或给予政策优惠等购买方式将一个项目任务直接委托给某一个特定机构。这种购买方式有项目形式、非项目形式、直接资助形式三种形态。定向购买项目一般有明确的起始点，具有创新的性质①。定向购买的承接者一般为满足一定资质要求、组织结构完整、服务能力较强的社会组织，社会信誉度较高。

1. 项目形式。项目形式是指政府部门根据社会发展的需求将抽象的公共服务转化为具体的服务项目，服务项目应当明确项目目标和价值导向、精准识别服务对象群体、具有较强的操作性和实践可能，并通过一定程序将项目委托给特定的机构。项目形式通过公共服务的“项目化”运作加强公共服务供给的标准化和规范化建设，有利于形成政府购买社会组织服务普遍的、可复制的实践经验，加快政府职能转移，提升社会组织服务效能。

2. 非项目形式。非项目形式是指当遇到公共服务无法转化为具体的服务项目时，政府部门对公共服务的供给和执行仅作原则性和价值性的规定，允许承接主体结合社会需求和现实情况发挥自身的能动性，创新公共服务的供给方式，提升公共服务的供给质量。

3. 直接资助形式。直接资助形式避开了公共服务是否可以项目化的问题，政府直接向承接公共服务供给职能的组织和机构予以直接资助。直接资助既包括经费资助为代表的现金资助方式，也包括实物资助、人员资助、政策支

---

① 徐家良、赵挺：《政府购买公共服务的现实困境与路径创新：上海的实践》，载《中国行政管理》2013年第8期。

持等非现金资助方式。

（二）招投标

招投标是指政府为了最大限度地满足社会需求和高效率，把公共服务项目面向社会公开招标，投标的机构通过项目申请，以质取胜，并由政府付费的一种购买方式。招投标是一种典型的项目化运作形式[①]。公益招投标是政府购买社会组织服务的招投标形式之一，公益创投在一定程度上发挥了社会组织的自主性和能动性，社会组织主动发现社会困难群体的特定问题，为解决社会问题而提交项目设计书，并申请获得政府资助。

四、政府购买社会组织服务的内容

根据服务的属性不同，可以将政府购买社会组织服务的内容划分为基本公共服务、行政辅助服务、社会事业服务、专业技术服务。

（一）基本公共服务

根据《国家基本公共服务标准（2021 年版）》的相关规定，基本公共服务主要包括幼有所育（优孕优生服务、儿童健康服务、儿童关爱服务）、学有所教（学前教育助学服务、义务教育服务、普通高中助学服务、中等职业教育助学服务）、劳有所得（就业创业服务、工伤失业保险服务）、病有所医（公共卫生服务、医疗保险服务、计划生育扶助服务）、老有所养（养老助老服务、养老保险服务）、住有所居（公租房服务、住房改造服务）、弱有所扶（社会救助服务、公共法律服务、扶残助残服务）、优军服务保障（优军优抚服务）、文体服务保障（公共文化服务、公共体育服务）。基本公共服务是由政府提供社会公众基本生存和生活需求的公共服务，保障基本公共服务的有效供给是政府部门的天然职责，政府通过购买社会组织服务的方式提高基本公共服务的供给效率，为社会公众提供更优质的服务和产品。

（二）行政辅助服务

行政辅助服务主要包括社会组织为辅助政府管理工作，在立法调研、课

① 徐家良、赵挺：《政府购买公共服务的现实困境与路径创新：上海的实践》，载《中国行政管理》2013 年第 8 期。

题研究、规划编制、指标制定、社会调查等方面由社会组织承担的服务事项。行政辅助服务是政府与社会组织在政府购买社会组织服务领域实现合作治理转型的重要突破口①。随着政府体制改革的持续深入，一些不适合由政府继续承担的公共服务职能可以通过政府购买社会组织服务的方式交由社会组织承担，行政辅助服务是其中的重要内容，行政辅助服务交由社会组织承担可以大幅减轻政府过载的服务压力，形成“社会组织主要负责供给服务、政府主要负责监督服务效果”的良好发展态势。

（三）社会事业服务

社会事业服务主要包括社区治理、社会服务、法律援助、社区矫正、志愿服务等领域由社会组织承担的服务事项。社会服务是关注人的需要和社会价值的事务，是贯彻服务型政府建设理念、充分发挥政府与社会组织合作效能的重要领域②。社会事业服务是发生在基层社会空间的社会性事务，社会性事务的管理需要政府和社会组织双方之间的协同，通过政府购买社会组织服务的方式发挥政府和社会组织在社会事业服务供给中的各自优势，满足社会公众的生活需求，推动社会治理现代化建设。

（四）专业技术服务

专业技术服务主要包括技术研发、行业研究、会计审计等需要专业人才参与并由合适的社会组织承担的服务事项。专业技术服务的购买需要解决购买内容、购买主体、购买方式等方面的问题，畅通技术供需渠道③。专业技术服务是发挥社会组织的专业服务优势、集聚优质资源、增强公共服务效能的重要方式，同时也能发挥技术支撑功能，为其他类型的政府购买社会组织服务提供技术支持。

---

① 何艳玲、钱蕾：《“模糊的确定性”：政府购买内容的选择机制》，载《四川大学学报（哲学社会科学版）》2016 年第 5 期。

② 岳经纶、郭英慧：《社会服务购买中政府与 NGO 关系研究——福利多元主义视角》，载《东岳论丛》2013 年第 7 期。

③ 刘波、彭瑾、康俊俊：《共性技术研发服务的政府购买机制探析》，载《中国软科学》2011 年第 S1 期。

五、现实困境与路径创新

（一）现实困境

1. 绩效评估机制缺失。对于政府向社会组织购买的服务而言，社会组织提供的公共服务是否符合社会需求和政府要求，需要等待服务对象体验消费后方可作出评价，因此需要通过绩效评估机制的运作，实现科学测评社会组织公共服务质量并合理支付报酬的目的。绩效评估机制设计科学并顺利运行，能够有效地激励社会组织提升公共服务的生产绩效。问题在于，政府尚未完全建立起一种比较科学的社会组织服务绩效评估机制，也没有将社会组织生产公共服务的绩效与费用支付相联系。

2. 社会组织信息公开制度不够完善。中央政府和地方政府对社会组织信息公开的相关制度规定比较原则，致使承接主体在实际执行过程中的信息公开程度差异较大，往往仅凭自身喜好决定信息是否公开、公开多少以及何时公开。虽然有的政府部门通过清单管理的方式列明了社会组织承接公共服务的资质要求，但是对于社会组织信息公开的规定却很少，导致民众对相关信息了解不多。

3. 公共服务承接人资质条件不明晰。公共服务承接人资质条件非常重要，但不少地方政府对社会组织准入条件设定存在不明确、不科学问题：一是对承接主体条件设定不统一，而承接主体资质条件的不明确则会导致承接程序随时可改变和政府自由裁量权过大，不利于政府购买社会组织服务的持续发展；二是承接主体资质条件的不确定性也不利于社会组织的发展，无形中降低了政府购买社会组织服务的供给质量。

（二）路径创新

1. 健全政府购买社会组织服务的法律体系。在《中华人民共和国政府采购法》《中华人民共和国政府采购法实施条例》《政府购买服务管理办法》的基础上，有必要继续健全政府购买社会组织服务的法律体系，在法规中合理划定购买服务范围，规范购买服务的方式，强调政府购买社会组织服务的公共性和公益性。

2. 构建科学的社会组织服务绩效评估机制。社会组织服务绩效非常重要，它一方面满足社会公众的需求，另一方面圆满完成政府的预期目标。这就要求构建科学的社会组织绩效评估机制，保持过程评价与结果评价、短期结果评价与长远结果评价、社会效益评价与经济效益评价之间的平衡，形成政府购买社会组织服务的综合性评估机制。

3. 确保社会组织购买服务信息公开。社会组织信息公开对政府购买社会组织服务非常必要，既是社会公众的要求，也是社会组织和政府形象的需要。确保政府购买社会组织服务信息公开需要做以下几个方面的工作：一是明确公开要求，政府购买社会组织服务的必要信息必须全部公开；二是清晰界定信息公开的内容，包括政府购买服务的基本信息、社会组织的资质条件等内容都应当向社会公开；三是运用多种公开方式，在传统纸媒和互联网平台都公开相应信息，接受社会监督。

4. 明确服务提供方资质标准。为解决承接主体资质不明晰的问题，必须厘清服务提供方的准入条件。一是承接服务的社会组织必须在县级以上民政部门登记注册，并在参加社会组织等级评估时获得3A等级以上的社会组织，组织身份的合法性是承接政府购买服务的基本前提；二是承接主体应对标政府购买服务的具体要求，在人才、资金、技术等方面具有服务供给的优势和特色，能够提供群众满意的公共服务；三是承接主体有科学的法人治理结构；四是承接主体有完善的社会组织管理制度，财务制度健全。

| 实务案例22 |

珠海优化政府购买社会组织服务的基本方向

珠海市政府在推进政府购买社会组织服务工作的过程中重视厘清作为购买者的政府、作为承接者的社会组织、作为使用者的社会公众和作为评估者的第三方机构四方之间的复杂关系。基于对政府购买社会组织服务这一方式的综合思考，提出了7个方面优化方向：

第一，转变政府观念，正确理解政府购买方式。政府购买不是为了买而买，而是将政府的财政资金通过购买方式真正转化为更为专业的社会生产或服务能力，从而在激发社会组织发展活力的过程中实现社会共治，更好地解决民生问题。

第二，设立公益创投资金或培育发展专项资金。政府购买社会组织服务在一定程度上也是为了培育当地社会组织发展，支持本地社会组织发现社会需求，形成公益项目，提升服务质量。

第三，推动政府购买服务计划预算管理制度化。预算管理是保障政府购买服务计划能够合理合规的关键，构建良好的制度体系，建立完整的财政支出管理链条，会提升购买服务的效率和效果。

第四，逐步建立政府购买服务的标准化体系。针对政府购买服务的申报、预算编制、信息公开等编制程序的基本流程指南，形成一套较为全面系统的购买体系。

第五，规范政府购买服务的招投标和评估工作。从事前立项评估到筛选均需强化力度，规范政府购买服务工作，配合相关辅导培训，便于参与购买的社会组织更易于对应设计合适的项目内容。

第六，注重服务资金的拨付和监督管理。针对连续性强的社会服务领域施行"三年一标""一年一签""一年一评估""一年一支付"。注重在给予社会组织运作空间的同时强化对风险的防控。

第七，提升社会组织承接购买服务与项目管理能力。充分发挥枢纽型组织力量，培育社会组织能力，提升其专业化水平，提升社会组织在承接购买服务、项目管理等方面的能力，更好地服务于社会。

对应于社会组织，则应在充分了解珠海市在政府购买服务的优化方向后对应作出规划和改变，更好地适应珠海市政府的要求，并在政府资助支持下开展符合本市发展所需的公益服务。

（根据以下材料整理而成，题目由编者所加。杨志伟：《珠海市政府购买社会组织服务的现状及发展策略》，2016 年 8 月 27 日《珠海特区报》。）

| 分析要点 |

1. 社会组织在购买政府服务中需要按照政府规定操作，不得涉及违法违规的内容。

2. 社会组织在参与购买服务中需要了解评估和筛选的诸多细则，保证在购买环节能够具有核心竞争力。

3. 社会组织购买服务后要注重服务的品质和质量，接受政府监管，完善自身服务效果，以期获取政府持续性购买服务。

第二节　社会组织项目运作

项目管理兴起于20世纪90年代，强调在规定的时间、给定的经费、特定的技术等条件下，以较高的效率完成预期目标，从而提升组织运作和项目执行效能。项目运作能力与内部治理能力、战略管理能力和公信力能力共同组成社会组织的核心能力①。社会组织的项目运作主要强调运用项目化管理的专业知识和特定方法，实现政府购买社会组织服务的目标，满足社会组织生存和发展的需要，提供服务对象满意的公共服务。本节主要围绕社会组织项目运作的含义、主要阶段、现实问题及应对策略等方面展开论述。

一、社会组织项目运作的含义

（一）社会组织项目运作的含义

项目管理是把各种体系、方法和人员结合在一起，在规定时间、预算和质量目标范围内完成项目的各种工作。有效的项目管理就是在规定的用来实现具体目标和指标的时间内，对组织机构资源进行计划、引导和控制②。社会组织的项目运作是一个系统的过程，强调为了实现其使命，通过项目申请的形式获取资金、人力等社会资源，优化配置所获得的资源，有效地组织、计划、控制项目的运作过程③。社会组织项目运作是保证政府购买的财政资金得以高效使用的重要方式，从而实现满足某种需求、服务社会建设的总体目标。

（二）社会组织项目运作的特点

1. 目标明确。社会组织项目运作必须形成清晰而可实现的目标，从而通

① 李长文：《非营利组织能力建设的几个基本问题探讨》，载《青海社会科学》2014年第2期。

② Project Management Institute, A Guide to the Project Management Body of Knowledge, 3rd ed., Pennsylvania: Project Management Institute, Inc., 2004.

③ 王名：《非营利组织管理概论》，北京·中国人民大学出版社，2003年版。

过科学的管理方式实现这一目标。在目标设定阶段，社会组织以项目的执行目标为核心，有针对性地计划和安排后续的项目运作过程，保证全过程的项目运作始终满足政府部门的要求和社会民众的需求，避免出现项目运作方向偏离初始目标的问题。

2. 时间确定。社会组织项目运作一般是一次性活动，社会组织的项目运作和管理具有短期性和灵活性的特征，因此社会组织项目运作是在一定的时间约束条件下的即时性工作，强调在确定的时间段内，将资源投入运作过程，完成相应指标，社会组织项目运作的时间要求更为严格。

3. 资源有限。社会组织项目得以运作的基础是持续的资源投入，人力、财力、物力的支持保证了社会组织项目运作的效果。由于项目制脱胎于市场逻辑，社会组织项目运作具有较强的资源竞争色彩，社会组织项目运作强调在有限资源条件下，最大限度完成既定目标。

二、社会组织项目运作的主要阶段

社会组织项目运作的主要阶段包括项目设计、项目申请、人员招聘、项目实施和项目评估 5 个环节。

（一）项目设计

项目设计主要回应了项目进行的时间、地点、方式和由谁来完成等基本问题。项目计划书是项目设计阶段的具体成果，项目计划书除确定项目的时间、地点和人员外，一般还包括项目的范围、项目的工作分解，估算每一阶段和活动的时间成本和经费成本，进行进度设计和人员分工等内容，一份科学、可行的项目计划书是社会组织项目运作的基础。项目设计一般需要具备以下 5 个要素：

1. 清晰目标。项目目标应当基于社会组织前期对服务对象的需求调查，充分体现服务对象的利益诉求，同时细化分解项目目标，将项目的总体目标细化为不同的阶段性目标，提高项目运作的可操作性，保证项目目标最终得以实现。

2. 成本控制。由于项目本身资源有限，因此项目运作过程要特别重视控制成本，这不仅是对社会组织项目运作的考量，更重要的是对成本的有效控制是对项目运作效率的直观反映，是展现社会组织作为项目承接方向政府和服务对象展现自身优势和能力的重要途径。

3. 时间进度。社会组织的项目运作具有短期性和一次性特征，因此在项目设立之初便严格划定了各阶段性目标的完成时限，针对后续项目运作的具体设计应当纳入时间因素，持续提升项目运作的效率。

4. 运营团队。社会组织项目运作在设计阶段就有必要考虑运营团队的职业性、专业性，根据项目具体要求吸纳各方面的专业人才组建运营团队，明确运营团队的能力和素养要求，为项目实际运作提供专业人才的基础保障。

5. 量化要求。数量化和指标化是项目运作的优势与特点，在项目设计时应当将项目在各阶段的质量要求和完成时限予以数量化和指标化，通过量化要求实现项目运作过程的可视化，同时也为后期政府和第三方机构开展项目评估工作奠定扎实的基础。

（二）项目申请

项目申请是针对项目标的进行的，而项目标的由需求单位或购买单位确定①。项目申请需要对项目涉及的资源进行计划、组织、指挥、协调和控制，达到项目的要求②。社会组织的项目申请包括以下五方面内容：

1. 项目申报。社会组织需要在政府部门规定的期限内开展项目申报，向购买服务的政府部门提交资质证明材料、项目可行性分析报告和项目预算报告等。社会组织在项目申报阶段需要关注项目申报的时限要求、组织资质、项目目标、执行过程等内容，确保社会组织满足项目申报所规定的各项条件。

2. 资质认定。购买服务的政府部门收到申报材料后，会组织相关专家和领导对项目购买方进行资质认定，删除不符合资质条件的社会组织，确定竞标服务提供方名单。民政部门对社会组织的资质认定是对政府购买社会组织服务承接方的重要筛选过程，资质认定有利于选拔出结构合理、能力突出的社会组织和运营团队，为提升政府购买社会组织服务的质量提供前期保障。

3. 竞标评审。政府购买服务标的金额超过一定的量以后，就要参加竞标，

① 陈为雷：《政府和非营利组织项目运作机制、策略和逻辑——对政府购买社会工作服务项目的社会学分析》，载《公共管理学报》2014 年第 3 期。

② 邓国胜：《非营利组织评估》，北京·社会科学文献出版社，2001 年版。

承接购买服务的社会组织递交竞标书以后，就涉及竞标书的评审。项目标的金额较小的一般采用项目购买方审定制，不采用竞标，直接由发布需求的政府有关部门确定承接方。而项目标的金额较大的，则需要根据相关的法律法规规定在财政部门办理自行采购手续，委托第三方或项目购买方推荐单位开展专业评审。在评审过程中，经项目购买方动议，可视情况开展竞争性谈判和询价。竞标评审有利于"优中选优"，确定潜在承接方中最符合项目要求的社会组织，从而提升服务效能，满足社会更多的需求。

4. 中标通告。购买服务的政府部门评标结束后，就会在一定的时间内发布中标通知，并在网上公示，涉及集中采购项目的，由政府采购中心公示。中标公告这一公示机制有利于提前向社会公众展示政府购买社会组织服务的相关内容，接受公众咨询和提出的意见，有利于改进政府购买社会组织服务工作。

5. 签订合同。根据规定，政府购买社会组织服务的项目实行合同管理，经上述流程确定的服务提供方需与项目购买方签订政府购买社会组织服务合同，在合同中载明双方权利义务、服务内容、项目金额、评估要求、付款方式、违约责任、协议期限、协议变更和解除等内容。

（三）人员招募

1. 招募类型。根据人员岗位的差异，招募类型可划分为常规型和定位型。常规型岗位专业性不强，招募人员经简单培训后即可上岗，主要负责项目运作中的事务性工作。定位型岗位要求从业人员具备较强的专业背景和实务经验，对专项技能的要求相对而言较高。

2. 招募方式。根据人员来源方式的差异，分为内部招聘和外部招聘两种招募方式。内部招聘是指社会组织根据组织发展情况在用人需求或岗位空缺时，优先从组织内部现有工作人员中选聘合适人选，内部招聘有公开竞聘、提拔晋升、工作调换、推荐等主要形式。外部招聘则是面向组织外部，根据岗位和工作要求选聘合适人员，常见的外部招聘渠道有现场招聘、网络招聘、校园招聘、广告招聘和猎头公司招聘等。

（四）项目实施

这一阶段的主要工作是实施项目计划，完成项目产品和服务的制作和供给。项目实施阶段的重点是执行项目的计划书和跟踪项目执行情况，确保项目按照原定计划有序进行。当遇到原有计划与现实情况不符时，应当根据实际情况有意识地修改和补充项目计划书，修改和补充的内容包括对项目范围重新调整、对项目进度重新安排、对人员职责重新分配、对项目成本重新测算等。一般来说，项目实施阶段可以进一步细分为启动、计划、执行、控制和收尾5个过程。

1. 启动过程决定是否启动项目的阶段，项目执行者根据项目的前期准备工作和实施情况决定是否启动项目。

2. 计划过程是计划编制和相关工作的具体安排，包括确定项目的工作目标、制订工作进程的计划方案、编制人财物供应计划、提供成本预算、制订应急状况下所采取的措施。

3. 执行过程是计划执行和相关工作的具体安排，包括组织和协调项目的各项资源，根据计划推进项目完成进度，监督事中和事后每个环节，控制产出的质量，避免出现远离目标的行为。

4. 控制过程是对项目运作中制作的产品或提供的服务进行质量检查，包括制定工作质量和成果质量标准，测量项目工作的实际情况，分析存在的主要问题和次要问题，采取适当措施，满足遇到问题后所提出来的需求。

5. 收尾过程是项目工作的最后一环，根据计划与实际完成情况来进行比较，寻找哪些工作已经完成、哪些工作没有完成的原因，提出下一步需要注意的问题。

（五）项目评估

1. 评估内容。项目评估的内容分为服务体系建设、服务质量控制和服务满意度评价。在服务体系层面，围绕项目执行人员的基本业务素质来制订服务方案，主要的考核指标包括政府行为、基础设施、服务队伍和管理制度。在服务质量控制层面，强调服务过程周到和取得社会成效，具体关注购买方的要求、服务对象的期望值、项目执行人员的业务素质和服务是否达到预期设计等。在服务满意度评价层面，注重服务对象对服务结果的认可程度。公众满意度的指标设计存在地域性差异，部分地方政府专门将公众满意度作为一个评估基准，按照受益人群广度、需要提供服务补助的老年人数等，安排志愿者结对上门服务①。评估内容是项目评估的核心内容，是保证政府购买社会组织服务项目质量的重要方式。

2. 评估步骤。评估步骤包括选择评估方法、开展预评估、收集评估信息、分析评估信息、得出评估结论 5 个方面。第一，选择评估方法。根据项目设计和项目执行的情况，确定不同指标的测量方法和相应分值，并制订详细的评估操作方案。第二，开展预评估。根据评估目标选择合适的社会组织开展预评估，通过社会组织内部的自我评估为政府、主管单位和社会组织提供了解社会组织实际运行情况的机会，并通过预评估来修正和调整评估指标体系的部分内容。第三，收集评估信息。根据评估指标收集评估信息，对不同指标采用恰当的信息收集方法。有关社会组织的基本情况等信息的收集以实地观察、深度访谈和文献资料等方法为主，有关社会组织提供服务绩效和社会评价等方面的信息，以问卷调查、召开座谈会等方法为主。第四，分析评估信息。在这一环节中，关键是要核实相关数据是否属实，发现评估活动中哪些是重点，哪些是难点，通过各种方式补齐信息的缺失部分。召开评估小组会议，以小组集体讨论的方式对项目的各项指标进行打分，为下一步工作打好扎实的基础。第五，得出评估结论。根据以上各步骤，各部分分值加总，计算得出政府购买社会组织服务的绩效评估总分。

三、项目运作的问题与对策

（一）项目运作过程中存在的问题

1. 人员专业化和项目管理水平较低。政府购买社会组织服务的飞速发展为社会组织带来了大量的项目，但是社会组织的工作人员素质和管理能力仍然处于较低的水平，无法满足政府转移服务职能的要求。社会组织项目运作虽然改变了政府直接提供服务的传统模式，但由于专业项目管理的理念落后和社会组织提供服务的人员专业化程度不高等原因，许多社会组织的项目运作仍处于摸索过程，尚未形成有效的实际操作细则。

① 季璐、王青平、范炜烽：《社会治理视阈下政府向社会力量购买公共服务评估研究——基于长三角地区的调查》，载《江苏社会科学》2016 年第 6 期。

2. 社会组织偏离项目核心价值。在薪酬发放层面，存在项目工作人员薪酬定位混乱的问题。由于项目本身存在拨付慢、不稳定的问题，部分项目工作人员通过挂靠在街道、社区等基层政府的方式，由政府按公务人员标准发放其工资，造成社会组织工作人员身份定位的混淆。在价值使命层面，社会组织在项目运作的过程中往往强调服务受众人群的数量、场所使用频率、物资使用率、资金使用率等客观指标，而一定程度上忽视了服务的真实成效和项目本身的社会价值取向等项目的核心价值。这两个层面的问题均有可能出现社会组织承接的项目与原来承接项目时所设定的目标不符，脱离原初核心价值。

3. 政府购买资金不连续。财政资金是社会组织项目运作的主要资金来源之一，但由于政府购买社会组织服务必须获得财政部门的批准，而从其他政府职能部门获得的资金主要取决于领导对购买服务的态度。这样，政府购买社会组织服务的资金拨付就会出现一种风险，有的时候资金全部到位，有的时候资金只到位一部分，有的时候项目结束了，最后一笔款项始终没有拨付。总而言之，政府购买社会组织服务项目资金的不连续，使政府购买社会组织服务在资金层面无法获得持续保障，社会组织承担着一定的资金风险。

4. 社会组织行为异化。对社会组织来说，得到政府购买的项目越多，自身的生存空间就越大。因此，在激烈的项目竞争背景下，社会组织出于生存本能往往会全力去争取获得项目，把满足政府的所有条件作为社会组织的行动目标，而其为服务对象提供的服务质量和效能受重视程度不够，导致社会组织的项目运作变成一种逐利行为，影响社会组织的社会声誉。

(二) 应对策略

1. 社会组织提升专业水平与影响力。社会组织的专业水平和影响力对社会组织的项目运作和社会形象都有非常重要的作用。社会组织必须充分认识到自身的不足，适当调整组织工作重点，并将提升专业水平和影响力纳入重要工作内容。做好以下三个方面的工作：一是提高社会组织专业化水平，通过培训学习和传帮带等方式，短期内快速提高项目工作人员的专业能力；二是社会组织通过常规服务和特定服务相结合的方式，全方位调查服务对象需求，在做好常规性服务的基础上努力提高服务的精准性；三是根据自身服务的特点，以体系化的项目运作方式满足服务对象的基础性和延伸性需求。

2. *密切社会组织与公众联系*。社会组织偏离核心价值的问题，不仅社会组织要充分认识到，而且政府也要高度重视，公众是政府购买社会组织服务最根本的服务对象，公众满意是政府购买社会组织服务最核心的目标，因此项目运行的全过程都必须以满足服务对象需求为中心。政府应当真正意识到精准定位服务需求、提高服务质量的重要性，敦促社会组织更深入地了解和满足服务对象的需求，与公众保持多种形式的联系，提升社会组织的专业服务水平。

3. *政府加大资金投入与培育发展力度*。考虑到政府购买资金的非连续性，社会组织需要拓展自身的业务范围，除承接政府购买服务外，还可以与企业和社会其他部门保持联系，接受它们的委托业务，减少对政府购买服务的高度信赖。对政府来说，应当树立合同管理的意识，根据合同按时发放购买服务的资金，根据政府职能转移的程度，加大政府购买服务的资金总量，拓宽社会组织参与公共服务的范围和领域，提高社会组织参与能力。

4. *完善购买程序和竞争机制*。政府购买社会组织服务的最初出发点是，快捷高效地满足公众需求，而针对社会组织行为异化，为确保社会组织项目运作不偏离原来预定的目标，需要规范政府购买服务方式与程序，让更多社会组织参与其中，形成公平良性的竞争环境。一方面，政府要规范招投标和审核制度建设，提高项目成效的指标评估比重，引导社会组织以社会服务能力和社会服务质量为项目申报重点；另一方面，确保购买过程各个环节的信息公开，确保项目购买、招标和评标过程的公平、公正，接受社会监督，持续增强政府购买社会组织服务的效能。

| 实务案例 23 |

基于个性化帮扶的项目运作

2016 年，民政部、教育部、公安部在全国范围内组织开展农村留守儿童摸底排查工作的结果显示，不满 16 周岁的农村留守儿童数量为 902 万人，其中有 36 万农村留守儿童无人监护。这一情况引起了爱佑慈善基金会的关注，也促成“爱佑安生”——困境儿童救助与保护项目的诞生。

基金会工作人员介绍，该项目旨在通过搭建农村基层儿童福利服务体系，发现困境儿童的不同需求，并为此探索解决方法和服务标准，通过复制高效解决方案，解决困境儿童的需求。对于留守儿童的管理是一个动态过程，需要志愿者在了解新情况的基础上进行方式调整。

“爱佑安生”采用了个性化和本地化结合的方式，通过在当地招募培养一线儿童服务工作者作为儿童福利主任，下沉至深度贫困地区，直接为各类困境儿童提供个性化帮扶。服务工作者一般基于儿童之家的日常活动和入户走访两种方式具体开展行动。根据工作人员介绍，针对有些孩子上学距离远的情况，他们会在每周一和周五利用午休时间分别针对1—3年级和4—6年级开放儿童之家活动教室，开展“爱自己、爱他人、爱家乡”主题活动和画画、剪纸、作文等不同类型的兴趣活动。入户走访的活动也受到广大儿童的欢迎。

据统计，2017年，“爱佑安生”儿童福利主任累计入户走访1207次；2018年，7800余次；2019年，该数据达25447次；截至2020年10月底，这一数据累计超过45000次。入户家访可以根据不同需求为困境儿童提供个性化救助，涉及医疗、生活、康复、心理、教育等方面，为有需要的儿童提供营养包、生活包等物资支持。

（根据以下材料整理而成，题目由编者所加。程楠：《陪伴是最暖心的爱——“爱佑安生”困境儿童救助与保护项目探访》，2020年12月9日《中国社会报》。）

| 分析要点 |

1. 社会组织的项目运作要基于对服务对象需求的清晰了解，在充分的需求调研基础上提供个性化的服务。

2. 项目运作的过程离不开人力资源的支撑，培养本地志愿者可为项目的持续运作提供动力。

3. 项目运作过程中要重视服务对象的信息反馈，以此提升服务质量，满足服务需求。

第三节　社会组织筹资

筹资是维持社会组织正常运行的专业活动，这对社会组织的专业能力和关系运作提出了较高要求。本节主要围绕社会组织筹资的基本概念、资金来源、主要方式、问题与对策等展开论述。

一、社会组织筹资的基本概念

（一）社会组织筹资的含义

社会组织筹资是指社会组织根据自身需要，通过政府资助、市场活动和社会捐赠等方式吸收外部资金，从而实现组织使命的活动①。社会组织有效筹集资金是开展各项业务活动的基础，是确保社会组织可持续发展的前提。

（二）社会组织筹资的原则

1. 诚实。社会组织在筹资过程中始终坚持诚实守信的原则，社会组织披露和公开的信息必须真实、准确，从而赢得筹款人、受益人和公众的信任。

2. 尊重。社会组织筹资必须尊重伦理操守和职业行规，开展规范化的筹资工作。同时，社会组织筹资必须对捐赠人和受益人的信息予以必要的保密，保护捐赠人和受益人的个人隐私。

3. 公正。社会组织筹资必须恪守公正，公平对待所有受益人，为受益人争取资金的行动必须公开，赢得捐赠人和社会的信任与支持，避免出现个人和组织不当的行为。

4. 透明。社会组织筹资的制度文件和项目文本必须清晰、透明，筹资工作的流程须在文书中清楚呈现，以精准和容易理解的方式说明捐款的管理、收入与支出情况。

二、社会组织资金的主要来源

社会组织资金的主要来源包括政府购买、社会捐赠、服务收入和投资收入 4 个方面。

（一）政府购买

从全球非营利组织和慈善事业的发展历程来看，政府购买是社会组织的

---

① 沈永东、虞志红：《政府资助影响社会组织非政府渠道筹资收入——基于中国 3016 家基金会的实证研究》，载《经济社会体制比较》2019 年第 4 期。

一个重要资金来源渠道。在欧美一些先发展国家以及我国的香港和台湾地区，非营利组织的半数资金来自政府购买①。我国也加大政府购买社会组织服务力度，社会组织需要有健全的组织机构，不断增强自身专业能力，通过购买服务等方式获得政府支持，为社会组织持续发展提供资金支持。

（二）社会捐赠

社会捐赠是社会组织获得资金支持的重要来源，通过社会组织展示组织的治理能力、业务工作、特色项目、发展需求的方式，企业、社会公众可以对社会组织的运作情况有所了解，有助于激发社会主体的捐赠，为社会组织提供资金支持。

（三）服务收入

社会组织具有非营利性，但是这并不意味着社会组织提供服务不需要资金保障。非营利主要是指不能分配利润，不等于没有收入。营利不是目的，而是为了维持社会组织的生存与发展以及更好地完成使命。对有支付能力的服务对象，社会组织可以通过合理的价格向他们提供所需要的项目和服务，从而获得服务收入，用于社会组织的生存和发展。

（四）投资收入

投资收入对社会组织筹资来说，具有一定的风险性。在进行投资之前，应当确保资金的安全性，在资金安全的基础之上，采用风险规避型的投资方式，确保资金保值与增值。2016 年 9 月 1 日实施的《中华人民共和国慈善法》明确规定，慈善组织进行投资应当遵循合法、安全、有效的原则，投资取得的收益应当全部用于慈善目的；慈善组织的重大投资方案应当经决策机构组成人员 2/3 以上同意；政府资助的财产和捐赠协议约定不得投资的财产，不得用于投资②。与其他社会组织资金来源方式相比，投资收入具有一定的波动性，但也是社会组织筹资的重要组成部分。

---

① ［美］莱斯特·M. 萨拉蒙：《慈善新前沿：重塑全球慈善与社会投资的新主体和新工具指南》（深圳国际公益学院译），北京·社会科学文献出版社，2019 年版。

② 陆璇：《中国慈善法手册》，北京·法律出版社，2019 年版。

三、社会组织筹资的主要方式

社会组织筹资的主要方式包括举办筹资活动、设立专项基金和网络筹资。社会组织筹资有相关的法律法规规定，公开募捐和非公开募捐必须满足一些资格认定要求，并非所有社会组织都有公开募捐和非公开募捐的资格。根据《中华人民共和国慈善法》第二十二条规定，慈善组织开展公开募捐，应当取得公开募捐资格。依法登记满二年的慈善组织，可以向其登记的民政部门申请公开募捐资格[①]。社会组织的公开募捐资格为社会组织筹资提供了合法手段，是加强社会组织资金吸纳能力的重要方式。

（一）举办筹资活动

举办筹资活动是慈善组织等募集资金最常用的方法。筹款活动的形式丰富多彩，包括：（1）社交活动。如拍卖会、义卖会、展览会、慈善晚宴等。例如上海市慈善基金会举办的“蓝天下的至爱”大型慈善活动就是典型的筹资活动，其中有一个项目叫“千店义卖活动”，所有活动商家把日销售额的1%捐给上海市慈善基金会。这是基金会多年开展的一项专项筹款活动。（2）文艺演出活动。如慈善音乐会、文艺晚会等。例如北京爱的分贝公益基金会组织由中央电视台著名主持人参加的朗诵会，为聋哑儿童筹款。（3）体育活动。如慈善跑步、慈善篮球赛、慈善足球赛、趣味运动会等。例如由篮球运动员姚明创立的“姚基金”举办的姚基金慈善篮球赛，球赛收入全部用于慈善事业。

（二）设立专项基金

根据法律法规的相关规定，不是所有的社会组织都具有公开募捐资格，这样，对没有公募资格的社会组织来说要想获得相应的资金，可在有公募资格的基金会或者慈善组织中设立专项基金，通过专项基金向社会公开募集资金。没有公募资格的社会组织需要对专项基金的运营管理和项目设计提出要求，具有公募资格的基金会或慈善组织负责管理专项基金的运作过程。

① 吕鑫：《当代中国慈善法制研究——困境与反思》，北京 · 中国社会科学出版社，2018 年版。

（三）网络筹资

互联网和信息技术的快速发展激发了数字传媒作为慈善宣传和筹款工具的活力，网络筹资已经成为很多慈善组织的一种新型筹资方式。可利用的网络筹资工具主要有以下 4 个方面：（1）互联网。在民政部指定的网络捐赠平台发布项目信息和筹资需求，通过专业的项目设计和广泛的宣传扩大社会筹资范围，可实现在线实时募集资金。（2）电子邮件。社会组织向筹款对象发送电子邮件，向筹款对象说明情况，请求对方向自身捐款，以完成相关的工作任务。电子邮件筹款多用于向定期捐赠人开展募捐，通过邮件告知项目信息，提高捐赠概率。（3）微信和短信。微信筹款多用于熟人圈层的募款活动，通过社交网络和非正式关系吸引捐赠人。短信筹款多用于向陌生人的筹款，借助移动通信运营商的广泛覆盖面，通过介绍项目信息、组织信息等方式吸引捐赠。（4）数字和纸质传媒。通过在电台、电视台播放公益广告、宣传片和在报刊上发布筹款信息、刊登项目故事等方式，促使社会公众的捐款。

四、社会组织筹资面临的问题与对策

（一）主要问题

1. 公信力缺失。近年来多起社会组织失信和负面事件导致全社会降低了对社会组织的信任程度。社会组织和慈善组织天然具有道德上的优先性，社会组织一旦失去公信力，很难挽回其声誉。

2. 筹资效率低下。我国社会组织类型多样、数量庞杂，大多数社会组织普遍缺乏相应的专业知识和科学的筹资策略，这使得社会组织在筹资过程中容易陷入“到处打游击”的被动状态，这一状态导致社会组织无法获得稳定、长期的筹资收入。一些社会组织通过“广种薄收”的形式进行筹资，不仅没有得到预期的捐赠，而且还投入了大量的人力、物力和财力，低下的筹资效率极大地制约着社会组织功能的有效发挥，社会组织的资金瓶颈成为阻碍社会组织高质量发展的突出问题。

3. 筹资方式单一。筹资对于我国的大多数社会组织来说，仍然是一个新事物。社会组织在筹资方面多采用熟人关系筹资、媒体筹资、活动筹资、网络筹资等较为传统和常见的筹资方式，相对单一和同质的筹资方式使得大量社会组织陷入相互竞争、争夺捐赠资金的泥淖，既降低了社会组织的筹资效率，也不利于加强社会组织之间的协同与合作。

（二）应对策略

1. *加强自身建设，增强组织公信力*。首先，建立健全的社会组织信息披露机制。社会组织应定期将组织的当年度工作报告、下一年度工作计划通过官方网站更新、微信公众号和官方微博发布、工作场所的宣传栏公示等方式，将社会组织的内部治理结构、项目执行情况、经费使用情况等内容及时对外公开，提高社会组织的透明度。其次，完善组织的规章制度，在规章制度中加入公信力建设的专项内容。章程是社会组织的“宪法”，在社会组织章程中应明确规定、合理划分会员（代表）大会、理事会、监事会等内部机构的职能与权责划分，规范社会组织的决策权、执行权与监督权，通过完善透明的组织内部建设提升社会组织的公信力，当然，社会团体中有会员（代表）大会，基金会和社会服务机构没有会员（代表）大会。

2. *推行考核评估，实现科学化管理*。社会组织可以对筹资进行考核和评估，考核和评估指标应从筹资金额、筹资时间、筹资人数、筹资类型、筹资保障、筹资稳定性等方面开展体系化设计，考核和评估的形式可以多样化，通过外部和内部相结合、结果和过程相结合的方式提升考核和评估的准确性和有效性。社会组织筹资的考核和评估既需要考量组织整体的筹资情况，又要考虑筹资人员的个体差异。通过对组织成员筹资能力的考核与评估，从中发现问题、总结经验，在组织内部形成筹资经验的有效传递，为下一步筹资计划的调整和优化提供经验，这一做法不仅促进组织目标与个人目标的结合，而且为后续筹资能力的提升提供坚实基础，从而实现筹资工作的科学化管理。

3. *完善筹资方式，拓宽筹资渠道*。为了增加筹资量，扩大社会组织的影响力，社会组织需要着力改变慈善组织筹资方式单一、筹资渠道不畅的问题，必须利用多元化、综合性的劝募方式来筹集资金。除广告劝募、电视劝募、义演、义卖、信件劝募、会议动员劝募等方式来筹集资金之外，还可以利用新媒体资源，如互联网、微信、微博等各种平台获得社会捐赠，提升社会组织筹资的覆盖面。

| 实务案例 24 |

基于"政银社"对接破解社工组织融资难题

深圳市龙岗区至诚社会工作服务中心（以下简称至诚社工中心）是一家社会组织，拥有600余名正式在册社会工作成员。该中心主要为各级政府部门和事业单位提供服务，收入来源为政府采购社工服务项目付费。疫情发生以来，至诚社工中心第一时间组织社工无偿参与抗疫工作，导致中心原企业社区、禁毒精防、卫生健康等服务项目进度延缓，项目回款推后，出现现金流紧张、工资发放压力等问题。

至诚社工中心作为非营利主体，不满足商业银行对于贷款主体的资格要求，其资金偿还能力也备受质疑，因此资金问题难以解决，融资梗阻成为至诚社工中心发展的重大难题。针对这一问题，人民银行深圳市中心支行以保市场主体为目标，立即行动开展社会组织行业调研，指导商业银行围绕相关问题研究政策，创新思路，破局授信难点，先后组织不同银行与至诚社工中心进行5次对接，沉下身子、深入一线当好客户经理，切实做好解忧纾困工作，打通融资"最后一公里"。

交通银行深圳分行基于至诚社工中心以政府购买服务项目为主要收入来源的特点，对传统思路进行调整，经总行授权，以政府采购贷风控模式切入，在4个工作日内完成审批，给予至诚社工中心500万元信用贷款，率先实现对非营利社工组织授信政策的创新探索和有力破局。

（根据以下材料整理而成，题目为编者所加。范子萌：《深圳成功破局非营利社工组织融资难题》，2020年10月20日《上海证券报》。）

| 分析要点 |

1. 社会组织的筹资应当多元化，单一地依靠政府购买服务等渠道作为资金来源不利于社会组织运作的可持续。

2. 社会组织筹资应当发挥政府和商业组织的优势，在政府政策号召力之下，发挥商业组织的融资专长。

3. 社会组织筹资应做好前期规划，确保筹资环节合法合规，从而实现筹资过程进展顺利。

第四节　社会组织品牌营造

随着满足社会各种需求的社会组织不断登记注册并进入公益事业领域，在有限的资源和运作成本的约束下，塑造品牌成为社会组织提升组织形象、扩大社会影响力的重要途径。社会组织的品牌营造是一项系统工程，需要借助组织资源支持和推进市场化运作等方式推进社会组织品牌外化①。本节主要围绕社会组织品牌营造的基本概念、类型、基本策略、困境与出路等展开论述。

一、社会组织品牌营造的基本概念

（一）社会组织品牌营造的含义

社会组织品牌营造具体可以从品牌和品牌营造两个层面予以分析。

1. *品牌*。品牌是社会组织对自身制作或供给的产品和服务给予具有区分度和特色的名称、术语、标志及其组合。品牌的核心特征在于为品牌持有者创造增值空间，提升服务对象和社会公众对社会组织品牌的认可度和支持度，从而为社会组织的发展提供新的动力。

2. *品牌营造*。品牌营造是指确定品牌的级别和层次，并为达到这一级别和层次所开展的行动过程。社会组织的品牌营造是指社会组织的利益相关者通过树立社会组织的品牌形象，形成社会组织的良好口碑，借助品牌提升社会组织的影响力，促进社会组织发展。社会组织品牌营造是社会组织的重要工作，通过营造良好的品牌形象，为组织带来增值的无形资产，促使服务对象和社会公众接受社会组织的品牌定位。

（二）社会组织品牌营造的基本类型

1. *组织品牌*。聚焦社会组织的组织属性，综合考量社会组织的使命、项

① 张冉：《基于扎根理论的我国社会组织品牌外化理论模型研究》，载《管理学报》2019年第4期。

目、活动以及成员的个性特质，形成组织的核心品牌，从整体上提升社会组织的影响力。

2. 项目品牌。基于社会组织从政府承接、公益创投或自创的项目，对项目的名称、标识等进行包装和打造，形成符合组织使命愿景、让人印象深刻、独具特色的项目品牌。

3. 活动品牌。以社会组织开展的各项活动为基础，在活动的名称、标识、过程等方面建立品牌形象，借助活动这一载体反映社会组织的使命愿景和价值理念，形成具有特色的、以一定周期开展的、具有较强辨识度和影响力的社会组织活动品牌。

4. 个人品牌。以具体的个人为载体，社会组织通过项目或活动的方式从中选出典型人物，这些人物是社会组织的利益相关者，他们可能是社会组织的工作人员，也可能是表现优异的志愿者，通过树立先进人物的方式建立个人品牌，将个人品牌与社会组织的服务相联系，既提升了个人的知名度，也加强了社会组织的影响力建设。

二、社会组织品牌营造的基本策略

（一）找准品牌定位是前提

1. 首要定位。社会组织品牌营造要求社会组织具有特定的组织发展优势，首先应当追求成为行业内、区域内社会组织中的领导者，这一定位是社会组织品牌营造得以成功的基础。

2. 对比定位。社会组织品牌营造不仅需要明确本组织的品牌优势，同时也要通过与其他社会组织品牌建设情况的比较来明确本组织品牌发展的定位与策略。

3. 理念定位。社会组织使命、价值观等理念是指导社会组织品牌营造这一具体行动的思想引领，社会组织品牌营造需要坚持理念定位，突出组织使命和价值观的特色，体现社会组织的本质特征，提升社会组织的区分度，加强社会组织的特色建设。

4. 文化定位。社会组织品牌营造需要将组织文化融入品牌建设中，组织品牌也是组织文化的外在重要载体，从而使社会组织的品牌形象更具体，更能体现社会组织的发展特质，形成差异化的社会组织品牌。

（二）培育组织文化是核心

1. 精神文化。社会组织的理想信念和价值追求是社会组织的精神内核，通过多种表现形式呈现社会组织的精神文化，借助组织的标语、口号、宣言等正式和非正式的载体突出表现社会组织的特色，从而为社会组织品牌营造提供精神层面的驱动力量。

2. 制度文化。制度文化是社会组织使命、价值观、目标等精神层面内容的具体化，是对社会组织精神文明成果的固定和总结。社会组织通过各项制度及其背后的制度文化规范着组织成员的行为，形成组织的特色文化。

3. 行动文化。行动文化既是社会组织文化的外在表现和标志，又对社会组织成员的行为和心理产生潜移默化的影响。行动文化是社会组织通过树立良好形象、促进社会捐赠的重要推动力量，是提升社会组织对社会群体吸引力的关键要素①。行动文化是影响社会组织品牌建设成效的实践力量，加强行动文化建设有利于持续推进社会组织品牌建设。

（三）提供优质服务是保障

1. 服务社会。社会组织成立的目标是为社会提供社会事务和公共事务服务，社会组织品牌把每个组织自身的宗旨和服务人群有机联系起来，为社会提供优质服务，满足经济社会发展和公众服务数量及服务质量的需求，维持社会稳定。

2. 服务对象。在政治建设、经济建设、文化建设和生态建设过程中，社会组织根据自身的宗旨和使命为特定服务对象提供相应的服务，这一方面体现了社会组织存在的社会价值，另一方面也反映出社会组织具有的竞争力和持续发展力。

3. 服务员工。社会组织既要服务社会与政府，又要满足社会组织自身的需求，在服务社会组织自身需求时，特别要重视社会组织工作人员的薪酬需要、职业发展需要、情感归属需要和价值追求需要等，通过高质量的服务员

① 石国亮：《慈善组织个人捐赠吸引力的实证研究》，载《行政论坛》2015 年第 5 期。

工，提高社会组织的凝聚力，使社会组织员工有一个好的向心力，共同为社会组织宗旨与使命服务。

三、社会组织品牌营造的问题与对策

（一）问题

1. 品牌定位不明确。当前社会组织品牌营造中的品牌定位不明确问题表明，许多社会组织对组织定位和服务对象需求尚未实现精准对标，这将极大地限制社会组织的影响力提升，不利于社会组织的持续发展。

2. 品牌形象不突出。社会组织的品牌形象不突出可能使某个社会组织淹没在数量庞大的组织中，不能得到捐赠人、受益人、社会公众等相关群体的充分关注，从而降低社会组织公益事业的覆盖范围。

3. 品牌名称保护意识较弱。对社会组织来说，如果没有组织品牌、个人品牌，就没有核心竞争力，无法与其他社会组织进行竞争，但是社会组织的品牌需要长期的积累，并非一蹴而就。由于法律制度不健全、社会组织维权意识不强等原因，社会组织在品牌保护方面还存在短板和不足，较弱的品牌名称保护意识使得社会组织领域的名称借用、冒用现象较为突出，成为社会组织品牌营造需要解决的重要问题之一。

（二）对策

1. 制定清晰的品牌定位。组织使命和价值观是社会组织服务社会的支柱，以价值观和使命为基础塑造的品牌能更鲜明地突出品牌个性，增强自身独特性以获取社会认可度[①]。因此需要制定清晰的品牌定位，通过对社会组织的使命愿景、服务对象、项目特征等方面的考量寻找到社会组织的非同质化的特色内容，提升社会组织品牌的差异化和辨识度。

2. 打造特色品牌项目。社会组织的发展特色需要以品牌项目为依托，自组织成立之日起就要根据组织的宗旨、服务领域和业务范围确定组织的特色发展目标。在组织的发展历程中，只有专注于特色目标建设，及时建立以组

---

① 周延风：《我国慈善组织品牌建设策略与困境分析》，载《社会科学家》2015 年第 1 期。

织或个人为核心的典型形象，才能真正推动社会组织品牌建设①。特色品牌项目是扩大社会组织影响力和知名度的重要方式，是社会组织最有效、最广泛的宣传名片。

3. 提升注册意识，保护知识产权。为加强对社会组织品牌的保护，社会组织对自身运用的专利和产品应当予以注册，保障社会组织的合法产权，对社会组织提供的服务和制作的产品提供知识产权保护，将社会组织的不间断投入转化为社会组织的长期品牌，推进社会组织的可持续发展。

| 实务案例 25 |

“一个鸡蛋的暴走”的品牌建设逻辑

2017 年 1 月 3 日，上海联劝公益基金会（以下简称联劝）启动了 2017 年度“一个鸡蛋的暴走”公益徒步筹款活动报名。仅仅一个月的时间，就有 639 支队伍报名参加。与其他运动类筹款活动不同的是，“一个鸡蛋的暴走”项目的初衷是为儿童领域的民间公益项目筹款，支持民间公益机构发展。

作为上海市乃至全国最有影响力的公益筹款活动之一，该项目自 2011 年启动以来已累计筹款近 3300 万元，参与人数超过 15800 人，直接资助了 101 家民间公益机构、200 余个公益项目，30 万多名儿童和青少年从中受益。该项目是联劝品牌项目之一，也是基金会对于推动联合劝募、支持民间公益发展的一种成功探索。

根据联劝秘书长王志云的介绍，联劝在本土实践的过程中曾力图效仿美国模式，强调专业统筹，但很快发现这条路行不通，因为公众对于公益缺乏了解和信任。为解决这一问题，“一个鸡蛋的暴走”应运而生。通过创造一些直接参与的机会，让公众在熟悉的场景中开始接触公益，进而了解公益，必须用快乐公益、多元公益和理性公益的理念去近距离地影响公众，这样才能建立有效的公益群组，才能获得公众的持续支持。而公众熟悉的场景，最低门槛无非就是运动。因此发展运动型筹款活动，对公益组织而言，可以说是

① 张冉、顾丽娟：《社会组织员工品牌内化的价值和建构》，载《新视野》2018 年第 3 期。

最经济、最有效地获取公众持续捐赠的基础工作。

（根据以下材料整理而成，题目由编者所加。皮磊：《王志云：“一个鸡蛋的暴走”背后的筹款逻辑》，2017 年 2 月 23 日《公益时报》。）

| 分析要点 |

1. 社会组织应当提高品牌营造的意识，树立一个好的品牌对社会组织的项目推广和能力建设都助益无穷。

2. 品牌建设应当充分考虑受众的特征，以最具通俗日常的形式向受众宣传公益品牌。

3. 品牌建设需要具备创新意识，不断与时俱进。

第五节　社会组织公益传播

社会组织公益传播是提升社会组织公信力、扩大社会组织影响力的重要方式。随着网络技术日益发达，用好网络空间和新媒体工具，对社会组织而言，也是一项必须掌握的重要技能。因此，社会组织公益传播的发展需要紧跟时代脚步，借用新媒体和网络技术和平台的功能，进一步提升社会组织公益传播的能力和效果。本节主要围绕社会组织公益传播的基本概念、重要意义、运行机制、问题与对策等展开论述。

一、社会组织公益传播的基本概念

社会组织的日常工作和项目活动不仅为服务对象提供精准、高效的服务内容，同时通过社会组织的行动弘扬公益精神，促使更多的社会公众参与其中，进一步提升社会组织的知名度和影响力，这就涉及社会组织公益传播的相关内容。社会组织公益传播以社会价值为基本原则和导向，同时注重社会价值的多元包容。总体来看，社会组织公益传播是指以社会价值为核心，通过文化宣传、活动报道、项目公开等方式宣传社会组织开展的项目和活动，弘扬公益精神，激励更多人参与社会组织公益事业，从而促进社会组织的发展。

二、社会组织公益传播的重要意义

（一）提升社会组织获取资源与合法性的能力

政府作为福利事业发展的统筹者，拥有保障公共福利的强制性手段，可以关注普遍的公共利益。社会组织不具备这一强制特性，因此社会组织多聚焦于少数特定群体，为目标群体提供服务、维护其利益。社会组织虽具有广泛的群众基础，但一般仅致力于解决部分特定公共问题。由于社会组织的服务领域较为聚焦，资源动员主要依托使命愿景和价值观，因此社会组织缺乏强制性和广泛性的动员资源。相较于政府组织和市场组织，社会组织获取资源和人员的能力略为薄弱。因此，公益传播有利于社会组织提升获取资源与合法性的能力。

（二）加强社会组织自律

社会组织通过文化共生关系将公益传播与组织使命紧密相连，因此社会组织公益传播有利于加强社会组织自律，推进使命和价值观建设①。公益传播有助于社会组织加强内部监管和约束，提升自律和自我监管的能力。公益传播要求社会组织加强自律和自我约束，树立良好的组织形象、品牌形象和个人形象，这是社会组织赢得公信力的基础。通过建设内部监督体系、优化工作程序、引进第三方评估等方式获得公众的支持和信赖。

（三）弘扬慈善文化

慈善文化是全社会对慈善事业的认识，公益传播有利于弘扬慈善文化。公益传播对慈善文化的促进作用体现在两个方面：一方面，社会组织通过多元化形式宣传慈善文化，吸收捐赠资源、吸引志愿者加入，最终提高社会的慈善意识，弘扬慈善精神；另一方面，社会组织公益传播有利于社会组织寻找到更多志同道合的合作伙伴，形成稳定的合作网络，发挥慈善行业和社会组织的合作效能。

① 徐增辉、王欢：《民间非营利组织优化社会共生关系的行动策略——以S市H社区服务中心为例》，载《行政论坛》2015年第6期。

三、社会组织公益传播的运行机制

（一）创意作为动力源泉

创意是社会组织公益传播的魅力来源和动力源泉，通过对社会组织使命宗旨、项目活动、个人等的挖掘和创造，发现社会组织的特色内容。创意通过展示社会组织的独特性向受众提供具有新鲜感的内容，吸引更多社会公众关注社会组织和公益事业。创意是社会组织公益传播的根本原则，是提升社会组织公益传播效能的基础。

（二）新媒体作为宣传平台

随着新媒体技术和网络平台在社会组织领域的应用日趋深入，移动互联网的低成本、便捷性、参与性等特点使得公益信息的大规模传播成为可能。社会组织运用新媒体和网络平台发布宣传信息，超越了时间和空间的限制，社会组织公益传播的辐射范围和传播速度都得到飞速提升。

（三）名人效应实现网络联动

社会组织公益传播可以借助名人效应提升传播的关注度和影响力，知名人士为社会组织代言或宣传，超越了传统传播方式受限于社会组织业务活动的范围，实现了公益传播的地域突破和跨界融合，有利于借助热门事件或爆点新闻迅速吸引社会公众的注意力，从而实现社会组织公益传播的目标。

四、社会组织公益传播存在的问题与对策

（一）问题

1. 过度依赖传统媒体。在网络平台发展尚不成熟的阶段，社会组织主要通过与传统媒体的合作与沟通开展公益传播，通过报纸、广播电台、电视等载体宣传社会组织和公益文化，为社会组织树立了良好的公益形象。随着信息技术的飞速发展，新媒体以其便捷性、即时性和互动性取代传统媒体成为公众获取信息的主要渠道，社会组织普遍认识到新媒体突出的传播功能，但由于发展时间较短、运用不熟练等原因，社会组织公益传播仍然处于过度依

赖传统媒体、新媒体使用不多的总体状态。

2. 自有平台运营能力有待提升。社会组织公益传播需要发挥好官方网站、微信公众号、机构微博、微信小程序等多媒体传播载体的功能，但是相较于企业等商业组织，社会组织自有平台的运营能力仍有不足，在内容设计、文字排版、新技术应用等方面与企业差距较大，新媒体平台的运营能力不足成为社会组织公益传播的一大短板。

（二）对策

1. 整合社会资源，形成多维度公益传播网络。社会组织公益传播需要加强与政府、企业、媒体、社会公众的公共关系建设，加大资金投入，通过项目和活动向社会各界展示社会组织风采，并借助社会组织的社会网络提升全社会对社会组织的信任和认可，形成社会多元主体都参与社会组织公益传播的局面，增强社会组织公益传播的影响力。

2. 引进专业人才，提升自有平台运营能力。社会组织公益传播是一项专业性要求较高的工作，社会组织需要挖掘并吸收公益传播的优秀人才，提升公益传播文案的趣味性，发布具有吸引力的图片、视频，展现社会组织良好的精神风貌，加强社会组织自有平台的运营能力，提升全社会对社会组织的关注度。

| 实务案例 26 |

“硬核老爸”测评路

“老爸评测”由魏文锋“魏老爸”于2015年创办，为大众提供科普评测、优选电商、便民检测等服务。“老爸评测”的品牌诞生缘于魏文锋上小学的女儿，魏文锋发现女儿新书所贴的塑料自粘膜含有可能导致儿童性早熟甚至致癌的物质。

在那之后，魏文锋注资100万元创办了老爸评测科技有限公司，走上了与假冒伪劣产品死磕的道路。不仅自费将全国各地宝爸宝妈们寄来的物品送到第三方机构检测，还会带着理科生特有的严谨与认真将检测结果转化为科普与评测报告。那时候，他的粉丝数噌噌上涨、评测微信文章的阅读量基本超过10万次。凭借专业而较真的态度，他也被网友亲切地称为“硬核老爸”，一度上了微博热搜。魏文锋推荐的商品都来自团队的精心挖掘，除了上架前的全方位检测，为保证产品长期可靠，上架后还会做“抽检”。这也是“老爸商城”的特色，食品一年抽检6次，电器则会根据厂商的质控水平不定期抽查。

随着短视频的兴起，“老爸评测”从文字扩展到视频，不仅生活性和专业性更强，还增添了趣味性。“老爸评测”作为一个专注于解决社会问题的公益项目，始终坚持问题解决优于获取利润，通过带货等商业化运作所获取的利润仅用于维持项目的正常运行。

（根据以下材料整理而成，题目为编者所加。钱弘慧、李灿：《“硬核老爸”的评测路》，“浙江在线”2020年8月26日。）

| 分析要点 |

1. 社会组织应当注重向服务对象进行公益知识的传播，不仅仅是凭借公益动机行使，要让受助对象接受和理解社会组织的公益行为。

2. 在具体从事公益活动过程中，社会组织可以运用线上线下多种渠道进行宣传，借助文字、视频等不同工具扩大公益活动的影响力。

3. 动员社会广泛参与是推进社会组织项目发展的关键举措。

第六节　社会组织战略规划

从功能角度来看，战略是个人或组织以自身发展现状为基础、以所处内外部环境为要素而作出的整体性发展计划，战略规划是个体或组织战略的具体呈现物。社会组织战略规划可以为社会组织提供历史发展经验、分析组织现实形势和指引未来发展方向，是社会组织作为社会体制改革重要行动者发挥其功能的重要工具①。本节主要围绕社会组织战略规划的基本概念、意义、基本要素和流程等进行讨论。

---

① 李友梅：《深刻认识当前中国社会体制改革的战略意义》，载《探索与争鸣》2013年第3期。

一、社会组织战略规划的基本概念

（一）社会组织战略规划的含义

社会组织战略规划是社会组织对组织发展演变历史、形势与发展现状、未来变革方向等内容的梳理和总结。社会组织战略规划是指社会组织基于组织发展阶段的科学认识、对自身所处内外部环境作出正确评价和分析的基础上制订出的整体发展计划。

（二）社会组织战略规划的特点

社会组织的战略规划具有目标多元化、环境复杂化和成效指标化三个主要特点。第一，社会组织的战略规划是多元目标的聚合，社会组织需要在战略制定与执行过程中协调好各目标的关系，避免目标冲突，保证实现组织的既定目标；第二，社会组织的战略规划必须综合考量社会组织所处的复杂环境，政治环境、经济环境、文化环境以及社会环境的变化可能导致社会组织发展所面临的问题更加复杂，因此在规划制定和执行过程中应当对环境变化保持高度敏感；第三，社会组织战略规划的制定和执行成效需要制定相应的评估指标，通过将社会组织的组织结构、工作人员、项目绩效、宣传等发展计划转化为可度量的数字和指标，确保社会组织始终朝着正确方向发展。

二、社会组织战略规划的意义

（一）增强社会组织统筹发展的能力

经济转型和社会发展的百年变局为社会组织投身经济社会发展提供了重要机遇，社会组织亟须提升组织的治理能力。社会组织战略规划立足于社会组织发展转型的内外部环境，从整体上研析社会组织的发展前景和社会形势，帮助社会组织抓住政策机遇，增强社会组织统筹自身发展、回应社会现实需求的能力和素养。

（二）提升社会组织适应环境的能力

社会组织战略规划有利于社会组织清醒地认识组织所处环境的复杂性，

及时发现制约社会组织进一步发展的环境因素，通过战略规划的制定和实施，迅速调整社会组织的发展方向，找准发展定位，明确自身优势，积极挖掘潜在资源，适时调整社会组织的工作重点，进一步增强社会组织的发展能力，实现社会组织的持续稳步发展。

（三）开发社会组织辨识机遇的能力

战略规划可为社会组织提供科学、合理的发展方案，提高社会组织的资源整合和利用效率，具有前瞻性的战略规划有利于社会组织及时发现发展机遇，更好地把握外部环境所提供的机会，对标外部需求调整社会组织的内部结构、人员管理、项目运作等具体内容，提升社会组织的比较优势和竞争力。

三、社会组织战略规划的基本要素

社会组织战略规划一般包含战略分析、战略制定、战略实施 3 个要素。

（一）战略分析

战略分析的主要作用是为社会组织提供战略参考，及时了解社会组织内外部环境的整体情况，及时发现社会组织的优势和短板。战略分析的主要依据是组织使命和发展环境。组织使命作为社会组织的核心价值观念，是社会组织战略分析的指导思想，是制定和实施战略的重要依据。发展环境则是社会组织战略分析的核心内容，外部环境分析和内部环境分析共同组成了社会组织的战略主体，是保证社会组织适应社会需求、增强组织优势的基础。

（二）战略制定

战略制定是在组织的环境分析和自身的优势与不足分析的基础上，在对所有可选方案进行比较和分析后确定最终战略的行动过程。社会组织战略的制定是一个复合体，整体战略由不同层次的、不同时段的，但又具备内在逻辑联系的各子战略组成。在整体战略的基础上，子战略可以对社会组织的内部治理结构、人员管理、项目管理、财务管理等内容作出专门性规定，丰富社会组织战略的总体内容，形成体系完备、逻辑顺畅、要素齐全的社会组织战略，以指导社会组织朝着正确方向发展，发挥社会组织功能，提升社会组织的影响力。

（三）战略实施

战略实施是将社会组织战略从方案转化为具体行动的过程，社会组织在实施过程中重视对战略行动的执行和评价，稳步推进战略实施过程，同时注意及时调整，提高战略方案的适用性和科学性。对战略实施中遇到的新情况和新问题，及时调整或者改变战略方案及具体行动，以保证社会组织战略对社会组织活动的有效指导，确保社会组织始终朝着正确方向发展。

四、社会组织战略规划流程

社会组织战略规划的流程包括准备工作系统化、阐述使命和目标、制定战略并分析其可行性和匹配相应的资源 4 个阶段。

（一）准备工作系统化

社会组织战略规划的制定和实施需要做好一系列准备工作，从而保障战略规划的准确性和科学性。第一，收集与社会组织相关的基本数据并进行分类。基础数据等信息是社会组织制定战略规划的前期成果和基础，应从社会组织已经成功实施的工作中吸取经验，同时针对社会需求和发展环境实施需求评估，精准对标社会需求，提升战略规划的精准性和针对性；第二，确定社会组织未来发展的关键议题和重点内容。社会组织战略规划是从社会组织视角，对可能造成重大影响的议题和内容的提前谋划，因此社会组织战略规划需要突出重点，发现对社会组织未来发展具有积极意义的关键性议题或问题；第三，阐述社会组织的作用和责任，确定相关责任主体。社会组织战略规划应立足于组织结构和现有人员，明确各部门和从业人员在社会组织战略规划中的地位和作用，形成组织内的协同合力，提升战略规划的适用性和协调性；第四，明确社会组织发展的主要目标，并对外部环境作出精准研判。可通过内部协商、邀请外部专家座谈等方式明确组织的主要发展目标，以目标为中心分析外部形势和发展前景，为战略规划提供科学参考。

（二）阐述使命和目标

使命是反映社会组织核心任务、指引社会组织发展方向的重要内容，是社会组织存续和发展的基础。社会组织战略规划应重视组织使命和目标在战略规划中的作用。第一，明确社会组织的使命，并用精练、清晰、准确的文字予以呈现；第二，将组织使命和组织发展目标与社会组织的具体工作相结合，反映社会组织使命对于社会组织的治理结构、业务工作、人员管理、财务管理等方面的作用以及预期开展的改革工作；第三，确定实现社会组织使命和目标的各项具体工作和项目任务。通过战略规划将组织使命内化于社会组织的各项管理工作和日常运行之中，发挥使命对社会组织业务的指导作用。

（三）制定战略并分析其可行性

在明确社会组织使命和目标后，需要据此分析制定总体战略的详细内容。根据社会组织的发展目标和外部环境，制定总体战略和子战略，同时对战略的实施作出详细谋划，明确社会组织战略的推进阶段和重点内容。在完成社会组织战略的内容设计的同时，还需要衡量社会组织战略的可行性，可以通过对战略的实施步骤和执行过程的分解和细化开展可行性分析，弥补战略规划中的短板和空白，确保社会组织战略的科学性和可操作性。

（四）匹配相应的资源

社会组织战略规划的制定和实施需要匹配相应的资源，通过各项保障措施实现组织战略目标。明确社会组织战略规划在组织制度文本更新、组织结构调整、扩大资金支持、人员能力建设等方面的需求和基础条件，确保社会组织战略规划顺利执行的各项资源充足，实现社会组织战略规划的既定目标，根据战略规划推进过程中出现的新资源需求及时调整和匹配资源，确保社会组织战略规划的顺利执行。

| 实务案例 27 |

草根社工机构如何做好战略规划

广东启创社会工作服务中心（以下简称启创）成立仅 6 年，却已经从一开始的 3 个人发展到现在的 300 多人（其中专业社工 270 人），成为在全国较有影响的青少年专业社会工作机构。其品牌建设的过程体现了战略规划的不同阶段。

启创经历的第一个阶段是品牌建设无意识的阶段，当时组织主要是集中力量做服务。第二阶段，启创从广州发展到佛山、汶川、中山等其他城市，规模变大，有了相对充裕的费用和人手，加强了品牌建设。在第三阶段，各个分支机构开始有专职做品牌、做宣传的人员，开展了诸多能体现机构使命和价值观的宣传，形成了一些文件和制度指引工作人员开展标准化的品牌建设工作。

启创发展的三个阶段都注重展现在服务过程中与服务对象发生的故事或服务对象的改变。除此之外，启创还十分重视文化建设，启创的愿景、使命、价值观的落地生根也经历了三个阶段，与机构的品牌建设相辅相成。启创有诚信和公义两个核心价值观。诚信就是除了诚实之外，还要工作人员守规矩、尊重事实本身，对事不对人，发现问题及时改进。公义则是强调工作人员思考为什么而做。启创使命不但要为服务对象提供服务，而且还要让服务对象能够发出自己的声音，为行业环境政策改进提供独到的观点。

（根据以下资料来源编制，题目为编者所加。孙彦川：《草根社工机构如何才能根深叶茂》，2014 年 8 月 29 日《中国社会报》。）

| 分析要点 |

1. 战略规划是社会组织实际运作的基础，社会组织付诸行动之前，应充分规划好活动的战略定位，了解哪些领域可以独立提供服务，哪些领域应配合政府工作。

2. 社会组织战略规划和品牌与文化的建设密切关联，通过培养组织特有的文化可以服务战略发展。

3. 战略规划需要有前瞻性，应从组织发展和社会需求出发，作出一定的规划安排。

推荐阅读书目

[1] 徐家良：《改革开放后上海社会组织创新发展研究》，上海交通大学出版社，2018 年版。

[2] 佟丽华：《中国民办非企业单位的改革与创新》，北京：法律出版社，2016 年版。

[3] 万军：《社会建设与社会管理创新》，北京：国家行政学院出版社，2011 年版。

[4] 马庆钰、廖鸿：《中国社会组织发展战略》，北京：社会科学文献出版社，2015 年版。

参考文献

1. ［美］奥斯特罗姆．公共事物的治理之道：集体行动制度的演进［M］．余逊达、陈旭东译．上海：译文出版社，2012.

2. 蔡宏进．社会组织原理［M］．台北：五南图书出版公司，2006.

3. 曹现强，等．市政公用事业改革与监管研究［M］．北京：中国财政经济出版社，2009.

4. 成思危．事业单位改革：模式选择与分类引导［M］．北京：民主与建设出版社，2000.

5. 陈志斌．项目评估学［M］．南京大学出版社，2007.

6. 陈晓春，等．非营利组织经营管理［M］．北京：清华大学出版社，2012.

7. 陈金罗，刘培峰主编．转型社会中的非营利组织监管［M］．北京：社会科学文献出版社，2010.

8. 邓延平．多维审视下的组织理论［M］．北京：清华大学出版社，2007.

9. 邓国胜，等．民间组织评估体系：理论、方法与指标体系［M］．北京大学出版社，2007.

10. 邓国胜主编．公益慈善概论［M］．济南：山东人民出版社，2015.

11. 丁海椒．中国城市社会管理［M］．北京：中国科学技术出版社，2008.

12. 丁元竹．非政府公共部门与公共服务：中国非政府公共部门服务状况研究［M］．北京：中国经济出版社，2005.

13. 丁元竹．问责性、绩效与治理：中国非政府公共部门治理状况研究［M］．北京：中国经济出版社，2005.

14. ［瑞］费尔南德·文森特．管理实践手册——第三世界民间组织管理与融资指南［M］. 林小华，关键，等译，南宁：广西人民出版社，1991.

15. ［美］菲利普·科特勒，艾伦·R. 安德里亚森. 非营利组织战略营销［M］. 孟延春，等译，北京：中国人民大学出版社，2003.

16. 国家民间组织管理局. 社会组织政策法规选编［M］. 北京：中国社会出版社，2017.

17. 黄浩明. 国际民间组织合作实务和管理［M］. 北京：对外经济贸易大学出版社，2000.

18. 贾西津. 转型时期的行业协会——角色、功能与管理体制［M］. 北京：社会科学文献出版社，2004.

19. 刘忠祥. 从《基金会管理条例》到《慈善法》［M］. 北京联合出版社，2017.

20. 李亚平，于海编选. 第三域的兴起［M］. 上海：复旦大学出版社，1998.

21. 林修果. 非政府组织管理［M］. 武汉大学出版社，2010.

22. 陆道生，王慧敏，毕吕贵. 非营利组织企业化运作的理论与实践［M］. 上海人民出版社，2004.

23. 陆璇. 社会组织内部治理法律与实务研究［M］. 北京：法律出版社，2018.

24. 罗昆. 非营利法人的私法规制［M］. 北京：中国社会科学出版社，2017.

25. 廖鸿主编. 社会组织评估指引［M］. 北京：中国社会出版社，2012.

26. 黎锡元，姚书恒. 港澳非营利组织发展比较研究［M］. 北京：中国社会科学出版社，2013.

27. 李友梅. 新时期加强社会组织建设研究［M］. 北京：经济科学出版社，2017.

28. 刘春湘. 社会组织运营与管理［M］. 北京：经济管理出版社，2016.

29. 马国芳. 社会组织发展实证研究：基于社会治理的视野［M］. 北京：社会科学文献出版社，2018.

30. 马庆钰，等. 社会组织能力建设［M］. 北京：中国社会出版社，2011.

31. 马庆钰，廖鸿．中国社会组织发展战略［M］．北京：社会科学文献出版社，2015.

32. 佟丽华．中国民办非企业单位的改革与创新［M］．北京：法律出版社，2016.

33. 齐炳文主编．民间组织管理建设发展［M］．济南：山东人民出版社，2000.

34. ［美］萨拉蒙．全球公民社会——非营利部门视界［M］．贾西津，魏玉，等译．北京：社会科学出版社，2002.

35. 孙伟林．社会组织管理［M］．北京：中国社会出版社，2009.

36. 苏力，葛云松，张守文，高丙中．规制与发展——第三部门的法律环境［M］．杭州：浙江人民出版社，1999.

37. 王名．社会组织与社会治理［M］．北京：社会科学文献出版社，2014.

38. 王名，刘培峰．民间组织通论［M］．北京：时事出版社，2004.

39. 万军．社会建设与社会管理创新［M］．北京：国家行政学院出版社，2011.

40. 王浦劬，等．政府向社会组织购买公共服务研究［M］．北京大学出版社，2010.

41. 王浦劬，等．政府向社会力量购买公共服务发展研究：基于中英经验的比较［M］．北京大学出版社，2016.

42. 王思斌．第三部门的管理与能力建设［M］．北京：中国社会出版社，2003.

43. 魏红英，何静．中国涉外民间组织的政府管理研究［M］．北京：中国社会科学出版社，2017.

44. 徐家良．第三部门概论［M］．北京大学出版社，2020.

45. 徐家良．社会团体导论［M］．北京：中国社会出版社，2011.

46. 徐家良，等编著．社会组织的结构、体制与能力研究［M］．北京：中央编译出版社，2012.

47. 徐家良．改革开放后上海社会组织创新发展研究［M］．上海交通大学出版社，2018.

48. 徐家良．制度、影响力与博弈［M］．北京：中国社会出版社，2003.

49. 徐家良．新时期中国社会组织建设研究［M］．北京：中国社会科学出版社，2016.

50. 张清．非政府组织的法治空间：一种硬法规制的视角［M］．北京：知识产权出版社，2010.